Kulturwissenschaft Frankreich

Dorothee Röseberg

Ernst Klett Verlag
Stuttgart · Düsseldorf · Leipzig

« Il est plus facile de parler une langue
étrangère parfaitement, sans accent, que
de ‹parler› une autre culture ‹sans accent›,
c'est-à-dire sans que mon ‹accent› culturel
me mette en difficulté ... »
RAYMONDE CARROLL, 1987

Die Deutsche Bibliothek – CIP-Titelaufnahme

Ein Titeldatensatz für diese Publikation ist bei
der Deutschen Bibliothek erhältlich.

1. Auflage A 1 5 4 3 2 1 ı 2005 2004 2003 2002 2001

© Ernst Klett Verlag GmbH, Stuttgart 2001. Alle Rechte vorbehalten.
Internetadresse ı http://www.klett-verlag.de
Bildnachweis ı Joseph Chinard (1756–1813): La République, Louvre
© Photo RMN – C. Jean

Redaktion ı Dr. Susanne Schauf
Umschlaggestaltung und Layout ı Christine Schneyer
Satz ı Hahn Medien GmbH, Kornwestheim
Druck ı Gutmann + Co., Talheim. Printed in Germany.
ISBN 3-12-939592-X

Gedruckt auf Papier,
das aus chlorfrei
gebleichtem Zellstoff
hergestellt wurde.

Inhalt

Kapitel 5

Anhang

Vorwort

Jede wissenschaftliche Arbeit trägt die Handschrift des Autors, in die seine Biografie eingeschrieben ist. In meinem Fall ist es ein fast 40jähriges Leben mit der Mauer in Berlin, jenseits des Eisernen Vorhangs. Diese Erfahrung hat eine Sensibilität für bestimmte Fragen in der Beschäftigung mit Frankreich – dem Land der Träume und Utopien auch für viele Intellektuelle in der DDR – entstehen lassen: die Kraft der Mythen, vor denen auch Wissenschaftler nicht gefeit sind, den spezifischen Status von Reisen und eigener Anschauung in der interkulturellen Arbeit, den Wandel und Resistenzen im Wandel von kollektiven Bildern, die Leistungsfähigkeit, auch Grenzen empirischer Methoden und schließlich die Begegnungs- und Austauschforschung. Hier liegen auch die z.T. spezifischen Akzente dieser „Einführung". Jener biografische Hintergrund mag erklären, warum ich an dieser Stelle besonders jenen französischen Kollegen und Freunden danken möchte, die mich auf persönliche und akademische Weise in die französische Kultur eingeführt haben. Durch sie hat sich Frankreich für mich von einem „toten Studienobjekt" in eine lebendige, dynamische Kulturengemeinschaft gewandelt. Mein Dank gilt besonders Claude Duchet sowie Jean Verrier und Jean Mortier (Université Paris 8), Jacques Leenhardt und Martine Burgos (École des Hautes Études en Sciences Sociales Paris), Danielle Régnier-Bohler (Université Bordeaux III), Annette Rosa (agrégée des lettres classiques), Guy Rosa (Université Paris 7), Michel Cullin (Deutsch-Französisches Jugendwerk Paris-Berlin), Mohammed Badiche (Maison du Maroc in Paris), Françoise Bertrand (ENSEA Cergy-Pontoise) und Patricia Krauth (Université Robert Schumann, Strasbourg).

Das Manuskript zu diesem Buch entstand vor dem Hintergrund langjähriger Arbeit in relativ kurzer Zeit. Für anregende Gespräche bin ich meinem Kollegen Heinz Thoma (Martin-Luther-Universität Halle-Wittenberg) zu Dank verpflichtet. Für großes Verständnis bei der Ausarbeitung und die kritische Lektüre danke ich meinem Vater, meinen Töchtern Franziska und Ulrike, Tanja Elle sowie meinen Kolleginnen und Freundinnen Claudia Perlick, Stefanie Neubert sowie meinem Mann, dem Künstler JoDD.

Für die mir gewährte Unterstützung danke ich dem Herausgeber Herrn Kollegen Kalverkämper. Ebenfalls schließe ich Frau Dr. Schauf vom Klett Verlag in diesen Dank ein, die die Ausarbeitungsphase angenehm und sachkundig begleitet hat, wie auch Julia Goltz und Kristin von Keller (Humboldt-Universität Berlin), Marianne Seidler und Annette Höltig (Martin-Luther-Universität Halle-Wittenberg), die redaktionelle bzw. bibliographische Arbeiten erledigt haben.

Dorothee Röseberg
im Januar 2001

1

Kulturwissenschaft in der Romanistik heute

1 Erkenntnisinteressen – Gegenstände – Methoden

Eine Einführung in die Kulturwissenschaft (KW) – Frankreich – innerhalb der Reihe UNI-Wissen signalisiert einen erst in den letzten Jahren erreichten Profilierungsgrad dieser Forschungs- und Lehrdisziplin. Neben Sprach- und Literaturwissenschaft wird Kulturwissenschaft in den Fremdsprachenphilologien immer häufiger institutionalisiert, wobei deren zunehmende Legitimation in engem Zusammenhang mit den Diskussionen um die „Landeskunde" steht. Diese Einführung in die auf Frankreich bezogene KW ist nicht als Konkurrenz zu den Landeskundelehrwerken konzipiert, die soziopolitisches und soziohistorisches Orientierungs- bzw. Grundlagenwissen zur französischen Gesellschaft vermitteln (Große, Lüger). Sie soll vielmehr einerseits die spezifischen Erkenntnisinteressen, Gegenstände und Methoden kulturwissenschaftlich orientierter „Landeskunde" aufzeigen und andererseits deren Brückenfunktion zwischen den Philologien und den Sozialwissenschaften verdeutlichen. Darüber hinaus werden Fragen aufgeworfen, die interdisziplinäre Kooperation erfordern, wie sie in den Frankreichzentren verschiedener Universitäten geleistet wird, zu denen die auf Frankreich bezogene KW auf spezifische Weise beitragen kann.

Im Gegensatz zur Sprach- und Literaturwissenschaft ist die KW als Teil der Fremdsprachenphilologien also eine noch junge Disziplin. Ihre zunehmende Legitimation beruht vor allem auf zwei Entwicklungen:

1. Das Fach (Gallo-)Romanistik als universitäre Disziplin ist angesichts tiefgreifender gesellschaftlicher Veränderungen seit den letzten Jahrzehnten des 20. Jhs. mit neuen Gegebenheiten konfrontiert: zunehmende Dominanz der Natur- und Technikwissenschaften im Modernisierungsprozess, fundamentale Strukturveränderungen der Öffentlichkeit durch die massenwirksamen Medientechnologien, Internationalisierung der Arbeits- und Lebenswelten, die eine neue Dimension mit der Schaffung der Europäischen Union angenommen hat; Wirtschaft, insbesondere Industrie und Dienstleistungssektor, stehen vor neuen Anforderungen internationaler Zusammenarbeit.

2. In den letzten Jahren ist über die Fremdsprachenphilologien hinaus eine Neubelebung kulturwissenschaftlichen Denkens

Disziplin

Kontext

international zu beobachten, die als Antwort auf die unter 1 ange-
deuteten Prozesse zu verstehen ist. Dabei werden Bedürfnisse artikuliert, die sich auf ein Verständnis globalerer Entwicklungen und
Vernetzungen richten. In der Denkschrift *Geisteswissenschaften
heute* (1991) plädierte H. R. JAUSS beispielsweise für eine Besin-
nung auf die integrativen, dialogischen und grenzüberschreiten-
den Potenzen der Geisteswissenschaften. Der Philosoph J. MITTEL-
STRASS forderte darin eine Rückbesinnung auf einen integralen
Kulturbegriff, der die Gesamtheit alles vom Menschen Geschaffe-
nen einschließt, der es den Geistes-, Sozial-, Natur- und Technikwissenschaften ermöglichen soll, mit ihren jeweils spezifischen
Möglichkeiten, die gesellschaftlichen Modernisierungsprozesse im
Sinne einer Humanisierung zu gestalten.

1 Kulturtheoretische Prämissen

**Konver-
genzen**

Im Zuge solcherart Nachdenkens bildeten sich kulturwissenschaftliche Grundauffassungen (Paradigmen) heraus, die sich
aus verschiedenen Einzelwissenschaften und wissenschaftlichen
Schulen (insbesondere in den USA, Großbritannien, Frankreich
und Deutschland), darunter vor allem aus der modernen Sprachwissenschaft, Wissenssoziologie, der Anthropologie bzw. Ethnologie und der Mentalitätsgeschichte generieren. Dabei ist in den letzten Jahren eine Zusammenführung jener unterschiedlichen
Ansätze zu beobachten, die – wenn auch z.T. unter Verwendung
verschiedener Begriffssysteme – übereinstimmende kulturtheoretische Prämissen erkennen lassen. Das hiermit verbundene kulturwissenschaftliche Paradigma lässt sich wie folgt beschreiben:

**Kultur-
verständnis**

Der Aufbau von Kultur ist auf Wertideen (WEBER 1904) bezogen,
d. h. auf die Fähigkeit und den Willen des Menschen, bewusst zur
Welt Stellung zu nehmen und ihr einen Sinn zu verleihen. Durch
kollektive Anstrengung werden dabei innerhalb einer Gemeinschaft die Mehrheit der Dinge des Lebens gedeutet und mit Bedeutungen versehen, so dass die bedeutungsindifferente Wirklichkeit,
Realität, in eine gedeutete Lebenswirklichkeit verwandelt wird.
Der amerikanische Anthropologe CLIFFORD GEERTZ hat diese
gedeutete Lebenswirklichkeit als Vorstellungswelt, als ein **selbst-
gesponnenes Bedeutungsgewebe** bezeichnet (Geertz 1987). Den
Bedeutungen werden in diesem Prozess sprachliche Zeichen und
sonstige Symbole zugeordnet. Mit ihnen erst wird zum einen geistiger Austausch über die Bedeutungen, also **Kommunikation,**
und zum anderen Speicherung des sozialen Wissensvorrats im
kulturellen Gedächtnis möglich (Hansen 1995). Wir können
zunächst festhalten, dass im wissenschaftlichen Kulturverständ-

nis weitgehend Konsens darüber besteht, dass Kultur nicht ein Phänomen neben Staat, Religion, Politik, Wirtschaft etc. ist, wie dies alltagssprachliche Verwendungen des Kulturbegriffs nahelegen, die u. a. Kultur auf Kunst, Literatur, Musik reduzieren. Kultur umfasst vielmehr das Ganze, also alle Lebenserscheinungen, jedoch in einer bestimmten Perspektive: Kultur hat immer mit Deutung zu tun und ist stets an Kollektivität, Kommunikation und Gedächtnis gebunden. Kulturtheoretisch ausgedrückt, hat sich Kulturanalyse mit jenen **konnektiven Strukturen** (Konnex, lat. *con(n)exus*: Verknüpfung) zu beschäftigen, die Individuen zu einer überindividuellen Gemeinschaft verbinden. Diese Strukturen sind es, die es Individuen erlauben, **wir** sagen zu können. Kulturanalyse muss Dekonstruktionsarbeit leisten, jene Strukturen freilegen und dabei Gesagtes und Nichtgesagtes berücksichtigen. Es ist weithin konsensfähig, dass das, was einzelne Individuen zu einem solchen **Wir** zusammenbindet, die konnektive Struktur des gemeinsamen Wissens (Faktizität und Deutung) und Selbstbildes ist, das sich zum einen auf die Bindung an gemeinsame Regeln, Normen und Werte, zum anderen auf die mit anderen Mitgliedern der Kulturgemeinschaft geteilte Erinnerung an eine gemeinsam bewohnte Vergangenheit (kollektives Gedächtnis) stützt (J. Assmann 1992). In allen Gemeinschaften werden solche konnektiven Strukturen ausgebildet.

Dimensionen

In jedem Fall verbinden und verknüpfen diese Strukturen die Individuen innerhalb einer bestimmten Gemeinschaft in zwei Dimensionen: der Sozialdimension und in der Zeitdimension. Sie binden den Menschen an den Mitmenschen dadurch, dass sie als symbolische Sinnwelt einen gemeinsamen Erfahrungs-, Erwartungs- und Handlungsraum bilden, der durch seine bindende und verbindliche Kraft Vertrauen und Orientierung stiftet (Assmann/Hölscher 1988). Wir werden am Beispiel der Wir-Gemeinschaft Nation sehen, wie diese orientierende und Sicherheit spendende Funktion insbesondere in Krisenzeiten für Individuen in der Konfliktbewältigung entlastend zur Wirkung kommt.

Prozesse

Dabei sind es drei Prozesse bzw. Wege, durch die hauptsächlich solche konnektiven Strukturen aufgebaut und stabilisiert werden, also Wir-Gemeinschaften entstehen: durch Kommunikation, Sozialisation und Tradition. Es kann der Auffassung des Ethnologen W. KASCHUBA gefolgt werden, der davon ausgeht, dass sich Kultur auf theoretischer Ebene nicht hinreichend vordefinieren lässt, sondern dass mit einem solchen theoretischen Pardigma eher auf eine spezifische Blickrichtung kulturwissenschaftlicher Erkenntnisinteressen abgezielt wird (Kaschuba 1999).

Kulturbegriffe

Der Bezug auf dieses allgemeine Paradigma ist deshalb wichtig, da es hilfreich sein kann, die Beziehungen zwischen verschiede-

nen Kulturbegriffen herzustellen, die sich in den einzelnen Wissenschaftsdisziplinen herausgebildet haben. Solche Beziehungen zu etablieren ist gegenwärtig eine wichtige Aufgabe und Herausforderung für kulturwissenschaftliches Arbeiten. Disziplinäre Grenzen dürfen hierbei keine Barriere sein. Behält man das eingangs beschriebene Paradigma im Auge, so wird bei der Betrachtung der folgenden Kulturbegriffe deutlich, dass sie jeweils unterschiedliche Schwerpunkte im Hinblick auf die Erkenntnisinteressen, Gegenstände und Methoden legen, ohne das Paradigma in Frage zu stellen. In der Arbeit und Diskussion um die Profilierung romanistischer Kulturwissenschaft sind vor allem folgende Kulturbegriffe relevant geworden:

2 Text- bzw. medienbezogener Kulturbegriff

Definition Dieser Kulturbegriff ist in den Fremdsprachenphilologien am weitesten verbreitet und konsensfähig. Schließlich knüpft er eng an die hier geltenden Fachtraditionen an. Kultur wird dabei als die „Gesamtheit der symbolischen Kommunikationsformen und -medien einer Gesellschaft aufgefasst, in denen sie sich verständigt, selbst darstellt, repräsentiert, Vorstellungsmuster, ästhetische Geschmacksmuster, Lebensstile und Rollenbilder entwickelt." (Lüsebrink 1995: 25). Die meisten der innerhalb der Romanisitk bislang entstandenen kulturwissenschaftlichen Arbeiten sind diesem Kulturverständnis verpflichtet. H.-J. Lüsebrink verweist in seinen programmatischen Arbeiten (die weitgehend als Referenz für diesbezügliche Arbeiten gelten und deshalb im Folgenden auch eine besondere Rolle spielen werden) immer wieder auf Heinz Bohrer. Er folgt ihm in seiner Auffassung von den „Drei Kulturen", zu denen neben den traditionellen Kulturformen (kanonisierte und über Institutionen vermittelte Texte, zu denen auch der schulische und universitäre Textkanon gehört) und der Literatur der Avant-Garde drittens das breite Feld der *Popular Culture* zählt (Bohrer 1982). Dieses reicht vom Feuilletonroman bis zur öffentlichen Festkultur, vom Chanson bis zur Werbung. In diesen Kontext werden auch die vielfältigen Formen massenwirksamer politischer Machtpräsentation eingeordnet, wie der viel beachtete und mediengerecht inszenierte Gang MITTERRANDS ins Panthéon nach seiner Wahl zum Staatspräsidenten 1981.

Umfang Einerseits umfasst dieser text- und medienbezogene Kulturbegriff weitgehend traditionelle Gegenstände der Literaturwissenschaft, reicht aber andererseits über diese hinaus, wenn neben literarischen Texten auch Presse, Flugschriften, Bildpublizistik, Briefmarken etc. analysiert werden. Methodisch findet die Kulturwissenschaft hier ebenfalls ihre Referenzen vorrangig in der Literatur- und Sprachwissenschaft. Literaturwissenschaftliche Textanalyse (strukturalistische, die der *sociocritique* etc.), Rezeptionsforschung, Gattungstheorie sowie die in der Sprachwissenschaft betriebene lexikalische Wortfeldanalyse, die Begriffsgeschichte und die Pragmalinguistik, die sich mit den sozialen und rhetorischen Wirkungen von Texten beschäftigt, sowie die Semiotik in der Tradition von ROLAND BARTHES finden hier Anwendung (Barthes 1957). Barthes Analysen betreffen bereits ein breites Spektrum kultureller Textformen, die Pressesartikel, Schlagzeilen, Modepresse und Werbeplakate für Waschmittel sowie ganze Werbekampagnen (für den Citroën) umfassen. UMBERTO ECO hat zudem ein System der Kultursemiotik entwickelt, das heute zu den theoretischen Hauptreferenzen gehört (Eco 1972). Aus der Feder von Romanisten liegen inzwischen Arbeiten vor, die sich mit französischen Karikaturen, Fernsehnachrichten, mit französischer Werbung, Presse, dem Chanson etc. beschäftigen. Hierbei wird deutlich, dass **Texte und Bilder als diskursive und symbolische Kommunikationsformen von Wahrnehmungs- und Deutungsmustern** im Zentrum des Erkenntnisinteresses stehen. Die audiovisuellen Medien stellen dabei eine neue Herausforderung für die KW dar, was eine Zusammenarbeit vor allem mit der sich profilierenden Medienwissenschaft notwendig macht.

3 Anthropologischer Kulturbegriff

Hier wird Kultur als das selbstgesponnene Bedeutungsgewebe aufgefasst, das sich vorrangig in Handlungen manifestiert. Ausgangs- und Zielpunkt der Untersuchungen sind Menschen als Angehörige einer kulturellen Gemeinschaft, d. h. als Menschen, die bestimmte Wahrnehmungs-, Deutungsmuster und soziale Einstellungen teilen, was sich in deren Handlungen und Verhaltensmustern zeigt. CLIFFORD GEERTZ formuliert als Aufgabe der anthropologischen Kulturanalyse, jene „Vorstellungsstrukturen, die die Handlungen der Subjekte bestimmen [zu untersuchen], das Gesagte des sozialen Diskurses aufzudecken und ein analytisches Begriffsystem zu entwickeln, das geeignet ist, die typischen Eigenschaften dieser Strukturen ... gegenüber anderen Determinanten menschlichen Verhaltens herauszustellen." (Geertz 1987: 39). **Das Erkenntnisinteresse richtet sich hier zentral auf die hinter bestimmten Handlungen bzw. Praktiken stehenden Wahrnehmungs- und Deutungsmuster und diesen entsprechenden sozialen Einstellungen.**

Definition

Die romanistischen Forschungen haben hier z.B. mit den Methoden der historischen Semantik (Busse, Hermanns, Teubert 1994)

Umfang

oder der Semiotik Beiträge geleistet. Die Untersuchung von kulturellen Praktiken selbst ist allerdings umstritten. H.-J. Lüsebrink nimmt hierzu auch eine distanzierte Position ein. Im Weiteren wird sich zeigen, warum in dieser Einführung und dem zugrunde liegenden Kulturverständnis für die Einbeziehung der Handlungen bzw. kulturellen Praktiken plädiert wird. Man denke nur an die für unser Gebiet so zentralen kulturellen Praktiken wie das Lesen, Schreiben und Sprechen. Wir wissen, dass Kulturen Diskursgemeinschaften sind, in denen bestimmte Stile, Formen und Inhalte verbindend wirken. In interkulturellen Begegnungen z.B. führen gerade die in den einzelnen Sprachen geltenden unterschiedlichen Redekonventionen (Sprecherwechsel, gleichzeitiges Sprechen etc.) zu Missverständnissen. Auch Aspekte der nonverbalen Kommunikation (Hall 1971) sind hier relevant. Darüber hinaus ist z.B. an die französische Aufsatzform oder die *Explication de textes* zu denken (Röseberg 1992), die deutschen Studierenden in Frankreich immer wieder Probleme bereiten, um die Relevanz kultureller Unterschiede in diesem Bereich gerade für den deutsch-französischen Kontext zu begreifen. Die Untersuchung von kulturellen Praktiken, die über oft mehr als 100 Jahre hinweg in den nationalen Bildungssystemen kanonisiert worden sind, ist eine lohnenswerte Aufgabe. Dies gilt insbesondere für Frankreich, da hier von den Bildungsinstitutionen eine starke normative und mentalitätsbildende Wirkung ausgeht. Die gesamte *littérature parascolaire*, in der die normativen Regularien für diese Praktiken festgehalten sind, bildet ein noch wenig beachtetes Textkorpus. Die Aufgabe besteht darin, die hinter den Regeln stehenden Deutungsmuster herauszufinden. Insgesamt ist die kontrastive Rhetorik in den Philologien ein ertragreiches Forschungsfeld. Das Interesse gilt hier einer Vielfalt von weiteren Domänen kulturengebundenen Schreibens, vor allem auch in den Wissenschaften (wissenschaftlicher Aufsätze, Akten über Kolloquia etc.) (Adamzik, Antos, Jakobs 1997). Ein anderes Defizit liegt in der Entwicklung einer kulturvergleichenden empirischen Leseforschung (Röseberg 1993), die von Romanisten (in Zusammenarbeit mit französischen Kollegen) bislang kaum betrieben wird.

4 Soziologischer Kulturbegriff

Definition

Aus der soziologischen Perspektive wird Kultur im Feld weiterer sozialer Beziehungen, Interessen und Institutionen betrachtet. **Zentral geht es um das Verhältnis von Kultur und den vielfältigen Bereichen der Gesellschaft.** Die Untersuchungen können auf verschiedene gesellschaftliche Dimensionen fokussiert sein.

Traditionell wird beispielsweise bei empirischen Erhebungen und daraus abgeleiteten Typologisierungen der Zusammenhang zwischen der Zugehörigkeit zu sozialen Klassen wie auch Schichten und kulturellen Praktiken betont. Dem entsprechen darüber hinaus auch Kategorisierungen wie Elite- und Massenkultur bzw. *culture populaire*. Diese Einteilungsmuster sind in den letzten Jahren verstärkt in die Kritik geraten. Sie bleiben jedoch – insbesondere für Epochen starker, mit der Arbeitswelt verbundener, sozialer Differenzierungen – relevant, auch wenn sie vorrangig quantitative Resultate erbringen.

Umfang

In der neueren kultursoziologischen Forschung wurden jedoch gerade auch Beziehungen zur anthropologischen Kulturanalyse hergestellt. Die Arbeiten von PIERRE BOURDIEU sind hierbei wesentlich.

Er hat auf der Grundlage breiter empirischer Untersuchungen quantitative Ergebnisse zu ästhetischen Geschmacksmustern (in der französischen Gesellschaft) in eine Theorie überführt (Bourdieu 1979), die auf ein wichtiges kultursoziologisches Problem verweist: Als strukturbildende Kraft der symbolischen kulturellen Verhältnisse, die in Lebensstilen praktisch werden, bestimmt Bourdieu das Interesse an *distinction*, an abgrenzender Behauptung eines kulturellen und damit sozialen Status. Kulturelle Praktiken (z.B. das Lesen bestimmter Autoren und das Reden darüber) erfüllen also auch die Funktion der sozialen Abgrenzung. Dieser Ansatz ist sowohl für die text- bzw. medienbezogene als auch für die handlungsbezogene Kulturanalyse relevant. Außerdem ist das Konzept des *habitus* geeignet, um politische, ökonomische, soziale und kulturelle Phänomene in ihren Zusammenhängen zu untersuchen (s. Kapitel 2). Habitus bezeichnet dabei ein System von Dispositionen, die die Praxis prägen, es sind diejenigen Wahrnehmungs- und Verhaltensorientierungen, die einem bestimmten Ort im sozialen Raum entsprechen, der als Produkt der Geschichte der jeweiligen sozialen Gruppe verstanden wird. Distinktion und Habitus sind kultursoziologische Konzepte, mit denen vorwiegend Prozesse des Stabilisierens von kulturellen Mustern analysiert werden können. Für die Untersuchung von kulturellem Wandel sind sie weitgehend ungeeignet. Sie belegen jedoch Möglichkeiten der Verbindung des anthropologischen und soziologischen Kulturbegriffs.

Distinktion und Habitus

Heute finden in den Kulturanalysen zunehmend weitere soziale Gruppeneinteilungen Beachtung: Geschlechter, Generationen, Immigranten und ihre Nachkommen, Banlieuebewohner sowie Statusgruppen in Bezug auf Bildungs- und berufsqualifizierende Abschlüsse, Arbeits- und Tätigkeitsfelder. Seitdem Arbeitslosigkeit und neue Armut zu Massenphänomenen geworden sind, findet

Weitere soziale Kategorien

die Gruppe der von der Arbeitswelt und anderen Sozialisationsformen Ausgeschlossenen *(exclus)* zunehmend die Beachtung von Kultursoziologen. Diese Erweiterung der soziologischen Perspektiven hat mit dem Fortschritt der kultursoziologischen Forschung zu tun, ist aber auch eine notwendige Folge der tiefgreifenden sozialen Transformationsprozesse, die mit dem Übergang von der Industrie- zur Dienstleistungs- und Informationsgesellschaft verbunden sind. Die verschiedenen Artikulationsformen dieser Gruppen konstituieren ein breites Feld für die kulturwissenschaftliche Forschung, das erst von wenigen Romanisten bearbeitet wird (siehe z. B. Wolfgang Asholt zur Banlieueproblematik 1996).

Feld-Theorie

Die soziologische Kulturanalyse ist auch in anderer Hinsicht für die text- bzw. medienbasierten Kommunikationsformen von entscheidendem Belang. Fragen wie die nach dem gesellschaftlichen Status und Begründungs- wie Entstehungszusammenhang ausgewählter Kommunikationsformen verlangt eine möglichst breite soziale Netzwerkanalyse. Hierzu gehören Untersuchungen der jeweils spezifischen soziohistorischen Situation und Position von Akteuren, die interessengeleitet in einem konfliktuellen **Feld** von gesellschaftlichen Beziehungen agieren. Die Feld-Theorie von Bourdieu (Bourdieu 1985) liefert ein praktikables Instrumentarium, bei dem die relative Autonomie eines Feldes ebenso wichtig ist wie dessen Struktur, in der die Akteure eine bestimmte Position einnehmen. Die beiden Pole solcher Positionen sind durch die *dominants* und *dominés* gekennzeichnet. Insofern spielen Macht und Strategien (die für Bourdieu nicht erstrangig auf ökonomische, sondern symbolische Ordnungen zurückgehen) z.B. im intellektuellen Feld eine wichtige Rolle (s. Kapitel 2). In der Literaturwissenschaft sind Untersuchungen zum literarischen Feld bereits üblich (siehe vor allem die Arbeiten von Joseph Jurt 1992).

Institutionen

In diesem Zusammenhang spielen auch Institutionen eine wichtige Rolle. Institution bedeutet dabei zweierlei: einmal abstrakte, in kulturellen Traditionen niedergelegte regulative Prinzipien – als Konventionen bezeichnet –, und zum anderen eine gesellschaftliche Gruppe, Assoziation, Organisation, in denen sich solche Konventionen niederschlagen. Eine funktionale Institutionenanalyse ist nicht mit der traditionellen Institutionenkunde zu verwechseln, die sich mit Aufbau und Struktur von Organisationen beschäftigt, ohne dabei die kulturellen Praktiken selbst, deren norm- und wertorientierende Grundlagen, noch die mentalitätsgeschichtlichen Folgen in den Blick zu nehmen. Für Frankreich sind auch in mentalitätsgeschichtlicher Hinsicht die Bildungsinstitutionen zentral (Röseberg 1995). K. H. Götze nennt nicht zufällig einen seiner aufschlussreichen Artikel, die dem französischen Bildungssystem gewidmet sind: *Wie Franzosen zu Franzosen gemacht werden* (1993).

Im Ergebnis kultursoziologischer Untersuchungen können Aussagen zur gesellschaftlichen **Legitimation**, zum gesellschaftlichen **Status** der ausgewählten Texte, Bilder etc. und der mit ihnen artikulierten Deutungsmuster getroffen werden. In den modernen Gesellschaften ist die **Öffentlichkeit** als gesellschaftlicher Raum für das Aushandeln solcher eine Gemeinschaft stiftenden Sinnzusammenhänge wesentlich. Öffentlichkeit ist ein historisch bestimmter Begriff, in dem sich eine Grundkategorie bürgerlichen Selbstverständnisses ausdrückt. Öffentlichkeit ist seit der Aufklärung ein neues Forum für Diskussion, Kritik und Entscheidungsfindung und avanciert als Prinzip zu einer Grundbedingung von Demokratie. Um das Öffentlichkeitsprinzip ist immer wieder neu zu ringen.

Öffentlichkeit und Legitimation

Für die Kulturanalysen sind dabei folgende Fragen zentral: Welche Themen sind in der gesellschaftlichen Öffentlichkeit jeweils diskursiv und symbolisch virulent und in welchen Begründungszusammenhängen stehen sie? Ihre Beantwortung trägt dazu bei, kulturelle Kernbereiche einer Gemeinschaft zu einem bestimmten Zeitpunkt zu erschließen. Aber auch kultureller Wandel ist ohne die kultursoziologische Perspektive nicht schlüssig zu erklären. Gleiches gilt für Herausbildung und Wandel des kulturellen Gedächtnisses einer Gemeinschaft, also für die Dynamik von kollektivem Erinnern und Vergessen (z.B. Entstehung und Funktionsverlust nationaler Mythen). Ebenso lassen sich interkulturelle Transfer- und Rezeptionsprozesse ohne diese komplexeren sozialen Beziehungsgeflechte nicht in ihrer notwendigen Differenziertheit untersuchen.

2 Kulturwissenschaft zwischen Geistes- und Sozialwissenschaften

1 Zentrale Konzepte

Aus dem bisher Dargelegten geht bereits hervor, dass die vorgestellten Kulturbegriffe nicht unbedingt nur alternativ, sondern auch komplementär für konkrete Kulturanalysen einzusetzen sind und sich z.T. sogar verbinden. In jedem Fall sollten alle drei für die Untersuchung der in der (Gallo-)Romanistik anstehenden Fragen und Probleme Anwendung finden. Auch aus der Perspektive der kulturtheoretischen Forschungen muss deren Verbindung ein wichtiges Anliegen sein, denn es bleibt eine der zentralen Herausforderungen, die vielfältig vermittelten Beziehungen zwischen Kultur und Gesellschaft zu analysieren. Die explizierten Kulturbegriffe verweisen mit ihren spezifischen Intentionen auf verschiedene Aspekte dieser komplexeren Prozesse.

Komplementarität

Mentalität	Als Leitkategorie für eine Verbindung von Kultur- und Sozialgeschichte wird in neueren Arbeiten von Historikern auf Begriff und Konzept der Mentalität verwiesen. Mentalität bedeutet: Geisteshaltung, Einstellung des Denkens eines Menschen oder einer Gruppe von Menschen. Traditionell gehört die Mentalitätsforschung hauptsächlich der Ideengeschichte an. Die französische Historikerschule der *Annales* (BLOCH, FEBVRE) hat jedoch der Mentalitätsgeschichtsschreibung einen erweiterten Gegenstandsbereich zugeordnet. Man bezieht hier die dem lateinischen Begriff *mens* eigenen Bedeutungsfelder mit ein: also Geist und Verstand, Gefühl und Leidenschaft, Haltung und Verhalten. Mentalitäten als kollektive geistige Dispositionen werden als historisch und sozial bestimmte Dispositionen des Bewusstseins, die sich in sozialen Gruppen zeigen, aufgefasst. Dabei interessieren Formen des Alltagswissens ebenso wie die dem Bewusstsein entzogenen, aber tatsächlich wirksamen Denkmuster. Mentalitäten sind die lebensweltlich vermittelten Kollektivideen, die nur in einem sozialen Zusammenhang zu typischen Mentalitätsthemen werden. Als solche sind sie aus den sozialen Praktiken herauszulesen.
Integrativität	Was sich in den Diskussionen um den Mentalitätsbegriff zeigt, lässt sich auch im Zusammenhang diskursanalytischer Ansätze (s. Kapitel 4) feststellen: Kultur- und Sozialwissenschaften bewegen sich aufeinander zu. Insofern gewinnt auch ein **integrales Kulturverständnis** an Bedeutung, das auf deren Verbindungen ausgerichtet ist. Für Otto Gerhard Oexle ist Kultur deshalb auch „das Ganze des wechselseitigen Zusammenspiels von Denkformen, Formen des Sich-Verhaltens und sozialen Handelns und den wiederum daraus entstehenden Objektivationen" (Oexle 1996: 26).
Identität	Wichtig ist, dass Individuen mehreren solcher kulturellen Gemeinschaften angehören, die auf verschiedenen Ebenen existieren und zueinander in Beziehung treten. Dies ist bei der Beschäftigung mit den Problemen der Identität zu berücksichtigen (s. Kapitel 2).
Texte in gesellschaftlichen Prozessen	Kulturwissenschaftliche Romanistik hat in diesen Zusammenhängen wichtige Beiträge zu leisten und muss sich u. E. nicht nur für neue Gegenstände sondern auch für grenzüberschreitende Methoden öffnen. So verstandene Kulturwissenschaft ist deshalb eher zwischen Geistes- und Sozialwissenschaft situiert und muss sich vor allem auch bestimmter sozialwissenschaftlicher Methoden versichern, was übrigens in konkreten Untersuchungen bereits der Fall ist. Romanistische Kulturwissenschaft erhält so eine Brückenfunktion und den notwendigen integrativen und dialogischen Charakter. Für die Verbindung der unterschiedlichen

Kulturbegriffe und der jeweiligen Erkenntnisinteressen ist aus der Sicht der Fremdsprachenphilologien eine Frage besonders wichtig: Welcher heuristische Status (Status im Prozess der Erkenntnisgewinnung) kommt Texten zu?

Die Beantwortung dieser Frage konfrontiert uns mit einem weiteren zentralen Begriff kulturwissenschaftlichen Arbeitens: In den letzten Jahren setzt sich immer mehr die Erkenntnis durch, dass Texte in kulturwissenschaftlicher Perspektive als Repräsentationsformen bzw. **Repräsentationsakte** zu verstehen sind, in denen eine Gesellschaft bzw. einzelne Gruppen über sich selbst und miteinander kommunizieren und dabei jene sozialen Vorstellungen aushandeln, von denen weiter oben die Rede war (CHARTIER 1998). Das Erkenntnisinteresse gilt dabei sowohl den Kommunikations- und Erinnerungsformen jener sozialen Vorstellungen wie den Vorstellungen selbst. Mit dieser These wird zugleich eine Verbindung zwischen dem text- bzw. medienbezogenen und dem anthropologischen Kulturbegriff hergestellt. **Repräsentation** bzw. Repräsentationsstile sind zu zentralen Leitbegriffen kulturwissenschaftlichen Arbeitens geworden. Diese Begriffe und Konzepte schließen eine weitere Erkenntnis ein, die das Verhältnis von Kultur und Gesellschaft, also den soziologischen Kulturbegriff, betrifft: Kultur ist nicht eine einfache Abbildung von Gesellschaft. Wenn das Bedeutungsgewebe als ein Repräsentationsakt betrachtet werden muss, d. h. als Versuch einer absichtsvollen Erzählung der Akteure, die dem Beobachter ihre Sicht der Welt als die allein gültige nahelegen wollen, „dann hat Kulturanalyse die Aufgabe, deren strategischen Sinn und symbolischen Gehalt erst einmal zu lesen und zu entziffern, bevor ein kulturelles Phänomen als Form und Zeichen gesellschaftlicher Praxis verstanden werden kann." (Kaschuba 1999: 124). Relevant wird diese Auffassung z.B. bei der Abgrenzung zur Politikwissenschaft. Der Objektbereich romanistischer Kulturwissenschaft in der Sphäre der Politik liegt in der Analyse von Reden und Aufsätzen, der Rhetorik und Selbstdarstellung von Politikern sowie der Wahrnehmung und Einschätzung ihrer Politik in der Öffentlichkeit (siehe z.B. die Arbeiten von Ekkehard Eggs).

   Die Kriterien der Textwahl hängen – wie überall – stark von den Zielen der gewählten Untersuchungen ab: Im Vordergrund stehen hier jedoch – anders als in der Literaturwissenschaft – nicht genretheoretische, ästhetische Kriterien. Vielmehr geht es um Deutungsmuster, soziale Einstellungen in ihren Repräsentations- und Kommunikationsformen und in Verbindung mit dem (zu bestimmenden) Grad an Öffentlichkeit, der Verbreitung und Legitimation innerhalb einer bestimmten sozialen Gruppe und historischen Situation. Wichtig ist also in jedem Fall die Bestimmung ihres gesellschaftlichen Status.

Repräsentation

2 Methodologische Bestimmungen

Historisierung als methodisches Grundprinzip

An dieser Stelle wird auch ersichtlich, dass sich die hier vorgestellte Kulturwissenschaft nicht als Wesenskunde versteht, bei der es um die Beschreibung unveränderlicher, essentialistischer Nationalcharaktere gehen würde. Vielmehr finden mit dem hier vorgestellten Kulturverständnis soziokulturelle Differenzierungen ebenso Beachtung wie der Kulturkontakt und kultureller Wandel. Insofern wird dem essentialistischen ein dynamischer und interaktionistischer Kulturbegriff entgegengesetzt und der Bezug auf einen dauerhaften, wesensbestimmten Nationalcharakter von Kultur (im Singular) wird durch einen historisch dimensionierten und sozial differenzierten Kulturbegriff ersetzt, der Kultur – auch auf eine Gesellschaft bezogen – in ihren Differenzierungen aufspüren will und deren **Konstruktionscharakter** betont. Kulturanalyse findet für das Verstehen kultureller Phänomene immer dann besonders produktive Gegenstandsbereiche, wenn es gelingt, Prozesse des Entstehens, Stabilisierens und des Wandels von gemeinschaftlich geteilten (zu teilenden) sozialen Einstellungen und Wahrnehmungen in ihren spezifischen Kommunikations- und Erinnerungsformen zu analysieren. Die Untersuchung von „Schlüsselsituationen", in denen diese Prozesse ablaufen, ist untrennbar damit verbunden. Durch die Konzentration auf den Prozesscharakter kann auch der Gefahr begegnet werden, dass sich ein statischer (essentialistischer) Kulturbegriff quasi hinterrücks doch durchsetzt. Die konsequente Historisierung ist somit als methodisches Prinzip jeder Kulturanalyse einzufordern.

Welche Gemeinschaft als Analyseebene?

Die präzise Bestimmung des zu wählenden kollektiven Bezugsrahmens, der Wir-Gemeinschaft, ist maßgebend, um der Gefahr verallgemeinernder Aussagen, die allzu oft zum Klischee werden, zu entgehen. Zu unterscheiden sind einerseits die Ebene von Nation, Region sowie weiterer Gruppen nach Geschlecht, Generation, Berufs- und Tätigkeitsfeldern (z.B. Verhandlungen im Wirtschaftsbereich). Zu beachten sind jedoch auch überregionale und transnationale Gemeinschaften wie Mittelmeernationen und der europäische Bezugsrahmen in regionalen und nationalen Spezifizierungen. Aufschlussreich kann auch die einer anderen Logik folgenden Unterscheidung von Fest- und Alltagskultur sein, wobei Alltagskulturen immer häufiger Gegenstand der Untersuchungen sind. Innerhalb der Romanistik ist dieser Bereich jedoch bislang wenig untersucht worden.

3 Komparatistik/Interkulturelle Romanistik/ Fremdkulturwissenschaft

Romanistik hat mit fremden Kulturen zu tun. Daraus folgt, dass kulturwissenschaftliche Romanistik weitgehend als Komparatistik, Interkulturelle Romanistik und Fremdkulturwisssenschaft zu verstehen und zu profilieren ist. Welche Konsequenzen hat dies für das bisher Gesagte und die Konstituierung der Gegenstände? Was bedeutet es, wenn wir von verschiedenen Kulturen sprechen?

Spektrum kulturwissenschaftlicher Romanistik

Die Existenz verschiedener Kulturen ist als Andersartigkeit von Wahrnehmungs- und Deutungsmustern, sozialen Einstellungen, symbolischen Kommunikations- und Erinnerugsformen sowie kulturellen Praktiken und sozialen Legitimationskontexten vorzustellen. Was für die Wir-Gemeinschaft A Gewohnheit, Normalität ist, kann für die Wir-Gemeinschaft B andersartig, fremd sein. Für diese Tatsache steht der Begriff der **Alterität**. Er bezeichnet demnach die Andersartigkeit jener konnektiven Strukturen. Wenn also bislang von zentralen Deutungsmustern und ihren Kommunikationsformen die Rede war, die in einer spezifischen Gruppe gelten, so ist jetzt die Fremdperspektive auf diese Deutungsmuster im Spiel, wodurch deren Thematisierung und die Explizierung des Kulturvergleichs erforderlich wird. Wenn also bislang kulturelle Kernbereiche eher vor dem Hintergrund der Gesamtheit aller textuellen und symbolischen Kommunikationsformen etc. einer bestimmten Gemeinschaft definiert worden sind, so gilt es nun, diese auch vor dem Hintergrund von Alterität zu bestimmen: Kernbereiche ergeben sich hier durch kontrastive Betrachtungen, wobei partielle Übereinstimmungen wie auch Differenz eine Rolle spielen. Dies hat weit reichende Folgen für die Text- und Themenwahl.

Alterität

Kulturen bleiben außerdem im Verlauf ihrer Entwicklung nicht isoliert, sondern treten in – historisch unterschiedlich intensiven – Kontakt zu- und miteinander. Für die vielfältigen Formen des Kulturkontaktes steht der Begriff der Interkulturalität. Kulturkontakt führt zu vielfältigen Konsequenzen für die jeweils betroffenen Kulturen. Diese Folgen sind wiederum auf verschiedenen Ebenen relevant: auf der Ebene der Selbstbilder und der eigenen kulturellen Konventionen (als Transfer und kultureller Wandel), auf der Ebene der Fremdwahrnehmung (als Bilder vom anderen) und auf der Ebene der Interaktionen (als gemeinsames Handeln).

Interkulturalität

4 Kanon der Gegenstandsbereiche

Untersuchungsfelder

Aus den Feststellungen des vorangehenden Kapitels lässt sich der folgende Kanon von Gegenständen der KW ableiten, der sich aus komplexen Untersuchungsfeldern zusammensetzt:

1. Kulturelle Kernbereiche im Vergleich.
2. Interkulturelle Transfer- und Rezeptionsprozesse (die Wissens- und Informationsübermittlung, die produktive Aneignung einer fremden Kultur und die Rolle kultureller Mittler).
3. Interkulturelle Wahrnehmungsvorgänge, die vor allem auf die Perzeption – das kollektive Bild – eines anderen Landes und seiner Kulturen in unterschiedlichen Medien zielen.
4. Interkulturelle Interaktionsformen, die die verschiedenen Formen des institutionalisierten Personenaustauschs wie auch interkulturelle Kommunikationssituationen in verschiedenen Bereichen wie der Wirtschaftskommunikation etc. umfassen (siehe dazu auch Lüsebrink 1998).

Xenologie

Damit verbundene xenologische (griech. *xenos*: Fremder) Problemstellungen haben bislang in der Romanistik weniger Beachtung gefunden. Die Interkulturelle Germanistik hat hierfür wichtige Vorarbeiten geleistet (Wierlacher), aus denen ein Konzept von Interkultureller Kommunikation entwickelt worden ist, dessen Aufmerksamkeit den interpersonellen Begegnungen in bestimmten Situationen gilt. Im Zentrum der Untersuchungen steht das „Inter" bei Begegnungen von Vertretern verschiedener Kulturen. Es geht dabei vor allem um die Dynamik des Verhaltens in interkulturellen Begegnungen. Hier werden wichtige Fragenhorizonte entwickelt, die mit der Erforschung von Kompetenzen des kulturellen Mittelns zu tun haben. In diesem Kontext gehören die theoretische und praxisrelevante Thematisierung von Phänomen wie **Kulturschock**, **Fremderfahrung** und **Fremdverstehen**.

Inhaltlicher Anspruch

Insgesamt ist diese interkulturelle und xenologische Perspektive romanistischer Kulturwissenschaft essentiell für die Profilierung und Strukturierung des Faches. Sie schließt ein, dass wir die kulturellen Standorte, von denen aus wir andere Kulturen betrachten, in jeder Fragestellung ernst nehmen. Dies gilt heute mehr denn je, da wir immer häufiger in international zusammengesetzten Studien- und Forschungsgruppen arbeiten. Die eigenkulturelle Prägung hat in allen zu behandelnden Gebieten eine Rolle zu spielen. Kulturvergleich, Kulturtransfer, Rezeption und Interkulturalität, Fremderfahrung sowie Fremdverstehen sind deshalb zentrale theoretische Problemfelder, mit denen romanistische Kulturanalyse verbunden ist.

5 Struktur des Buches

Mit der Strukturierung des Bandes folgen wir den bereits weitgehend institutionalisierten Teilgebieten kulturwissenschaftlicher Lehre und Forschung. Die deutsch-französische Perspektive ist dabei jeweils zentral, wenn diese auch nicht isoliert werden darf. Anders als die etablierten Disziplinen der Romanistik, nämlich die Sprach- und Literaturwissenschaft, ist die Kulturwissenschaft erst auf dem Weg, sich zu einer kanonisierten Disziplin mit „festen" Gegenständen und Methoden zu entwickeln.

Anlage und Intentionen

Daraus ergibt sich auch der Charakter des vorliegenden Bandes: er ist als Versuch einer Bestandsaufnahme verschiedener, bislang eher heterogen erscheinender Untersuchungen aufzufassen. Zugleich soll der Band Einblicke in offene, zu bearbeitende Fragestellungen und differierende Untersuchungsansätze ermöglichen. Studierende werden mit wichtigen Grundbegriffen vertraut gemacht. Insbesondere in Kapitel 2 werden dabei auch kulturtheoretische Grundbegriffe erklärt. Zugleich finden sie einen Überblick über das Themen- und Methodenrepertoire sowie Hinweise auf einschlägige Publikationen. Deren Konsultation ist in jedem Fall für die eingehendere Beschäftigung mit spezifischen Fragestellungen notwendig.

Der Band soll helfen, im Fach Romanistische Kulturwissenschaft wissenschaftlich tätig zu werden. Eine Fülle von Themen bleibt zu bearbeiten, auch in Form von Semester- und Examensarbeiten. Er gibt Einblick in ein neues Fach, dessen Werkstattcharakter nicht verborgen, sondern unterstrichen werden soll. Studierende, junge Wissenschaftler sollen ermutigt werden, sich an der Profilierung dieser universitären Disziplin zu beteiligen.

Da hier das „Einüben" des kulturwissenschaftlichen Blickes im Vordergrund steht, kann diese Einführung nicht gleichzeitig die Funktion einer systematischen kulturgeschichtlichen Abhandlung übernehmen. Aus der Fülle möglicher Bezugsgrößen (Wir-Gemeinschaften) haben wir deshalb einen Schwerpunkt gewählt: die **nationalkulturelle Untersuchungsperspektive**. Aufgrund der relativ guten Forschungslage kann hierzu einerseits ein Grundwissen vermittelt werden, das zugleich erlaubt, die Zusammenhänge der behandelten Forschungsperspektiven (Vergleich, Transfer, Rezeption, praktische interkulturelle Kommunikation) zu verdeutlichen. Dennoch sei ausdrücklich unterstrichen, dass der Bezug auf Nation als Gemeinschaftsform keineswegs einzig und zukünftig auch nicht unbedingt zu favorisieren ist. Es besteht ein enormes Defizit an Untersuchungen zu anderen Gemeinschaftsebenen. Außerdem ist der gesamte Bereich der Alltagskulturen weiter auszudifferenzieren.

Schwerpunkt

❸ Zur Genese der Deutungsmuster *culture* und Kultur

Begriffe als Deutungsmuster

Vorab soll im Überblick auf die Geschichte der Begriffe **Kultur**, *culture* und *civilisation* eingegangen werden, da diese (jenseits der wissenschaftlichen Verwendungen) zu zentralen Deutungsmustern in Frankreich und Deutschland gehören. Hierbei können wir uns weitgehend auf zwei Grundlagenwerke beziehen: (Elias 1976, Cyche 1996). Die Arbeiten von ELIAS gehören inzwischen in den Kultur- und Sozialwissenschaften zu den Klassikern. Zusammen mit dem deutschen Begriff **Bildung** (Bollenbeck 1994) haben diese Begriffe die Geschichte der deutsch-französischen Beziehungen seit dem 18. Jh. wesentlich geprägt. Sie dienten als zentrale Selbstverständigungsmodi nationaler Identitätsbildung seit der Aufklärung, vor allem im 19. Jh. und auch noch in der ersten Hälfte des 20. Jhs. Zusammen mit ihren benachbarten semantischen Feldern bildeten sie ein zentrales Konfliktfeld im Kontakt und in der Auseinandersetzung beider nationaler Kulturen. Im folgenden Abschnitt soll klar werden, was es heißt, Begriffe als Deutungsmuster zu untersuchen. Dies ist immer dann erforderlich, wenn sich Begriffe einer einfachen Verbaldefinition entziehen. Ihre Geschichte ist nur in ihren Funktionen, d. h. in ihren diskursiven und sozialgeschichtlichen Zusammenhängen zu erklären. Begriffe als Deutungsmuster sind Elemente von Weltdeutung, die Wahrnehmungen leiten, Erfahrungen interpretieren und Handeln motivieren. Kulturanalyse, die sich auf den deutsch-französischen Kontext bezieht, muss die Deutungsgeschichte des deutschen Kernbegriffs Kultur nachzeichnen und dabei nach dessen Entsprechungen im Französischen suchen. Wir werden im Resultat solcher Untersuchungen sehen, dass Kultur keineswegs immer mit *culture* zu übersetzen ist. Wir verstehen vor diesem Hintergrund auch erst, warum Kulturwissenschaft als Disziplin in Frankreich keine bzw. verschiedene Entsprechungen hat. In der französischen Germanistik etablierte sich *civilisation* (die französiche Variante zu der deutschen Landes- und Kulturwissenschaft). Seit einigen Jahren ist darüber hinaus die Profilierung einer *Histoire culturelle* (Rioux, Sirinelli 1997) zu beobachten, während sich in der Historikerschule der *Annales* bereits früh eine *Histoire des mentalités* entwickelte (Ariès, u. a.).

1 *Culture* und *civilisation* – zwei französische Deutungsmuster

Sowohl in Frankreich als auch in Deutschland sind *culture* und *Kultur* seit dem 18. Jh. wichtige Deutungsmuster.

  Um 1700 ist *culture* bereits ein traditioneller Begriff in der französischen Sprache, der aus dem Lateinischen *cultura* entlehnt ist und im Mittelalter vor allem im Sinne von *parcelle de terre cultivée*, gebraucht wird, also zunächst einen Zustand (*chose cultivée*) beschreibt und etwas später, seit dem beginnenden 16. Jh., auch eine Handlung *(cultiver la terre)* bezeichnet. Wichtig ist der Übergang zum figurativen Gebrauch, im Sinne von *culture d'une faculté*, der etwa für die Mitte des 16. Jhs. nachgewiesen ist, der jedoch lange akademisch wenig anerkannt bleibt. Erst 1718 erscheint *culture* im übertragenen Sinn im *Dictionnaire de l'Académie française* und findet stärkere Verbreitung. Oftmals wird *culture* zunächst mit einem *objet complément* verwendet, z. B. *culture des arts, culture des lettres, cultures des sciences*.

Culture ist sodann auch ein Begriff bei den Philosophen der Aufklärung. In der Enzyklopädie findet sich ein langer Artikel über *culture des terres*; im figurativen Sinn erscheint der Begriff in mehreren Artikeln: *Éducation, Esprit, Lettres, Philosophies, Sciences*. Allmählich tritt *culture* auch alleine auf und bedeutet hier stets *éducation de l'esprit*, wobei zunächst die *action d'instruire*, also eine Handlung, bezeichnet wird, dann auch ein Zustand: *état de l'esprit cultivé par l'instruction*. Die seit dem 16. Jh. nachgewiesene Definition hält Einzug in die Wörterbücher, in denen nunmehr *culture* bezeichnet wird als *éducation de l'esprit par des exercices appropriées. Culture* gehört seither in das semantische Feld von *éducation, instruction, formation*, hat also eine Bedeutung, die eher mit Bildung zu übersetzen ist, obgleich der deutsche Begriff Bildung nicht deckungsgleich ist, da er im Deutschen eine Spezifik erhält, die keine volle Adäquatheit in anderen Sprachen findet, also ein deutsches Deutungsmuster bleibt. Dennoch ist hier festzuhalten, dass *culture* im Französischen des 18. Jhs. den Zustand eines Individuums *qui a de la culture* beschreibt. In diesem Sinn unterscheiden die Verfasser des *Dictionnaire de l'Académie française* von 1798 auch einen *esprit naturel et sans culture* von einem *esprit cultivé*. Diese Opposition zwischen *nature* und *culture* ist für die Aufklärer essenziell. *Culture* wird zu einem dem Menschen eigenen Charakterzug, unabhängig von allen Unterscheidungen in Völker oder Stände. Es ist die Summe alles Wissens der Menschheit, die in ihrer Totalität verstanden wird. Insofern ist es nur folgerichtig, dass *culture* nur im Singular verwendet wird.

Dieses Verständnis von *culture* ist untrennbar verbunden mit dem Universalismus und Humanismus des philosophischen Denkens

Begriffsgeschichte: *culture*

Culture vs. nature

Instruction et culture

der Aufklärer. Der Begriff wird assoziiert mit *progrès, évolution, éducation, raison,* also mit zentralen Begriffen jener Epoche. Die Idee der *culture* ist Teil des Fortschrittsglaubens, des Optimismus, der sich auf die Überzeugung von der Entwicklungsfähigkeit und Vervollkommnung des Menschen gründet, die durch *instruction,* also *culture,* zu erreichen ist.

Civilisation

Culture ist einem anderen Begriff sehr nahe, dem der *civilisation.* Beide Begriffe gehören dem gleichen semantischen Feld an und reflektieren die gleichen Grundkonzepte. Dennoch gilt im 18. Jh. noch ein wichtiger Unterschied: *Culture* meint vor allem individuellen Fortschritt, individuelle Entwicklung, *civilisation* hingegen kollektiven Fortschritt, kollektive Entwicklung. Wie *culture* gründet auch *civilisation* auf einem universalistischen Grundkonzept und wird daher im Singular verwendet. *Civilisation* bezeichnete zunächst die Verfeinerung der Sitten *(moeurs),* bevor die Bedeutung von *civilisation* durch Philosophen der Aufklärung erweitert wird im Sinne eines Prozesses, der die Menschheit aus Ignoranz und Irrationalität herausreißt. Da diese neuen Denker in Frankreich nicht ohne politischen Einfluss bleiben, vermögen sie ihr Gesellschaftskonzept und ihre Vorstellungen von der politischen Führung und Gestaltung der Gesellschaft sozial und politisch zu legitimieren. Vernunft und Wissen gelten deshalb als Leitwerte. *Civilisation* ist also definiert als ein Prozess der Verbesserung von Institutionen, ein Prozess, den es zu fördern gilt. Letztlich muss sich *civilisation* auf alle Völker der Menschheit erstrecken.

Civilisation et progrès

Aus dieser Perspektive ist es die Aufgabe der französischen Gesellschaft, die auf dem Wege der *civilisation* als weiter fortgeschritten angesehen wird als andere, jenen weniger Fortgeschrittenen zu helfen, ihre Unwissenheit und Ignoranz abzustreifen. Diese Fortschrittsidee ist im 18. Jh. in Frankreich so stark verbreitet, dass auch Skeptiker unter den Philosophen wie ROUSSEAU und VOLTAIRE sich diesbezüglich nicht durchsetzen können.

Ethnologie

Man kann sagen, dass der Gebrauch der Begriffe *culture* und *civilisation* im 18. Jh. anzeigt, dass eine neue Geschichtsphilosophie obsiegt, die – befreit von der Theologie – den Menschen im Zentrum des Universums sieht. In diesem Zusammenhang ist erklärlich, dass auch die Idee von einer *science de l'homme* entsteht. Erstmals reflektiert DIDEROT in der Enzyklopädie im Jahre 1755 diesen Gedanken. Schließlich führt ALEXANDRE DE CHAVANNES den Begriff *ethnologie* ein und definiert Ethnolgie als eine Disziplin, die das Studium der *histoire des progrès des peuples vers la civilisation* zum Gegenstand hat.

2 Kultur versus *civilisation* – eine deutsch-französische Antithese

Der deutsche Begriff Kultur erscheint in seinem figurativen Sinn im 18. Jh. und entspricht zunächst einer genauen Übertragung des französischen Wortsinns. Die französische Sprache, die im 18. Jh. an allen europäischen Höfen gesprochen wird, ist auch in Deutschland für die Aristokratie ein Mittel, um sich als höhere soziale Schicht darzustellen, abzugrenzen und zu unterscheiden. Dieses hohe Prestige und der Einfluss aufklärerischen Denkens erklären die Übernahme des französischen Kulturbegriffs in Deutschland.

Deutscher Kulturbegriff

Dennoch vollzieht sich im deutschen Sprachgebrauch sehr schnell ein spezifischer Deutungswandel, der bis ins 20. Jh. hinein entscheidend bleibt: Seit der Mitte des 18. Jhs. erreicht dabei der deutsche Kulturbegriff eine Popularität, die der französische Begriff *culture* noch nicht hat. NORBERT ELIAS erklärt den Erfolg des deutschen Kulturbegriffs mit seinem Gebrauch durch deutsche bürgerliche Gelehrte bzw. Intellektuelle. Diese verwenden Kultur in ihrer Auseinandersetzung mit der deutschen Aristokratie. Anders als in Frankreich ist das Bürgertum in Deutschland noch weitgehend von der politischen Macht ausgeschlossen und der Landadel bleibt relativ isoliert von anderen sozialen Schichten. Diese Distanz und der Ausschluss von der politischen Macht begründen das Ressentiment gegenüber der Aristokratie, bei dem eine Werteopposition errichtet wird, die in dem Kulturbegriff ihren Ausdruck findet. Dabei reflektiert man mit Kultur alles Geistige, Werte, die sich auf Wissenschaft, Kunst, Philosophie und auch Religion gründen. Diese stehen als authentisch gedeutete Werte jenen der Aristokratie gegenüber, die sich – in kritischer bürgerlicher Sicht – mit Oberflächlichkeit begnügt; das höfische Zeremoniell steht hierfür als exemplarisches Beispiel. Die Kritik am höfischen Leben der deutschen Fürsten beinhaltet zugleich – wegen seiner Vorbildfunktion für deutsche Fürsten – eine Kritik am französischen Modell der *civilisation*.

Ausdruck des bürgerlichen Wertesystems

Der deutsche Kulturbegriff dient dem deutschen Bürgertum zunächst jedoch als Deutungsmuster, mit dem es eine soziale Opposition ausdrückt. Dabei erfährt der ursprünglich universalistisch gedeutete Begriff *culture* als Kultur eine Verengung und erhält seinen fortan typischen partikularistischen Charakter: Kultur wird Ausdruck des Wertesystems dieses politisch machtlosen deutschen Bürgertums und damit ein deutsches Deutungsmuster. Es bezeichnet – immer im Gegensatz zur Aristokratie – Authentizität und geistig-intellektuelle Bereicherung und Tiefe. Alles, was Leichtigkeit, Verfeinerung der Oberflächenerscheinungen betrifft, wird der *civilisation* zugeordnet. Kultur steht *civilisation* gegenüber

Authentizität vs. Oberflächlichkeit

wie Tiefe und Oberflächlichkeit. Elias weist in seiner Untersuchung nach, wie aus dieser Werteopposition im Verlauf des 19. Jhs. – im Kontext des Ringens um die deutsche nationale Einheit – eine nationale deutsch-französische Opposition wird. In diesem Prozess verstärkt sich die Überzeugung, dass es sehr enge Verbindungen zwischen den deutschen und französischen Höfen gibt, was als eine Art Entfremdung von deutscher Eigenart interpretiert wird.

Deutsches National- bewusstsein

Gleichzeitig entwickelt sich der Wille, die deutsche Sprache zu emanzipieren und man sucht nach dem spezifisch Deutschen in allem Geistigen. Die deutsche nationale Einheit war noch nicht erreicht und schien auf politischer Ebene weit entfernt, so dass die deutschen Intellektuellen – immer überzeugt von ihrer nationalen Mission – diese Einheit auf kultureller Ebene suchen.

Der zunehmende Einfluss dieser sozialen Schicht bewirkte, dass sie immer mehr zum Wortführer des deutschen Bürgertums und damit auch des deutschen Nationalbewusstseins wurde. Damit sind entscheidende Grundlagen für die Antithese Kultur vs. *Civilisation* gelegt. Am Vorabend der Französischen Revolution evoziert der Begriff *civilisation* schon eher Frankreich bzw. westliche Mächte als die deutsche Aristokratie. Ebenso bezeichnet Kultur nicht mehr das deutsche Bürgertum mit seinen Wertvorstellungen, sondern immer deutlicher die gesamte deutsche Nation. Ernsthaftigkeit, Tiefe, Geistigkeit sind nun nicht mehr distinktive Merkmale einer sozialen Schicht, nämlich des deutschen Bürgertums, sondern werden als spezifisch deutsche Eigenschaften interpretiert und popularisiert.

Partiku- larismus vs. Univer- salität

Hinter dieser Entwicklung steht – so ELIAS – ein psychologischer Mechanismus, der an das Gefühl der Minderwertigkeit gebunden ist. Das deutsche Deutungsmuster Kultur wird von einer Mittelschicht entworfen, die sich ihrer sozialen Position selbst unsicher ist. Von der Macht mehr oder weniger ausgeschlossen, sucht sie nach einer anderen sozialen Legitimation. In dem Moment, wo Kultur ein deutsches Deutungsmuster für die Nation wird, bleibt es Ausdruck der Unsicherheit, Ausdruck eines Nationalbewusstseins, das nach der Spezifik des deutschen Volkes sucht und dabei noch nicht seine Einheit gefunden hat. Gegenüber seinen Nachbarn, insbesondere England und Frankreich, ist Deutschland aufgrund seiner Zersplitterung geschwächt. Kultur soll diese Schwäche kompensieren, weshalb deutsche Kultur insbesondere im 19. Jh. glorifiziert wird.

Der deutsche Kulturbegriff ist also partikularistisch in seinem Deutungsmuster, seiner Funktion. Damit steht er dem französischen Begriff *civilisation* und dessen universalistischer Deutung gegenüber, der Ausdruck einer Nation ist, deren Einheit schon lange vollzogen scheint.

HERDER bleibt relativ isoliert, als er 1774 seine Auffassung von der Verschiedenartigkeit der Kulturen formuliert, die als Gesamtheit erst den Reichtum der Menschheit ausmachen. HERDER wandte sich damit auch gegen den Universalismus der französischen Philosophie der Aufklärung. HERDER gilt heute als Vorläufer relativistischer Kulturauffassungen.

Verschiedenartigkeit der Kulturen

Nach der Niederlage von Jena (1806) und der Besetzung durch napoleonische Truppen, erlebt das deutsche Nationalbewusstsein einen Aufschwung, der sich u. a. auch in einer Akzentuierung der partikularistischen Interpretation der deutschen Kultur ausdrückt. Dabei werden Anstrengungen unternommen, um einen deutschen Charakter zu definieren; deutsche Kultur wird dabei nicht nur in ihrer Originalität betont, sondern auch in ihrer Höherwertigkeit. Einige deutsche Ideologen führt dies zu der These von der spezifischen Mission des deutschen Volkes gegenüber der Menschheit.

Kultur und Nation im 19. Jh.

Die deutsche Auffassung von Kultur verbindet sich im 19. Jh. immer mehr mit der der Nation. In dieser Interpretation kommt Kultur aus dem Genie der deutschen Seele. Es bleibt festzuhalten, dass in Deutschland die Vorstellungen von einer nationalen Kultur der politischen Nation vorausgehen und hier die Nation politisch mit konstituieren. Kultur ist dabei ein Ensemble von künstlerischen, intellektuellen und moralischen Errungenschaften, die das Erbe einer Nation darstellen, das – einmal erschaffen – dauerhaft bleibt und die Einheit der Nation fundiert.

Es sind vor allem die deutschen Romantiker, die den Begriff Kultur – als Ausdruck der Seele eines Volkes – dem Begriff der Zivilisation gegenüberstellen. Zivilisation bezeichnet dabei den materiellen Fortschritt, das Resultat der ökonomischen und technischen Entwicklung.

Zivilisation

Die partikularistische und essentialistische Idee von Kultur ist dabei die adäquate Entsprechung für die ethnisch-rassische Grundlegung der Idee von Nation. Beides, Kultur- und Nationenkonzept, dient der Konstituierung des deutschen Nationalstaates.

In Frankreich verläuft die Begriffs- und Deutungsgeschichte von *culture* im 19. Jh. anders: Eine gewisse Affinität französischer Intellektueller für die deutsche Literatur und Philosophie befördert eine Erweiterung des französischen Deutungsmusters *culture*: Es bedeutet nun auch ein Ensemble von spezifischen Eigenschaften einer Gemeinschaft – aber oft in einem sehr vagen und weiten Sinn. *Culture* und *civilisation* liegen dabei in ihren Bedeutungen sehr beieinander.

Erweiterung des Deutungsmusters *culture*

Im Unterschied zum deutschen Deutungsmuster bleibt im französischen Deutungsmuster jedoch die Idee von der Einheit der

Culture de l'humanité

Menschheit dominant. Es ist also eine Kontinuität des universalistischen Denkens im 18. und 19. Jh. festzustellen. *Culture* – im kollektiven Sinn – ist vor allem *culture de l'humanité*. Trotz des deutschen Einflusses bleibt die universalistische Idee von der Einheit des Menschengeschlechts bestehen und dominiert über der Idee von der Verschiedenheit; wenn diese angenommen wird, so existiert doch über allen Spezifika die Einheitlichkeit.

In *Qu'est-ce qu'une nation* bekennt der französische Philosoph Ernest Renan: *„Avant la culture française, la culture allemande, la culture italienne, il y a la culture humaine.“* (Renan 1887: 906)

Culture et nation

Im französischen Deutungsmuster sind die Partikularitäten weniger wichtig. Folgerichtig geht auch die universalistische Idee von der *culture* Hand in Hand mit der französischen Konzeption von *nation*, die das Prinzip der *volonté*, des Willens, der Wahl, einschließt. Renan sagt – ganz in der Tradition der Revolution von 1789: *„appartiennent à la nation française tous ceux qui se reconnaissent en elle, quelle que soient leurs origines.“* (905).

20. Jh.

Kultur und *civilisation* dienen mit ihren je unterschiedlichen Grundkonzeptionen als Fahnenwörter, die in den politischen und militärischen Auseinandersetzungen des 19. Jhs. und dann im Ersten Weltkrieg ideologisch funktionalisiert werden und zur Legitimation hegemonialer Bestrebungen beiderseits des Rheins dienstbar gemacht werden. Das französische Deutungsmuster *culture* in seinem kollektiven Sinn hat hierbei zu Beginn des 20. Jhs. keine Funktion und gerät in den Hintergrund. Auch terminologisch kann die Konfrontation besser mit verschiedenen Begriffen vorangebracht werden. Kultur und *civilisation* drücken diese somit am besten aus. Auch noch nach dem Ersten Weltkrieg dauern die ideologischen Debatten um *civilisation* und Kultur zunächst noch an, was einerseits verdeutlicht, dass die französisch-deutsche Diskussion und Antithese ein archetypisches Problem enthält, das zwei grundlegend verschiedene Konzeptionen von Kultur spiegelt: eine partikularistische und eine universalistische. Dennoch ist die kontrastive sozialgeschichtliche Dimension dieser Deutungsmuster noch längere Zeit entscheidend. Mit ihr lässt sich vor allem erklären, dass der Begriff *civilisation* im Verlauf des 20. Jhs. als zentrales, die französische Nation legitimierendes Deutungsmuster verfällt. Dies steht im Zusammenhang mit den Ereignissen der beiden Weltkriege und dem Verfall des französischen Kolonialreiches.

Die Geschichte der Verwendung der Leitbegriffe *culture/civilisation* im französischen Kontext im Verlauf des 20. Jhs. zeigt entscheidende Bedeutungsverwerfungen an, die mit Unsicherheiten ihrer Anwendung verbunden sind. Diese Entwicklungen sind bislang nicht systematisch untersucht worden. Auch der Begriff Kultur hat Veränderungen erfahren. Sporadische Untersuchungen lassen auf eine Annäherung der Begriffe Kultur und *culture* schließen.

Die Entwicklung der wissenschaftlichen Konzeptualisierungen, die sich parallel zum Deutungswandel von *culture* und Kultur vollzogen haben, kann hier nicht dargestellt werden. Die Darstellung wissenschaftsgeschichtlicher Aspekte sind bei D. Cuche (1996) und W. Kaschuba (1999) nachzulesen. Es sei nur auf zwei Aspekte hingewiesen, die die unterschiedlichen Entwicklungswege der Ausarbeitung kulturwissenschaftlicher Fragestellungen und adäquater Disziplinen in Frankreich einerseits und in Deutschland andererseits betreffen.

Wissen-schafts-geschichte

Für Frankreich gilt, dass deren Konstituierung sowohl durch die hier stark entwickelte Soziologie mit DURKHEIM, die strukturale Anthropologie mit LÉVI-STRAUSS sowie die Mentalitätsgeschichte der Historikerschule der *Annales* beeinflusst ist. Hier tätige Forscher haben wichtige Anregungen aus den USA in Frankreich weiterentwickelt. *Culture* ist dabei aufgrund der spezifischen französischen Begriffsgeschichte längere Zeit nicht verwendet worden. Heute ist *culture(s)* ein verbreiteter Begriff in den französischen Sozialwissenschaften. Es gibt eine Fülle von ethnologischen und kultursoziologischen Arbeiten, die seit den 80er Jahren auch die eigene Kultur, die französische Gesellschaft, betreffen. Die Gründung von ethnologischen Zeitschriften, allen voran *Terrain*, ist Ausdruck dieser Entwicklung.

Frankreich

In Deutschland war die Kulturwissenschaft infolge der Kulturkundebewegung der 20er und 30er Jahre, der eine völkerpsychologische, essentialistische Auffassung von Kultur zugrundelag und nationalistischen, dann nationalsozialistischen Zwecken dienstbar gemacht worden war, lange in Verruf. Insbesondere in der Frankreichforschung hat sich u. E. auch deshalb zunächst eine Lücke aufgetan: In der auf philologischen Traditionen fußenden Romanistik (der alten Bundesrepublik) blieb der Platz der Kulturkunde lange Zeit unbesetzt.

Deutsch-land

In der DDR gelangte eine vor allem ideologischen Zielen dienende Landeskunde zu gewisser institutioneller Anerkennung, blieb aber nur punktuell kulturwissenschaftlich ausgerichtet.

Außerhalb der Romanistik profilierte sich eine sozialwissenschaftliche Frankreichforschung (Gründung von Zentren wie in Ludwigsburg), die in bewusster Distanz zur Kulturkundebewegung eine Forschung entwickelte, in der Frankreich (und auch Deutschland) als „objektive" Gegebenheiten zur Untersuchung stehen. Seit geraumer Zeit ist auch hier eine Öffnung für kulturelle Fragestellungen zu beobachten, was sich beispielsweise in der Gestaltung der Frankreichjahrbücher der 1990er Jahre zeigt, die

eine wichtige Referenz auch für die kulturwissenschafltiche Frankreichforschung darstellen. (Verwiesen sei auch auf die Zeitschriften *Dokumente* und *Lendemains,* die regelmässig fundierte Aufsätze zur multidisziplinären Frankreichforschung veröffentlichen.)

Annäherung

Wenn in dieser Einführung die Brückenfunktion romanistischer Kulturwissenschaft zu den Sozialwissenschaften betont wird, dann steht sie französischen Untersuchungsansätzen somit teilweise näher. Allerdings haben die Diskussionen um eine Annäherung von Geistes- und Sozialwissenschaften vor allem durch Historiker (Hardtwig/Wehler 1996, Wehler 1998) in den letzten Jahren wichtige Impulse erhalten.

2
KAPITEL Kernbereiche französischer Kultur
und Kulturvergleich

In diesem Kapitel sollen Kernbereiche der französischen Kultur exemplarisch untersucht werden. Aus dem breiten Spektrum möglicher Zugänge werden zwei Analyseebenen ausgewählt, die z.T. unterschiedlichen Logiken folgen: die nationalkulturelle und die des Alltags. Mit ihnen verbinden sich z.T. gleiche, aber auch jeweils spezifische Fragenhorizonte und ihr wissenschaftlicher Profilierungsgrad ist unterschiedlich weit entwickelt. Die Idee der Nationalkultur ist ein ideologisches Konstrukt, eine Kollektivvorstellung, die wir versuchen im Folgenden nachzuzeichnen und auf ihre sozialen Funktionen hin zu befragen. Dabei wird auch ersichtlich, dass und wie dieses Konstrukt seit 200 Jahren in Frankreich ein wichtiger Faktor der Sozialisation und Identitätsbildung geworden ist, der sowohl Mentalitäten als auch Verhaltensnormen geprägt hat. Zwischen der nationalkulturellen und der Alltagsebene lassen sich auch Zusammenhänge nachweisen, die jedoch konkret zu untersuchen sind. Im Vordergrund stehen in diesem Kapitel solche Problemkreise, die mit kollektivem Selbstverständnis und mit Selbstdarstellung (Selbstrepräsentationen) zu tun haben. Diese sind im Zusammenhang mit den in Kapitel 3 behandelten interkulturellen Transfer- und Rezeptionsprozessen zu sehen. Schließlich wissen wir heute, dass diese nationalkulturellen Selbstkonstitutionen auf Vorstellungen fremder kultureller Identitäten bezogen sind (Espagne/Werner 1988).

Vorhaben

An dieser Stelle sei auf einige Grundprobleme des Kulturvergleichs eingegangen. Die theoretische Ausarbeitung einer Kulturkomparatistik ist aufgrund der Komplexität kultureller Phänomene äußerst schwierig. Wichtige Impulse gingen für die theoretischen Diskussionen in den letzten Jahren von der Pariser Forschergruppe um Michel Espagne und Michael Werner (CNRS) aus. Hier werden einerseits die konzeptionellen Überlegungen zum Kulturvergleich theoretisch vertieft und andererseits wird auch auf die Grenzen der Leistungsfähigkeit des Vergleichs hingewiesen. Heute ist es angeraten, den Zusammenhang von Kulturvergleich und Transfer zu betonen und zu praktizieren (s. Kapitel 3). An dieser Stelle soll es jedoch um die spezifische Optik des Kulturvergleichs gehen. Vergleichen heißt, Relationen zwischen zwei kulturellen Phänomenen herzustellen, wobei das Ziel darin besteht, Gemeinsamkeiten (Symmetrien, Äquivalenzen, Analogien) und Unterschiede (Dissymmetrien) herauszuarbeiten.

Kultur-vergleich

Was so einfach klingt, ist jedoch schwierig und birgt Fallen in sich. Dies hat mit der Komplexität der kulturellen Phänomene zu tun, die wir eingangs beschrieben haben. Als ein theoretisches Problem (des Vergleichs und Transfers) stellt sich insofern die Frage nach dem Umgang mit der Spannung von symmetrischen und asymmetrischen Konstellationen. Im Grunde stellt sich die einfache Frage: Was lässt sich vergleichen bzw. lassen sich nur äquivalente Kategorien oder Phänomene miteinander vergleichen? Aufgrund der Komplexität kultureller Phänomene ist davon auszugehen, dass es keine wirklich symmetrischen Konstellationen geben kann, weil historisch identitäre Ausgangssituationen und absolut homogene Entwicklungen empirisch nie anzutreffen sind. Kulturvergleich hat es deshalb prinzipiell mit asymmetrischen Konstellationen zu tun.

Äquivalenzen

Dennoch setzen wir beim Vergleich mehr oder weniger bewusst voraus, dass unsere kulturwissenschaftlichen Kategorien übertragbar sind, d. h. dass zumindest Teile verschiedener Systeme äquivalent sind. Das bedeutet, dass wir in der vergleichenden Arbeit auch symmetrische Konstellationen annehmen. Dies ist insofern gerechtfertigt, da wir in der vergleichenden kulturgeschichtlichen Forschung Analogien auf der Funktionsebene suchen. Kulturvergleich hat also vor allem mit der Analyse von Funktionsäquivalenten zu tun. Zu warnen ist deshalb vor oberflächlichen Äquivalenzannahmen, was bereits in den Darlegungen zur Deutungsgeschichte von Kultur und *culture* klar werden sollte. Eine wichtige Aufgabe ist es zu klären, aufgrund welcher Vorarbeiten bzw. welches Vorverständnisses Äquivalenzen legitimiert werden können.

Relativierungen

Dabei spielen zwei Grundprobleme eine Rolle: das der zeitlichen Relativierung (Historisierung) und das der räumlich-kulturellen Relativierung (soziokulturelle Prägung) der Kategorien. Mit diesen Relativierungen ist zugleich das theoretische Problem der Übertragbarkeit bzw. der universalen und/oder relativen Gültigkeit kulturwissenschaftlicher Kategorien angesprochen. Die Relativierungen sind im Kulturvergleich selbst zu thematisieren. Immer häufiger werden die Vergleichsobjekte von einem dritten Ort aus betrachtet. Dies ist deshalb Gewinn bringend, da sich Gemeinsamkeiten und Unterschiede von dem jeweils dritten Ort aus quasi spiegelbildlich abheben. Im Ergebnis des Kulturvergleichs können Typologien gewonnen werden, die wiederum heuristisch wertvoll für weitere Untersuchungen sind, insbesondere auch für die Transferanalysen (s. Kapitel 3). Am Beispiel der Nation und nationaler Mythen werden wir zu zeigen versuchen, dass solche Typologien den Vergleich mit weiteren Kulturen voranbringen können. Dabei sollten die Typologien jedoch flexibel gehandhabt werden und für Korrekturen offen bleiben. Sie sind eher von methodischem Wert.

Auf Nationen bezogen ergeben sich solche Fragen wie: Inwiefern sind Nationen typologisch zu unterscheiden im Hinblick auf ihre Entstehungsbedingungen, im Hinblick auf ihre internen Funktionsmechanismen, im Hinblick auf die sie konstituierenden Elemente, Kommunikations- und Erinnerungsformen, ihren Grad der soziokulturellen Ausdifferenzierung etc.?

Mögliche Fragestellungen

1 Kulturtheoretische Grundbegriffe

Bereits in den Gründungsjahren der Nation (siehe S. 41 ff.) spielt die Mythisierung der Revolution eine zentrale Rolle. Mythos (griech.) bedeutet Wort, Rede, Erzählung, Fabel. Im modernen Sinne ist der Mythos das Resultat einer sich auch in der Moderne noch vollziehenden Verklärung von Personen, Sachen, Ereignissen oder Ideen zu einem Faszinosum von bildhaftem Symbolcharakter. Der Mythos erzählt eine fundierende Geschichte, um eine Gegenwart vom Ursprung her zu erhellen. Zentral ist hierbei, dass die Geschichte durch Erinnerung zum Mythos wird. Darin ist Geschichte nun Wirklichkeit im Sinne einer fortdauernden normativen und formativen Kraft (J. Assmann 1992). Mythen sind also **Erinnerungsfiguren**: in ihnen zählt nur erinnerte Geschichte, nicht die faktische. Mythen stehen in engem Zusammenhang mit einem weiteren, umfassenderen Begriff, dem des kulturellen Gedächtnisses.

Mythos

Unter dem Begriff des kulturellen Gedächtnisses fassen wir den jeder Gesellschaft und jeder Epoche „eigentümlichen Bestand an Wiedergebrauchstexten, -bildern und -riten zusammen, in deren Pflege sie ihr Selbstbild stabilisiert und vermittelt, ein kollektiv geteiltes Wissen vorzugsweise (aber nicht ausschließlich) über die Vergangenheit, auf das eine Gruppe ihr Bewusstsein von Einheit und von Eigenart stützt." (J. Assmann 1992: 15). Die Erinnerungsfigur des Mythos spielt im kulturellen Gedächtnis eine wichtige Rolle. Sie steht im Dienst von zwei Funktionen: Erstens einer fundierenden, wobei der Mythos Gegenwärtiges ins Licht einer Geschichte setzt, um dieses sinnvoll erscheinen zu lassen. Zweitens erfüllen Mythen auch kontrapräsentische Funktionen: D. h. in der Erinnerung wird eine Vergangenheit beschworen, die meist Züge eines heroischen Zeitalters annimmt. Dabei wird das Fehlende, Verschwundene, Verlorene hervorgehoben und der Bruch zwischen „einst „ und „jetzt" bewusst gemacht.

Kulturelles Gedächtnis

Außerall-täglichkeit	Hierbei spielen also Defizienz-Erfahrungen der Gegenwart eine Rolle. Diese kontrapräsentische Funktion ist deshalb für das Nationale so wichtig, weil mit ihr eine Befreiung aus der Eindimensionalität des Alltags erreicht werden kann (Mythos der Revolution, Galliermythos). Mit ihr wird eine Zweidimensionalität (Ungleichzeitigkeit) der Erlebniswelt möglich, die eine Präsenz der großen Perspektiven und Leitvorstellungen, die aus dem Alltag ausgeblendet bleiben, erlaubt. Nationales besitzt demzufolge eine Affinität zum Außeralltäglichen. Im kulturellen Gedächtnis wird also faktische zu erinnerter Geschichte und damit in Mythos transformiert. Ihm haftet dabei etwas Sakrales an. Die Erinnerungsfiguren haben einen religiösen Sinn und ihre erinnernde Vergegenwärtigung hat oft den Charakter des Festes. Man spricht auch von Erinnerungskulturen (Mnemotechniken), die eine spezifische Geformtheit aufweisen. Eine solche Erinnerungskultur wurde in der Zeit der Revolution und im 19. Jh. auf Nation als neue Gemeinschaft bezogen. Damit entstanden nationale Erinnerungskulturen, die mit Zeichensetzungen, Symbolen arbeiten.
Symbol	(lat. *symbolum*, von griech. *Symbolon*) bedeutet (Kenn)zeichen, eigentlich Zusammengefügtes, nach den zwischen verschiedenen Personen vereinbarten Erkennungszeichen, die, aus Bruchstücken bestehend, zusammengefügt ein Ganzes ergeben (z.B. Trikolore als Zeichen der *concorde*). Ein Symbol ist ein wahrnehmbares Zeichen bzw. Sinnbild (Gegenstand, Handlung, Vorgang), das stellvertretend für etwas nicht Wahrnehmbares, auch Gedachtes bzw. Geglaubtes steht. Das Symbol ist also eine spezifische Art von Zeichen, das seine Bedeutung assoziativ zur Anschauung bringt. Es ist inhaltlich nicht eindeutig zu bestimmen, da es als prinzipiell unendlich interpretierbare Variable in Abhängigkeit vom jeweiligen Kontext mit seinen möglichen Inhalten und seinen möglichen Interpreten korreliert. Semiotik, die Zeichentheorie, ist für die kulturwissenschaftliche Dekonstruktion zentral (R. Barthes 1957, U. Eco 1991). Symbole, Zeichen dienen der Verständigung und sind damit Grundvoraussetzungen von Kulturen. Insofern ist plausibel, dass auch die nationalkulturellen Konstruktionen nicht ohne Symbole auskommen.
Mnemo-tope	Die nationalen Symbole hatten die Funktion, die abstrakten Ideen des Nationenkonzeptes für möglichst viele sinnfällig zu machen, also eine Kommunikation zwischen den politischen und geistigen Führungseliten und dem Volk, das sie zu vertreten beanspruchten, herzustellen. Gleichzeitig ging es dabei immer darum, die neue Macht und das neue Kollektivsubjekt Nation zu legitimieren. Ganze natürliche Räume können dabei in den Rang eines Zeichens erhoben, semiotisiert werden. Dabei entstehen Mnemotope, d. h. Gedächtnisorte (Halbwachs 1952, Nora 1984 folgende). Aus

den kulturhistorischen Forschungen wissen wir, dass das Totenge-denken Ursprung und Mitte von Erinnerungskulturen darstellt, da der Tod die Ur-Erfahrung der Differenz zwischen gestern und heute ist und als solche schon früh bewusst wurde. Denkmäler sind dabei Identitätsstiftungen der Überlebenden (Kosseleck). In der Grün-dungsphase der französischen Nation ist die Verpflichtung auf bestimmte Namen bereits auch ein Bekenntnis zu einer bestimm-ten soziopolitischen Identität. Sie wird in den Zeremonien des Kul-tes der *grands hommes de la patrie reconnaissante* sinnfällig. Dies ist die Inschrift des eigens hierfür errichteten *Panthéon* (griechisch: Tempel aller Götter). Die Kirche *Sainte-Geneviève* wurde während der Revolution in ein Denkmal bzw. einen nationalen Ruhmes-tempel – nach antikem Vorbild – umgebaut.

Der Kult der großen Männer war ein wichtiges Zeichen für den Anbruch der neuen Zeit: Nicht mehr der König sollte Kristallisa-tionspunkt gemeinschaftlichen Fühlens sein, sondern die Nation, die in diesem Fall durch die *grands hommes* plastisch repräsentiert wurde. Der *grand homme* – im 18. Jh. bereits ein Gemeinplatz – wurde nicht strikt, sondern offen definiert, so dass sie reiche Mög-lichkeiten für die Inkarnation des *grand homme* bot. Das *Comité de l'Instruction publique* entschied, wer für den nationalen Ruhmes-tempel als würdig erschien. Wichtig waren dabei einige allge-meine Merkmale, die die neue Qualität des *grand homme* als Ver-treter der neuen Zeit im Gegensatz zum König und zum *Ancien Régime* deutlich machten: so war der *grand homme* natürlich nie-mals ein König. Der *grand homme* durfte sich weder durch Her-kunft und Erbe noch durch seine Einmaligkeit, der das Kennzei-chen des Wundersamen anhaftet, auszeichnen. Vielmehr wurden in ihm Tugenden bzw. Talente in ihrem Einsatz für die Gemein-schaft geehrt, beispielsweise eine langjährige Arbeit oder tagtäg-liche Energie, um der Nation zu dienen.

Grand homme

Sieht man retrospektiv auf die Pantheonisierungen, so wird vor allem der harmonisierende Charakter deutlich, der sich in diesem institutionalisierten kulturellen Gedächtnis Geltung verschafft: 1791 wurde als erster VOLTAIRE pantheonisiert, später auch ROUS-SEAU, zwei Philosophen, die sich in ihren aufklärerischen Schrif-ten in vielen Fragen unterschieden. Die Mitglieder des *Comité d'In-struction publique* gerieten anlässlich der Auswahl der *grands hommes* oft genug in Streit. Es wurde nicht nur pantheonisiert, son-dern auch aus dem Ruhmestempel wieder ausgeschlossen. Es bleibt zu bezweifeln, ob das *Panthéon* tatsächlich eine *mémoire nationale* geformt hat. Vielmehr handelt es sich um ein Gedächt-nisangebot verschiedener politischer Gruppierungen in unter-schiedlichen Zeiten. Wichtiger als das *Panthéon* selbst sind – zumindest für die Zeitzeugen – die Szenarien zur Überführung

Pantheoni-sierung

sterblicher Reste der zu ehrenden Patrioten. (Die letzte fand 1996 statt und galt André Malraux.) Die gemeinschaftsstiftende Wirkung der Pantheonisierungen steht in Zusammenhang mit ihrem Festcharakter.

Feste

Feste sind keine Erfindung der Revolution, sondern tragen in sich vielmehr anthropologische Konstanten. Sie sind in allen menschlichen Gesellschaften zu finden, sie stiften gleichsam Bewusstsein und das Gefühl zu einer Gemeinschaft zugehören. Dabei spielt das gemeinschaftliche Erleben eine wichtige Rolle, Identität wird hier förmlich zelebriert und zentriert. Feste spielen als Darstellungsformen der Nation eine zentrale Rolle. Marie-Louise Biver meint sogar: *„La Révolution devait être fêté ou ne pas être."* (Biver 1979: 5). So gab es vielfältige *fêtes civiques*, in denen sich das Volk als Nation erleben sollte: *Fête de la Loi* (Juni 1792), *Fête de l'unité* (August 1793), *Fête de la Raison* (November 1793) *Fête de l'Être Suprême* (Juni 1793), *Fête de la Fondation de la République* (September 1796). Bei diesen Revolutionsfesten zeichnet sich eine deutliche Tendenz zur Säkularisierung der öffentlichen Feste ab. Der offizielle Festkalender des monarchischen Frankreich war bis 1789 ganz überwiegend religiös geprägt. Die Revolutionäre waren von vornherein antiklerikal und ab Juni 1791 auch antimonarchistisch. Der streng antiklerikale Charakter der Revolution, der Bruch mit der Vergangenheit (Revolutionskalender), konnte gerade im Ersatz der christlichen Feste durch die bürgerlichen Feste für jeden nachvollziehbar werden.

Ritus

Fragt man danach, wie Feste Gemeinschaft stiften, so wird man auf Grundprinzipien verwiesen, nach denen die eingangs erwähnten konnektiven Srtukturen funktionieren. Ein solches Grundprinzip ist die Wiederholung. Sie gewährleistet Ordnung der Handlungslinien in wiedererkennbaren Mustern. Ein solches Muster ist dann als Element einer Kultur identifizierbar. Ordnung bezieht sich auf Vorschrift der Festfeier. Die rituelle Kohärenz kommt durch die Einhaltung der zeitlichen Abfolge der Handlungen zustande. Neben der Wiederholung spielt die Vergegenwärtigung als Auslegung der Überlieferung eine Rolle. Beide Elemente sind in der Feier zentral, jedoch grundsätzlich verschiedene Formen des Bezugs. Alle Riten haben den Doppelaspekt der Wiederholung und der Vergegenwärtigung. Je strenger die Ordnung, umso mehr überwiegt der Aspekt der Wiederholung. Je größer der Freiraum, umso mehr überwiegt der Aspekt der Vergegenwärtigung. Das Fest dient der Vergegenwärtigung fundierender Vergangenheit. Die hierbei entstehende Identität ist nicht die Alltagsidentität, sondern hat außeralltäglichen Charakter. In der Zeitdimension besteht so eine Polarität zwischen Fest und Alltag, in der Sozialdimension zwischen einer wissenssozialisierten Elite und der Allgemeinheit (J. Assmann 1992). Das Fest beleuchtet das im Alltag im Hintergrund Belassene, die Sinndimensionen gemeinschaftlichen Lebens. Wenn man nach den Festformen fragt, so zielt dies also auf den Zusammenhang von Form und kollektivem Sinn. Dabei spielen für die Kulturanalyse vor allem Gegenstände eine Rolle, die im Fest nicht nur auf einen Zweck verweisen, sondern auf Sinn: Symbole, Ikonen, Grabsteine, Denkmale, Tempel etc.

2 Die Konstruktion der französischen Nation

Es ist unbestritten, dass „Nation" seit dem Epochenumbruch, der mit der Französischen Revolution verbunden war, in Frankreich zu einer Wir-Gemeinschaft mit starker Integrationskraft geworden ist. Ein solcher Aufbau von Nation als Integrationsmuster gilt für alle europäischen Staaten, insbesondere im 19. Jh., wenn auch in unterschiedlicher Intensität.

Untersuchungsfeld

Im 20. Jh. wurde das Modell Nation einerseits auch auf außereuropäische Staaten übertragen. Andererseits büßte es in Teilen Europas an Integrationsfähigkeit ein. Das nationalkulturelle Modell steht heute im Kontext der ökonomischen, politischen und z.T. auch kulturellen Globalisierungsprozesse auf dem Prüfstand. Dabei sind vor dem Hintergrund der Nationalgeschichte in den verschiedenen Staaten unterschiedliche Umgangsweisen mit dem nationalkulturellen Modell zu beobachten. Wir wissen, dass französische Politiker ein Europa der Nationen anvisieren (vgl. die Rede CHIRACS im Berliner Reichstag im Juni 2000), während in Deutschland oft eher ein föderales System bevorzugt wird. Zudem resultieren nicht wenige Konflikte und Missverständnisse aus dem in Deutschland und Frankreich verschieden konzipierten Nationenkonstrukt, das in beiden Ländern zudem unterschiedliche integrative Reichweite besitzt. Wenn Frankreich und Deutschland als Staaten in der Europäischen Union eine Motorrolle spielen sollen, so ist dies auch eine Konsequenz aus der Geschichte der letzten 200 Jahre, in denen sich Frankreich und Deutschland als Nationen mit Worten, Symbolen und Waffen bekämpft haben und zugleich einen intensiven Kulturkontakt pflegten.

Unterschiedliche Konzepte

In der gegenwärtigen politisch-kulturellen Umbruchphase, die mit der Gestaltung der EU verbunden ist, gewinnt die Beschäftigung mit den Nationalgeschichten eine immanent politische Dimension. Es gilt zu analysieren und zu verstehen, welche zentralen Werte und Leitbilder sich mit den jeweiligen nationalkulturellen Konstrukten verbinden, in welchen Symbolen und Riten

Politische Dimension

wie auch nationalen Helden sich eine Nation als Wir-Gemeinschaft wiedererkennt und über welche institutionellen u. a. sozialen Mechanismen die nationale Gemeinschaft auch heute neu reproduziert wird bzw. welchem Wandel diese Prozesse inzwischen unterliegen.

Frankreich

In Frankreich ist Nation am Ende des 20. Jhs. erneut ein öffentlich diskutiertes Thema. Dabei spielt nicht nur Europa eine Rolle. Vielmehr ist dieses Interesse auch als Reaktion auf die tief greifenden Modernisierungsprozesse aufzufassen, die die französische Gesellschaft seit den 1960er Jahren erfahren hat. Mit ihr sind weit reichende soziokulturelle Strukturveränderungen verbunden. Andere Wir-Gemeinschaften treten in Erscheinung, die bislang wenig legitimiert waren. Dazu gehören z.B. die Regionen (seit der umfassenden Regionalreform von 1982). Die Debatte um Korsika weist auf den tiefen Konfliktstoff hin, der sich noch heute in Frankreich mit einem ganz bestimmten republikanischen Nationenverständnis verbindet. Insbesondere jedoch stellen Immigration und Integration eine neue Herausforderung an das traditionelle Nationenverständnis dar. Die *beurs*, die Kinder und Enkel der Einwanderer der 1960er Jahre, meist in Frankreich geboren und hier aufgewachsen, sind zum großen Teil französische Staatsbürger, sie bekennen sich häufig sowohl zu Werten und Normen der französischen Kultur als auch ihrer elterlichen Herkunftskulturen (in vielen Fällen der muslimischen). Ihre zunehmende Emanzipation und öffentliche Artikulation ist Anlass für Forderungen nach Anerkennung ihrer spezifischen kulturellen Identität.

Aktuelle Forschung

Ein weiterer Aspekt, der die Aktualität der Beschäftigung mit dem Thema Nation betrifft, ist im Zusammenhang mit den Fortschritten der Nationenforschung zu sehen. Hier haben sich erst in den letzten Jahrzehnten neue Erkenntnisse durchgesetzt, die neue Zugriffe auf die Thematik erfordern. Einige zentrale Grunderkenntnisse sollen im Folgenden dargelegt werden, da sie unsere Untersuchungen leiten werden.

Nationenbildung

Nationen als spezifische Gemeinschaftsformen sind keine naturgegebenen, unausweichlichen Formen gesellschaftlicher Organisation. Sie existieren mithin nicht ewig, sondern sind das Ergebnis eines Modernisierungsprozesses, dessen Anfänge bestenfalls 200 Jahre, oftmals sogar noch kürzere Zeit zurückliegen. Insofern müssen Entstehungssituationen und Etappen der Nationenbildung untersucht werden. Für die Kriterien, die solchen Periodisierungen zugrundegelegt werden können, ist eine weitere Grunderkenntnis wichtig:

Imaginierte Gemeinschaften

Nationen sind zunächst *imaginierte* Gemeinschaften (Anderson 1993). Der Historiker Hagen Schulze hat dies in die griffige Formel gebracht, dass Nationen die erfolgreichste Schreibtischerfindung

sind (Schulze 1994). Diese Aussage weist auch schon auf die Akteure, die Erfinder der Nation hin. Es ist überall eine kleine Gruppe, die einer geistigen Elite angehört. *„La véritable naissance d'une nation, c'est le moment où une poignée d'individus déclare qu'elle existe et entreprend de le prouver."* (Thiesse 1999: 11). Nation ist demnach ein geistiger Entwurf, eine ideologische Konstruktion einer Gemeinschaft, die als größer und umfassender konzipiert wurde als die vornationalen, also ständischen, familiären, dynastischen oder Stammesgemeinschaften. Am Anfang der Nationenbildung geht es vor allem um ihre diskursive Ausarbeitung. Überall haben dann Politiker, Historiker, Dichter, Maler, Architekten, Komponisten, Lehrer etc. dazu beigetragen, dass Nation für die Mitglieder der Gemeinschaft zu einer wirksamen Integrationsfolie werden konnte. Hierbei wurden spezifische Repräsentations-, Kommunikations- und Erinnerungsformen ausgeprägt, in denen sich eine Gemeinschaft als nationale wiedererkennt.

Konstituierende Elemente

Die Suche nach einzelnen, die jeweilige Nation konstituierenden Elementen war ein längerer Weg, bei dem wechselseitige Wahrnehmungen und Transfers eine wichtige Rolle spielen. Als Resultat entstand eine Art Kitt (wie der Soziologe Orvar Löfgren provokatorisch formuliert), der die Nationen **im Inneren zusammenhält und nach außen abgrenzt**. Wir können heute eine Liste der symbolischen und materiellen Elemente zusammenstellen, die eine Nation stützen. Dazu gehören: eine Reihe von Helden, die die „nationalen Tugenden" verkörpern, eine Sprache, Monumente, „geweihte" Orte, eine „typische" Landschaft, Grenzen, eine „besondere" Mentalität, offizielle Darstellungssymbole wie Hymne und Fahne, Folklore, bestimmte Kleidungsstücke, kulinarische Spezialitäten, emblematische Tiere etc. Anne-Marie Thiesse bezeichnet dieses „Gemenge verschiedener nationaler Symbole" als *système IKEA* der nationalkulturellen Konstruktionen, das auf der Grundlage der gleichen elementaren Bausteine die Montage ganz unterschiedlicher Einrichtungsgegenstände ermöglicht, in denen die verschiedenen Nationen letztlich wohnen und sich als spezifisch identitäre erkennen (Thiesse 1999: 14).

Lebensweltliche Realitäten

Das bedeutet, dass alle Nationen in Europa nach den gleichen Prinzipien als Gemeinschaften funktionieren. Diese Prinzipien sind im 20. Jh. in die außereuropäische Welt exportiert worden. Einmal erfunden und durch Sozialisations- und Tradierungsprozesse zum Deutungsbestandteil mehrerer Generationen geworden, ist Nation in Praktiken und Mentalitäten durchaus auch zu lebensweltlichen Realitäten geworden. Auch die Kriege wurden im Namen von Nationen und der mit ihnen verbundenen Leitvorstellungen geführt. Dies ist nur ein Beispiel dafür, dass Nationen auch Elemente gesellschaftlicher Wirklichkeit geworden sind. Dieser Aspekt wird gegenwärtig in der Literatur weniger hervorgehoben, erscheint uns jedoch wichtig zu betonen. Auch wegen dieser lebensweltlichen Realitäten, die immer mit Sinnstiftungen zu tun haben, ist Nation heute nicht „auf Kommando" abzuschaffen. Zu der Problematik der aktuellen Deutungsrelevanz nationaler Kulturen liegen keineswegs ausreichende Untersuchungen vor (siehe auch Kapitel 4).

Definition

Heute wird weitgehend die Auffassung geteilt, dass die Definition, die der französische Religionswissenschaftler ERNEST RENAN 1882 von Nation gegeben hat, den wesentlichen Kern der Nation trifft. In *Qu'est-ce qu'une nation?* schreibt er:

Une nation est une âme, un principe spirituel. Deux choses qui, à vrai dire, n'en font qu'une, constituent cette âme, ce principe spirituel. L'une est dans le passé, l'autre dans le présent. L'une est la possession en commun d'un riche legs de souvenir; l'autre est le consentement actuel, le désir de vivre ensemble.(...) Une nation est donc une grande solidarité, constituée par le sentiment des sacrifices qu'on a faits et de ceux qu'on est disposé à faire encore. Elle suppose un passé; elle se résume pourtant dans le présent par un fait tangible: le consentement, le désir clairement exprimé de continuer la vie commune. (Renan: 903, 904).

Aus heutiger Sicht, insbesondere jüngerer Generationen, ist das Argument des Opfers, das Nationen im 19. Jh. mitkonstituierte, kaum noch nachvollziehbar. Worauf es hier jedoch ankommt, ist die Grundaussage Renans, dass Nationen aufhören zu existieren, wenn sie nicht mehr gewollt werden. Dieser Wille ist nicht der von Politikern allein, sondern erfordert – wie Renan sagt – ein *„plebiscite de tous les jours"*.

Internationalität

Es bleibt jedoch die Frage zu klären, welche Rolle die weitgehend unbewusst bleibenden Konventionen, die auch im Verlauf der nationalkulturellen Entwicklungsphasen ausgeprägt worden sind (in Frankreich z.B. durch die Elitebildung) dabei spielen. Im Kontext der Internationalisierung der Arbeitswelt, insbesondere im Bereich der Wirtschaft, bei Verhandlungen etc. ist eine Spannung zwischen national gefärbten und internationalen Standards zu beobachten. Die Forschung muss hier einerseits nationalkulturelle mit gruppentypologischen Untersuchungen kombinieren und andererseits durch kontrastive Analysen ergänzen. Besonders aufschlussreich sind in diesem Zusammenhang die empirischen Untersuchungen in interkulturellen Begegnungen (s. Kapitel 5).

Beispiel: Fußball

Ein weiteres, sehr populäres Feld, bei dem der gegenwärtig ambiguitäre Charakter nationaler Gemeinschaften einschließlich ihrer Symbole wahrzunehmen ist, ist der Fußball. Der gemeinsame Gesang von Nationalhymnen auf einem Fußballfeld, auf dem die Nationalflaggen ausgebreitet sind, animiert von Fangemeinden,

 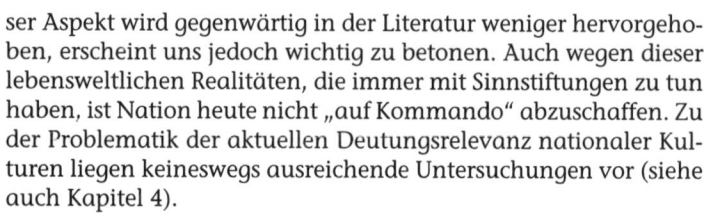

die sich durch die Kleidung und in den Nationalfarben bemalte Gesichter als Anhänger bzw. Gegner der Mannschaften plastisch zu erkennen geben, diese nationalen Szenarien begleiten Spiele von Mannschaften, die sich inzwischen (ökonomischen Kriterien gehorchend) international zusammensetzen. Solche Konstellationen lassen sich im Grunde auf verschiedene Bereiche übertragen. In einer internationalisierten Welt leben mehr oder weniger stark nationale Integrationsmuster und ihre entsprechenden symbolischen Kommunikationsformen fort.

1 Französische Nationenbildung

Legt man die oben getroffenen Feststellungen zur Periodisierung zugrunde, so ergeben sich für den französischen Fall drei große Perioden bzw. Schlüsselsituationen, die mit jeweils spezifischen Entwicklungsstufen bzw. Qualitätsmerkmalen der Nation verbunden sind:

Periodisierung

1. die Zeit der Französischen Revolution (Erfindung und erstes Inkraftsetzen der modernen Idee der Nation mit noch begrenzter Integrationskraft)
2. die Zeit der Dritten Republik bis zum Ersten Weltkrieg (Zeit der großen nationalen Synthese)
3. die Gegenwart mit Beginn der 1980er/90er Jahre (Wandel im Status und Konzept von Nation).

2 Die Gründungsperiode

Nation (lat. *natio*) bezeichnete in der Antike und noch lange im Mittelalter die Abstammung oder den Herkunftsort einer Person, insbesondere in Bezug auf politisch nicht organisierte Bevölkerungen. Studenten der hochmittelalterlichen Universitäten waren nach Nationen zusammengefasst, was deren Herkunft im Sinne der Zurechnung zu einer Region oder Landschaft ausdrückte. Begriffsgeschichtlich deutet sich mit dem Gebrauch durch die Konzilien des späten Mittelalters ein Bedeutungszusammenhang an, der später für den modernen Nationenbegriff wichtig wird: Er bezeichnet die abstimmungsberechtigten Untergruppen, womit das Prinzip der Repräsentation in den Begriff aufgenommen wird. Hiermit erhält der Nationenbegriff den Status einer Rahmenkategorie, wobei allerdings bis ins 18. Jh. hinein keine klare Abgrenzung zwischen einer regionalen oder sozialen Bezugnahme erfolgt. Beide Verwendungen bestehen nebeneinander.

Begriffs- und Deutungsgeschichte

Staats-Nation und Staatsvolk	Es war die Zeit der Auseinandersetzungen um die Herrschaftsformen kurz vor und während der Französischen Revolution, in der der Nationen-Begriff seine moderne Ausprägung erfuhr: Wesentlich war hierbei die Tatsache, dass er in diesen Zusammenhängen eine explizit und wesentlich **politische** Bedeutungsdimension erhielt. Hier gewann er seine umfassende, auf Staats-Nation und Staatsvolk abzielende Bedeutung. In der Revolution ging es um die Frage, wer der legitime Repräsentant des Volkes sei. Eine Antwort auf diese Frage gab der ABBÉ SIEYÈS in einem politischen Pamphlet, einer Flugschrift, die Anfang des Jahres 1789 zirkulierte und in den Folgemonaten häufig zitiert worden ist. In *Qu'est-ce que le tiers état?* heißt es: *„Le tiers embrasse donc tout ce qui appartient à la nation. ... Qu'est-ce que le Tiers? Tout."* (Sieyès: 8–9). Der dritte Stand ist eine vollständige Nation. Das Nationenkonzept zielte also einerseits zunächst auf eine innergesellschaftliche Abgrenzung (gegen den privilegierten Status von Klerus und Aristokratie). Andererseits wurde dieses Nationenkonzept, das das Volk zum Souverän erhob, mit einem universellen Anspruch versehen.
Citoyens	Die politische Konzeption der Nation als Gemeinschaft der *citoyens,* als politisch verfasste Gemeinschaft, die sich auf staatsbürgerliche Gleichheit gründet, wurde als Befreiung des Menschen aus Unmündigkeit, Abhängigkeit und Unterdrückung und als Ideal für alle Völker aufgefasst. Nation ist dabei keine zufällige Ansammlung einzelner Teile der Bevölkerung. Die Nation ist das Ergebnis einer *Volonté générale* (Rousseau, *Du contract social*). Die philosophischen Schriften der Aufklärer und die sich im Vorfeld der Revolution entwickelnde **Öffentlichkeit** als Kommunikationsraum für pluralistische Meinungsbildung sind wesentliche Bedingungen dieser politischen Entwürfe. Eine der ersten Handlungen des an die Macht gekommenen Dritten Standes, der sich zur verfassungsgebenden Versammlung erklärt, ist die *Déclaration des droits de l'homme et du citoyen*. Im Artikel 3 heißt es: *„Le principe de toute souveraineté réside essentiellement dans la nation. Nul corps, nul individu ne peut exercer d'autorité qui n'en émane expressément."*
Nationale Souveränität	Der Ursprung jeder Souveränität ruht letztlich in der Nation. Die Souveränität war also neu definiert und an die Nation gebunden. Das Gesetz musste Ausdruck der *volonté générale* sein. Dieses Verständnis von Souveränität ist für die politische Geschichte Frankreichs fortan zentral. Jene Auffassung von nationaler Souveränität impliziert in logischer Folge die Idee der nationalen Unabhängigkeit. (Vor dem Hintergrund dieser Auslegung politischer Souveränität wird verständlich, warum die Aushöhlung nationalstaatlicher Entscheidungsebenen im Zuge der Europäi-

sierung in Frankreich oftmals als Angriff auf die Souveränität interpretiert wird und mit vielerlei realen und symbolischen Widerständen begleitet ist. Solche Reaktionen sind in Deutschland kaum festzustellen, da Souveränität hier anders, nicht in erster Linie an die Nation gebunden, aufgefasst wird.)

In der Folge der revolutionären Ereignisse wurde der Ständestaat durch einen bürgerlichen Rechtsstaat abgelöst. Dabei blieb die Frage nach der staatlichen Form (Monarchie oder Republik) strittig. Dies alles geschah in einer weitgehend von Männern dominierten Welt, wobei das Ringen um den vollen gleichberechtigten Bürger-Status der Frau einer Frau vorbehalten blieb. Angesichts der fehlenden politischen und sozialen Rechte der Frauen entwarf OLYMPE DE COUGE ein Nationenkonzept, das ausdrücklich von einer Nation als Vereinigung von Männern und Frauen sprach. Nachdem sie ihre *Déclaration des droits de la femme et de la citoyenneté* (1791) als Protestdeklaration verfasst hatte, wurde sie guillotiniert. Die Mehrzahl der Geschichtsdarstellungen lässt den Aspekt der männlichen Autorenschaft gerade des Nationenkonzeptes unerwähnt, obgleich er für die Repräsentationsformen – wie wir sehen werden – Bedeutung hat.

Les droits de la femme

Trotz dieses Ausschlusses profiliert sich das politische Nationenkonzept in der Französische Revolution weiter. In der Nationalversammlung, in den Reden der Revolutionäre, vollzog sich ein wichtiger Teil der diskursiven Ausarbeitung des französischen Nationenverständnisses (Jeismann 1992). Im Verlauf der Debatten, insbesondere des Jahres 1792 (Ausrufung der Ersten Republik und Beginn der Revolutionskriege) erfolgte eine Neuschöpfung von Nation als neuem kollektivem Sinn. Nation wird dabei als Gemeinschaft neu imaginiert. Diese Neuschöpfung weist – so Jeismann – drei Merkmale auf:

Diskursive Ausarbeitung

1. Der Begriff der Nation verliert seine bislang noch geltende Polysemie. In dem Moment, wo das Vaterland (die Revolution) in Gefahr gerät, wird die eigene Nation nun zur zentralen Quelle politischer Legitimität.
2. Die Nation wird unmittelbar durch universalistische Normen – der Natur, der Wissenschaft, der Moral – begründet, also auch moralisch mit der Macht des Universums aufgeladen. Es entsteht dabei ein politischer Nationalismus, der zugleich Produzent und Produkt einer Investition von moralischem Gefühl in die neue kollektive Identität ist. Dabei werden – anders als bei ROUSSEAU, für den Menschheit und Bürger-Sein zu unterscheiden waren – Menschheit und Patriotismus kurzgeschlossen. Die damit einhergehende Verschmelzung von *passion* und *raison* stellt sich alsbald als eine *liaison dangereuse* heraus. Die Revo-

lutionäre sehen sich beständig durch Privat- und Sonderinteressen bedroht.

3. Der Kampf der Nation wider den Despotismus der europäischen Mächte, die „dem Fortschritt der Vernunft den Krieg erklärt haben" (CONDORCET), wird dabei zum Kampf der Menschheit. Der Krieg ist ein Krieg zur Verteidigung der Freiheit gegen (innere und äußere) Feinde und wird – durch die Investition von universalistischem Pathos in die nationale Identität – zum Kampf um die *dignité de la nation* (CONDORCET). Das neue (imaginierte) Kollektivwesen, seine universalistische Verpflichtung und seine Bedrohung definieren sich wechselseitig. Alle drei Merkmale des neuen Kodes Nation haben die innere Dynamik der Revolution bestimmt (Jeissmann). Das neue Kollektiv-Subjekt Nation wird erst als konstitutionelle Monarchie, dann als Republik geboren und bedeutet einen tiefen Bruch mit der Geschichte und muss diese, seine neue Existenz ständig neu behaupten. In der Zeit der Revolution entstehen in diesem Kontext zwei Auffassungen des französischen Nationalismus, die bis heute in Frankreich nachweisbar sind.

Offener Nationalismus

Mit Michel Winock gehen wir davon aus, dass sich mit dem Begriff Nationalismus eine Deutung und Einstellung zur eigenen Nation verbindet, die diese mit einer Höherwertigkeit (aufgrund vermeintlicher Qualitäten) gegenüber anderen verbindet. Im Unterschied dazu verweist der **Patriotismus** bereits etymologisch auf ein *attachement naturel à la terre de ses pères*. Die Vertreter des offenen Nationalismus preisen und lieben Frankreich, weisen dem Vaterland einen besonderen Stellenwert zu, sind aber offen für andere Völker und Kulturen. Insbesondere in der Anfangsphase der ersten Republik 1792 ist ein solcher offener kosmopolitischer Nationalismus kennzeichnend. Frankreichs besonderer Stellenwelt gründet hier in den revolutionären Ereignissen und der Erklärung der Bürger- und Menschenrechte. In Frankreich ist in einem von Dynastien beherrschten Europa das Volk zum Souverän geworden. *Vive la nation* war in der Zeit der ersten Republik ein patriotischer Ruf, der Freiheit und Gleichheit des souveränen Volkes sowie Demokratie beschwor. Im Namen der revolutionären Liebe zu den Menschenrechten war man bereit, das Vaterland gegen die Feinde (die Dynastien Europas, nicht die Völker!) dieser Prinzipien und damit Frankreichs zu verteidigen. Daher erklärt sich auch der vielfach martialische (kriegerische) Charakter der Losungen: *la patrie en danger* oder die Worte der *Marseillaise*. Bei diesem republikanischen Nationalismus ist man offen für alle diejenigen, die sich den Prinzipien, auf denen die französische Nation gründet, verpflichten, unabhänigig davon, woher jemand kommt, wo jemand geboren ist, unabhängig von der Abstammung (Ethnie). *Étranger* ist hier kein Schimpfwort. Frankreich wird ein **Einwanderungsland**, bei dem neben dem Boden- und dem Blutrecht auch das Prinzip der *volonté* als Kriterium für die Vergabe der Staatsbürgerschaft eingeführt wird. Aber auch die französische Kolonialpolitik im 19. und 20. Jh., die mit der *mission civilisatrice* legitimiert wurde, wurzelt in diesem Nationalismus. Auch wenn LIONEL JOSPIN erst zuletzt im Winter 1999 von der *exception française* im Aufbau Europas spricht und damit das Vermögen zur Integration der *diversité* meint, dann gründet dies im republikanischen offenen Nationalismus.

Im Gegensatz dazu steht der geschlossene Nationalismus. Sein ausgrenzender Charakter, der Ausschluss innerer und äußerer Feinde, erwächst aus der (vermeintlichen oder realen) Bedrohung. Für die linksradikalen Jakobiner war ein Feind, wer sich vermeintlich als solcher zu erkennen gab. Ein Feind wurde dadurch zum Feind, dass man ihn zu einem solchem erklärte. Aus dieser Bedrohungsangst erwächst die Terrorherrschaft der Jakobiner. Hier wird *étranger* ein Schimpfwort. (Dieser geschlossene Nationalismus ist dann im 19. und 20. Jh. insbesondere in Zeiten von Krisen anzutreffen und erfährt dabei in der Boulangerkrise, der Dreyfus-Affäre eine dezidiert politisch konservative Ausrichtung z.B. bei BARRÈS, DEROULÈDE, MAURRAS u. a.) Heute gehört LE PEN auf der rechtsextremen Seite zu solchen Vertretern. Charakteristisch bleibt für den geschlossenen Nationalismus, dass – trotz aller historischen Unterschiede – Nation durch Ausschluss von anderen – seien es Juden, Kommunisten, Immigranten – definiert wird, weil diese als Bedrohung der Existenz der Nation wahrgenommen werden. Aufgrund der Tatsache, dass beide Arten des Nationalismus heute in Frankreich Verbreitung haben, ist im Französischen der Begriff *nationalisme* bzw. *nationaliste* mit ambivalenten Konnotationen verbunden.

Geschlossener Nationalismus

Bedrohung und Legitimationszwang sind untrennbar mit den Revolutionskriegen verbunden. Der Krieg der revolutionären Nation erwächst, lange vor der Schreckensherrschaft der Jakobiner, aus ihrer Identitätsbedrohung. Der Krieg ist per definitionem für die Revolutionäre ein Verteidigungskrieg der Freiheit wider die Despoten und „bewaffnete Aufklärung" (Jeissmann). Mit ihren imaginierten Feindbildern und der Berufung auf die selbst definierten universellen Wertgrundlagen der französischen Nation stellt der Krieg eine Bewährungsprobe für die neue Gemeinschaft, die Nation, dar. Wichtig ist der Krieg aber auch, weil er ein Instrument der Nationalisierung der Nation ist, d. h. weil hier im Namen der Nation gehandelt wird und jene abstrakten Werte und Vorstellungen als Motivationsgrundlagen und Rechtfertigung des Handelns massenhaft verbreitet werden. Die *levée en masse* gehört

Nation und Krieg

in diesen Kontext. Der Krieg ist zwar keine unausweichliche Bedingung für die Existenz der Nation, jedoch wirkt er als Katalysator. Über ihn wird nationales Fühlen und Denken in Gang gesetzt. Nation und Vaterland sollen mehr wiegen als das einzelne Leben. Darauf verweisen die Losungen: *liberté ou la mort*, die Bedeutung des Opfers *(sacrifice)* in der nationalen Ideologie sowie der Totenkult. Schließlich geht es in dieser nationalen Logik um die Verteidigung der Würde und Ehre nicht nur Frankreichs, sondern der Würde und Ehre der Menschheit (Nationalisierung des feudalen Ehrbegriffs). Ehre und Ruhm *(Le jour de gloire est arrivé)* sind zentral im Selbstverständnis der Revolutionäre. In diesem Zusammenhang erklärt sich das Pathos, mit dem die Nation diskursiv aber auch in anderen Formen repräsentiert, d. h. vor- und dargestellt wird.

3 Selbstdarstellungs- und Inszenierungsformen des Nationalen

Propagierung der Einheit

Die Nation wurde aber auch auf andere Art und Weise geschaffen. War das Volk zur Nation erklärt, so musste es sich doch als politische Einheit erst begreifen lernen. Insofern spielt die Propagierung der Einheit der Nation eine wesentliche Rolle. Die kommunikativen Netzwerke am Ende des 18. Jhs. konnten mit den unseren heute nicht konkurrieren. Die räumliche Mobilität war noch sehr eingeschränkt, die Mehrheit der Bevölkerung lebte auf dem Land und hatte ihren engeren Lebensraum kaum verlassen. Die Mehrheit der Bevölkerung konnte weder lesen noch schreiben und das Französische, das zwar seit dem 16. Jh. Amtssprache war und bald zur Nationalsprache werden sollte, wurde bei weitem nicht von allen verstanden. Insbesondere auf dem Land wurde noch in den Regionalsprachen und Dialekten kommuniziert *(patois)*. Während der Revolution ist eine intensive Arbeit an verschiedenen Repräsentations- und Inszenierungsformen des Nationalen entfaltet worden, die unter diesen Kommunikationsbedingungen besonders wirksam waren. Zu diesen Mitteln gehörte das öffentliche Fest (später Nationalfest), der Totenkult bzw. öffentliche Totenfeiern (Pantheonisierungen), das Einsetzen einer nationalen Symbolik (Trikolore, Hymne etc.) sowie staatliche Versuche, Sprache und Erziehung zu nationalisieren. Dabei entstanden neue Verständigungszeichen, die als Zeichen des Nationalen eingesetzt, immer häufiger wiedererkannt und als solche stabilisiert und tradiert worden sind. Typologisch ist von Bedeutung, dass Frankreich zu jenen Ländern gehört (wie auch Großbritannien), die ihr Nationenkonzept in einem bereits existierenden Staat herausbilden, dessen Territorium sich seit geraumer Zeit konsolidiert hatte. Dieser Typ von Nationenbildung ist zu unterscheiden von solchen, wo entweder die Nation aus vielen vorher existierenden Einzelstaaten (Italien, Deutschland) hervorgeht, oder wo sich die Nation gegen einen bereits existierenden multinationalen Staat richtet und durchsetzt (z.B. gegen das habsburgische oder russische Reich).

In Frankreich konzentriert sich die Gründung der Nation als vorgestellte Gemeinschaft auf die Bekräftigung der **Einheit von Territorium, Staat und Nation**. Der Vorstellung, dass die Nation identisch sei mit dem *hexagone* bzw. sich in den *frontiéres naturelles de la France* entfaltet, stiftet den Rahmen für die Schaffung einer nationalen Symbolik, die weit in die Geschichte zurückreicht und in besonderer Weise territorial verfasst ist.

Hexagone

Eine weitere typologische Besonderheit der französischen Nationenbildung hängt damit zusammen, dass sich der französische Staat bis zum 18. Jh. bereits wesentlich zum Zentralstaat entwickelt hatte. Auch in der Revolution setzen sich zentralistisch orientierte Kräfte (die Jakobiner) im Kampf gegen andere Orientierungen (Girondisten) durch. Der Begriff *jacobinisme* verweist noch heute auf den zentralen Einheitsstaat, auf *la France une et indivisible*. Deshalb gewinnen bereits in der ersten Phase der Nationenbildung zentralstaatliche Institutionen als Instrumente der Durchsetzung und Verbreitung nationaler Ideen und Praktiken in Frankreich eine erstrangige Bedeutung. Die Nationalisierung der Nation wird in Frankreich zur Aufgabe des Zentralstaates.

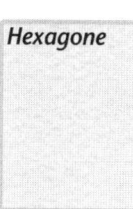

Zentralismus

Dabei kann z.T. an bestehende Traditionen angeknüpft werden. Dies gilt bekanntlich für die Sprachpolitik, die seit dem 16. Jh. durch die Pariser Zentralmacht geleitet wird. In der Zeit der Revolution erfolgt nun eine ideologische Stigmatisierung des Französischen und der anderen in Frankreich gesprochenen Sprachen. Der ABBÉ GRÉGOIRE wird bekannt mit seiner berühmten Rede vor dem Konvent im Jahre 1793, in der es heißt: *„Chez un peuple libre la langue doit être une et la même pour tous."* Französisch wird zur Sprache der Freiheit, während *„Le fédéralisme et la superstition parlent bas-breton; l'émigration et la haine de la République parlent allemand, la contre-révolution parle italien et le fanatisme parle basque."* (zit. nach de Certeau 1975: 295). Dieser sprachpolitische Zentralismus führt dazu, dass das Französische zur Nationalsprache wird. In dieser Folge wird das *patois* im 19. Jh. in den Schulen unter Strafe gestellt und mit dem Rohrstock ausgetrieben. Der Verlust bzw. ein weit reichender Untergang regionaler Kulturen ist die Folge.

Sprachpolitik

Neu ist im 18. Jh., dass der Staat im Kontext der entstehenden Nation das Monopol für Bildung und Erziehung beansprucht. Die diesbezüglichen Aktivitäten nehmen Bezug auf grundlegende Schriften der Aufklärer. Einem staatlichen *Comité de l'instruction*

Instruction publique vs. éducation nationale

publique, das dem Konvent untersteht, werden in der Zeit der Revolution allein 25 Reformprojekte vorgelegt. Zwei Konzepte verdienen hierbei besondere Beachtung, das von LEPELLETIER einerseits und von CONDORCET andererseits. Ersteres ist das Konzept der *éducation nationale*, das *la nation* zum Kernziel, zur *raison finale*, erklärt. Liebe und bedingungslose Treue zur Nation sind wichtige Erziehungsziele, die vor allem das Gefühl ansprechen müssen. Deshalb gehört in den Kanon pädagogischer Aktivitäten vor allem das Fest, die Feier, das gemeinsame Singen von Liedern, der Tanz, gemeinschaftlich erlebte Ereignisse, in denen sich der Einzelne als Teil der nationalen Gemeinschaft emotional erfährt. Im Gegensatz dazu kennt das Konzept der *instruction publique* (CONDORCET) keine *raison finale*. Hier steht das Individuum, nicht das Kollektivsubjekt, im Mittelpunkt des öffentlichen Erziehungsideals. Das Erziehungsprojekt geht von einer Verantwortung des Staates (der Republik) gegenüber dem Individuum aus. Diese Verantwortung besteht hier darin, die erforderlichen Bedingungen dafür zu schaffen, dass der Einzelne instruiert und befähigt wird, sich seines eigenen Verstandes zu bedienen. Condorcet will jede Art von Glauben (und sei es an die Prinzipien der Menschenrechte) aus der öffentlichen Bildung konsequent verbannen. (In der Dritten Republik wird beim Aufbau der Schule durch JULES FERRY CONDORCET in modifizierter Form berücksichtigt.) Die Erziehungskonzeption von LEPELLETIER, die auf ROUSSEAU aufbaut, erlebt in der Zeit der Revolution eine vielfältige Umsetzung. Hierbei ist allerdings weniger an Schulreformen zu denken, sondern an die vielfältigen Praktiken der Pädagogik des Nationalen. Die Analyse der Instrumentarien und der Praxis dieser Pädagogik des Nationalen führt uns zu einigen kulturtheoretischen Grundbegriffen, die mit gemeinschaftstiftenden Kommunikations-, Erinnerungs- und Darstellungsformen zu tun haben.

4 Der Nationalfeiertag

Quatorze Juillet

Innerhalb der Revolutionsfeste (siehe Pkt. 2.1.) spielt der *Quatorze Juillet* eine besondere Rolle. Der Sturm auf die Bastille wurde das erste Mal spontan im September 1789 erinnert, dann 1790 mit dem Fest der Föderierten erstmals offiziell als Nationalfeiertag begangen. Dieses avancierte zur Matrix für die Einrichtung eines Nationalfeiertages in anderen Ländern. Der Nationalfeiertag wird eine kollektive Erinnerungsfigur, die sich aus den Elementen Feiern und Gedenken, Militärparaden und Tanz, Pädagogik und Spontaneität, gemeinsamem Gesang und politischen Reden zusammensetzt. Der *Quatorze Juillet* wird dabei selbst zu einem Zeichen: Er steht für das Jahr 1789, das Jahr I der Freiheit. Er symbolisiert damit die Wertgrundlagen der neuen Wir-Gemeinschaft Nation. Diese sollte sich so radikal wie möglich als Bruch mit dem Überlieferten darstellen. Der *Quatorze Juillet* dient deshalb zunächst der Legitimation der neuen politischen Macht: Die tausendjährige Monarchie, die durch göttliche Gnade gerechtfertigt worden war, wird durch ein revolutionäres Frankreich abgelöst.

Die Initiative für die Inszenierung eines Festes anlässlich der einjährigen Wiederkehr des Sturmes auf die Bastille ging von den revolutionären Pariser Distrikten und vom Pariser Bürgermeister aus. TALLEYRAND formulierte das Dekret, das von der Nationalversammlung erlassen und von LOUIS XVI sanktioniert wurde. Alle Departements waren aufgerufen, nach Paris zu kommen, um den Jahrestag des Sturmes auf die Bastille, den Tag, der die Freiheit brachte, gemeinsam zu begehen und dabei in feierlicher Form den *serment civique* abzuleisten. Dem Vorbereitungskomitee bei der Nationalversammlung blieben nur 28 Tage Zeit, um das gesamte Marsfeld für das Fest umzugestalten. Das Flussbett der Seine wurde dabei verlegt, Hügel, Steine entfernt, Sand aufgefahren. Viele Freiwillige, auch Frauen und Kinder von überall, halfen dabei. Insofern hatte die Festvorbereitung auch spontanen Charakter, obwohl der Ablauf in seinen einzelnen Elementen vorgedachten Regeln folgte. Insbesondere galt dies für die Gestaltung des Ortes, den Exerzierplatz, das Marsfeld, das – nach antikem Vorbild – in eine ellyptische Arena verwandelt wurde. Im Zentrum stand der Altar des Vaterlandes, vor dem der Schwur der Nation abgelegt werden sollte. Ihm gegenüber war ein Amphitheater errichtet, an dem *la majesté de la Nation* ihren Platz haben sollte.

Der Altar ist in diesem weitgehend säkularen Fest ein religiöses Element: Der Altar, in antiker Tradition eine erhöhte Stätte des Kultzentrums, ist traditionell in fast allen Religionen als Ort, an dem Opfer und andere sakrale Handlungen vollzogen werden, überliefert. Die Erhöhung versinnbildlicht die Erhebung der Opfergaben zu den Göttern oder zu Gott. Diesmal wird mit der Symbolik des Altars die Nation, die Verfassung – siehe die Inschrift *Constitution* – in den Stand des Heiligen, Göttlichen erhoben. Der Altar kann deshalb in diesen Kontexten als pararreligiöses Element der Inszenierung der Nation gelten. Der Schwur der Bürger (in Waffen) zur Treue gegenüber der Nation, dem verfassungsmäßigen Gesetz, beinhaltete das mögliche Opfer des eigenen Lebens.

Altar

Raum und Szenerie erinnerten an das antike Theater: ein Triumphbogen von 28 m Höhe mit einer Treppe und Aussichtsplattform für die Zuschauer säumte den Eingang. Obgleich es am 14. Juli 1790 stark regnete, waren viele Menschen schon früh auf den Beinen, viele hunderttausend Menschen säumten den Weg.

14. Juli 1790

Zeitzeugen berichten über die Formierung des Festzuges, dem neben der Nationalgarde vor allem die Delegierten aller Departements angehörten. Schon der Festzug machte deutlich, dass vor allem zwei Ideen am 14. Juli 1790 anschaulich inszeniert wurden: die Stärke der Nation und die Einheit der Nation. Erstere wurde symbolisch präsentiert durch die Präsenz militärischer Elemente auch während des Festaktes auf dem Marsfeld. Das zweite Element, die Demonstration der Einheit, war symbolisch zum Ausdruck gebracht durch die Vertreter aller Departements, der *Fédérations* und die Tatsache, dass alle Teilnehmer am Fest zur gleichen Zeit, nach einem Böllerschuss, der ebenso in allen Gemeinden Frankreich ertönen sollte, am 14. Juli 1790 um 12 Uhr den patriotischen Eid ablegten:

Nous jurons de rester à jamais fidèles à la Nation, à la Loi, au Roi; De maintenir de notre pouvoir la Constitution décrétée par l'Assemblée Nationale et acceptée par le Roi; de protéger, conformément à la Loi, la Sureté des personnes et de propriétés; la libre circulation des grains dans l'intérieur du royaume; la perception des contributions publiques, sous quelque forme qu'elles existent; et de demeurer unis à tous les Français, par les liens indissolubles de la Fraternité. (Biver 1979: 27).

Hierin wird auch das Brüderlichkeitspathos, das die Gleichheitsvorstellungen begleitet, unterstrichen. Der Eid wurde von *La Fayette* (der auch die Trikolore als Symbol der *concorde* trug) im Namen der Nationalgarde abgelegt.

National-
hymnen

War in vorrevolutionären Festen in lateinischer Sprache das *Te Deum* gesungen worden, so sollte sich nunmehr auch im Gesang ein deutlicher Bruch mit der Vergangenheit manifestieren. H.-J. Lüsebrink hat belegt, dass solche Ideen für die Festgestaltung keineswegs nur durch das Festkomitee der Nationalversammlung entwickelt worden sind. Vielmehr gab es z.B. auch anonyme Leserzuschriften, in denen die Abschaffung des öffentlichen Gesang des *Te Deum* gefordert wurde. In der Revolutionszeit wurde dieses dann abgelöst von den beiden Hymnen, die hier zu Nationalhymnen werden sollten: *Ça ira* (bis 1792), dann der *Chant du Départ de l'Armée du Rhin*, die Marseillaise. Aus den Zeitzeugenberichten ist zu entnehmen, dass die Feiern zum *Quatorze Juillet* 1790 nicht auf das Marsfeld beschränkt blieben, sondern sich in vielfältigen Formen, auch spontan, wiederholten. Insbesondere fand an der Bastille eine Art inoffizielle Gegenfeier statt, die der Bauunternehmer und Teilnehmer am Sturm auf die Bastille, Pierre-François Palloy, organisiert hatte. Hier waren 83 Bäume gepflanzt, die der Zahl der Departements entsprachen. Die Bastille, von der noch acht Türme standen, war mit Girlanden und Lampions behängt, Wein und Wurst einer Art Schlaraffenland, das an der Bastille inszeniert worden sei, die Tanzfläche sei überragt gewesen von einem Mast, behängt mit Schinken und Früchten. Für die Berichterstatter war diese Festform des *Quatorze Juillet* die Szenerie einer konkreten Vision des uralten Traumes von der umgekehrten Welt, in der die Bettler zu Königen werden (Lüsebrink 1994). Obgleich das Fest der Föderierten als singuläres Fest geplant war, erhoben sich schon kurz nach seinem Ende Stimmen, die eine Wiederholung forderten. Vergegenwärtigt man sich den Charakter dieses Festes, so sind die Parallelen zur Konzeption des Nationalfestes, wie sie ROUSSEAU in einem Brief an D'ALEMBERT entworfen hatte, unübersehbar: *Plantez au milieu d'une place un piquet couronné de fleurs, rassemblez-y le peuple, et vous aurez une fête. Faites mieux encore: donnez les spectateurs en spectacle; rendez-les acteurs eux-mêmes; faites que chacun se voie et s'aime dans les autres, afin que tous en soient mieux unis.* (zit. nach *Édition critique*. 1948: 168, 169).

Betrachtet man den *Bicentenaire*, so fällt zunächst auf, wie stark sich die Kommunikationsnetze entwickelt haben; die Feiern wurden von über 2 Milliarden Fernsehzuschauern in der ganzen Welt verfolgt. Vergleicht man die Szenarien des Festes von 1790 und 1989, so sind jedoch vorwiegend Kontinuitäten zu erkennen. Es überwiegt auch hier der Wille der Organisatoren, die Stärke der Nation zu demonstrieren, symbolisiert in der Präsenz des Militärs, den Nuklearwaffen, dem Défilé der Truppen. H.-J. Lüsebrink weist auch darauf hin, dass sich sowohl in der Mythologie als in der Ambivalenz des *Quatorze Juillet* Kontinuitäten erkennen lassen. Neben der Stärke der Nation sind auch die freiheitlich-demokratischen Werte der Revolution, auf denen die Französische Republik gründet, 1989 in den Feierlichkeiten unterstrichen. Dabei bleiben in den offiziellen Zeremonien jedoch all jene Elemente aus der Erinnerung an die Französische Revolution ausgespart, die aufständische Gewalt evozierten und Konflikte zu provozieren vermochten. Dies trifft bereits 1790 zu, als der offizielle Festort vom Bastilleplatz auf das Marsfeld verlegt wurde. Die Bastille erinnerte noch an Volksaufstand und Volksjustiz. Zu den Veränderungen der Festform gehört, dass 1989 keine pararreligiösen Symbole (Altar) verwendet werden.

Die Geschichte des *Quatorze Juillet* (siehe dazu P. Ory 1992) verweist deutlich auf die Säkularisierung der Festformen. Modernität, moderne Zeichen der Macht werden in Frankreich mit Tradition und Mythenpflege wirksam verknüpft. Wie der Triumphbogen auf dem Marsfeld 1790, der Eiffelturm 1889 und die *Arche des Droits de l'Homme* in La Défense 1989. Monumente sind Denkmäler, die die kollektive Erinnerung an das Gründungsereignis des modernen Frankreich wachhalten und das Fest in seiner Vergänglichkeit überdauern. H.-J. Lüsebrink hat mehrfach betont, dass der *Quatorze Juillet* als Fest der französischen Nation in der Einheit von offi-

Ausblick: Bicentenaire

Säkularisierung der Formen

ziellen und nicht offiziellen Feiern gesehen werden muss. Letztere folgen den gleichen Szenarien wie die offiziellen Feiern, jedoch weitgehend ohne militärische Elemente (Lüsebrink 1994). Es gab nicht nur die illegalen Feiern in der Vichy-Zeit, sondern auch Gegenfeiern am 8. Juli 1989, wiederum auf der *Place de la Bastille*. Sie stand unter der Losung *Le Tiers-Etat d'aujoud'hui c'est le Tiers-Monde. (Libération, 9 juillet* 1989, S.1–3). Mit dem *Quatorze Juillet* wird die Identität des republikanischen Frankreich inszeniert. Die Gründungsepoche, in der diese wurzelt, ist jedoch politisch vielschichtig. Hieraus erklärt sich, dass es äußerst schwierig, wenn nicht sogar unmöglich ist, konsensfähige Interpretationen zu dieser revolutionären Gründungsepoche zu schaffen. NAPOLÉON und PÉTAIN hatten den *Quatorze Juillet* 1804 bzw. 1940 abgeschafft. In der Demokratie hingegen war und ist der Nationalfeiertag gerade in seinen umstrittenen Sinn stiftenden Grundlagen ein Anlass, über Wertgrundlagen, die die Gemeinschaft begründen, nachzudenken und zu streiten. In dieser Hinsicht hat der *Quatorze Juillet* eine die französische Gesellschaft als Demokratie immer wieder belebende Funktion gehabt.

Fête de la Fédération 2000

Im Jahr 2000 wurden insbesondere die Festformen von 1790 erinnert und aktualisiert, die die Einheit der Nation symbolisieren. Sie bildeten einen besonderen Teil der offiziellen *Quatorze-Juillet*-Feiern zum Millenium, der in der Öffentlichkeit große Resonanz fand. Der offizielle Teil bestand aus einem Fest der französischen Bürgermeister. Auf Einladung des Präsidenten des Senates (neben der *Assemblée Nationale* die zweite Kammer des französischen Parlaments, die sich aus den lokalen Vertretungen zusammensetzt und diese repräsentiert) kamen fast 13.000 Bürgermeister (der 36.000 Gemeinden) und ebenso viele Stellvertreter sowie andere lokale Amtsträger zu den offiziellen Zeremonien auf die *Champs-Élysée* und in die *Jardins de Luxembourg* nach Paris. Dabei wurde sowohl an traditionelle Inszenierungsformen und Symbole angeknüpft als auch eine Fortschreibung in die Zukunft zelebriert: In den Ehrenhof der *Jardins du Luxembourg* waren 2000 Jugendliche geladen, für die eine *Déclaration des droits du jeune citoyen de l'an 2000* gelesen wurde, die die Werte *liberté* und *solidarité* hervorhob. Im Anschluss entließ man zehntausend Luftballons in den Farben der Trikolore in den Himmel, die die Botschaft der *fraternité* verbreiten sollten. In seiner offiziellen Rede ehrte Staatspräsident JACQUES CHIRAC die *maires de France* als die „*racines de notre démocratie*" (*Le Monde*, 16/17 *juillet* 2000 p. 6). Auch in der Rede des Senatspräsidenten Christian Poncelet wurde deutlich, dass diese Feier den republikanischen Institutionen galt: „*Vous êtes les nouveaux hussards noirs de la République. Vous êtes ici chez vous, c'est votre maison.*" (zit. nach: *Le Monde* 16/17 *juillet* 2000

p. 6). Die Presse hob die Wirksamkeit der vielfachen symbolischen Akte und Diskurse hervor, die auch im Jahr 2000 die Emotionen, zumindest der älteren Generation, sensibilisierte. Der Bürgermeister von Vallangoujard (Val-d'Oise) teilte der Presse mit: *„Voir passer entre tribunes remplies d'élus portant leur écharpe tricolore, c'est émouvant et symbolique".* Die Sensibilität für Symbolik, der *goût* für symbolische Akte, der immer auch mit Ästhetik zu tun hat, kam an diesem *Quatorze Juillet* noch mehrfach zum Tragen: In den *Jardins du Luxembourg*, in dem jede Region mit ihren Spezialitäten vertreten war, wurde die *convivialité* (siehe auch Seite 92 ff.) aller Bürger zelebriert.

Spektakulärer noch zeigte sich das große Picknick, zu dem sich „ganz Frankreich" traf. Entlang des Pariser Längengrades waren von Nord bis Süd alle Bewohner zur selben Stunde zu einem gemeinsamen Essen auf einem großen Tischtuch quer durch das Land vereint. Idee und Initiative gingen vom staatlichen Kulturministerium, von der ehemaligen Kulturministerin TRAUTMANN aus. Zentraler Gedanke war auch dabei, den Geist der *convivialité à la française* sinnfällig zu machen. *„La France s'était donnée rendez-vous ..."* hieß es in *Le Monde* vom 16. /17. Juli 2000. Zum Jahrtausendwechsel hatte sich das republikanische Frankreich im *esprit de fête et de convivialité* zusammengefunden und gefeiert. Organisiertheit und Spontaneität brachten das Fest gleichermaßen zum Gelingen wie 1790, trotz schlechten Wetters. In Deutschland mit Unverständnis und Prädikaten wie Kitsch kommentiert, bezeugten Franzosen verschiedenster sozialer und regionaler Herkunft ihren Sinn für gemeinschaftsstiftende Symbolik.

Das „Große Picknick"

5 Öffentliche und Nationalfeiertage im Vergleich

Will man öffentliche Feste in Deutschland und Frankreich vergleichen, so muss man für den deutschen Fall im 19. Jh. auf Gelegenheitsfeste wie z.B. das Wartburgfest der deutschen Studenten 1817, das Hambacher Fest 1832, das Sängerfest in Nürnberg 1861, die Einweihung der Walhalla zurückgreifen. Die kontrastive Untersuchung der Festformen ist aufschlussreich, verweisen sie doch mit ihren Traditionsanleihen auf unterschiedliche zeitliche und ideologische Horizonte nationalen Selbstverständnisses. Für Deutschland ergeben sich im Unterschied zu Frankreich nach formalen Kriterien vor allem folgende Merkmale: formale und inhaltliche Anlehnung an traditionelle, christliche, pietistische Feiern, Anleihen bei der christlichen Liturgie bis hin zu Gebet und Gottesdienst (Gebhardt 1987). Die deutschen Feiern wurzeln im 19. Jh. politisch im Zeitalter der Hohenstaufenkaiser, kultisch hin-

Deutsche Feste im 19. Jh.

gegen in „nebelhafter" germanischer Vergangenheit: Hier spielt die Mittelalter-Projektion eine wichtige Rolle, wobei das Heilige Römische Reich Deutscher Nation als Kraft- und Legitimationsquelle für die Einheit Deutschlands diente (Nipperdey 1986). Strukturell sind jedoch auch hier „Mythen, Männer, Monumente" als tragende Elemente zu finden (Poletti 1989: 34), die allerdings eher auf regionaler Ebene greifen.

Negative Belastung

Neben der späten Gründung des deutschen Nationalstaates spielt in Deutschland für die Entwicklung der Festkultur heute eine Rolle, dass die monumentalen Nazi-Feiern für die Erinnerungskultur in einem demokratischen Deutschland als negative Belastung nachwirken. Das Jahr 1989 gab Anlass, den Kontrast zwischen einer zentralstaatlich inszenierten, weitgehend positiv konnotierten nationalen Festkultur in Frankreich und einer Festkultur in Deutschland zu erleben, bei der öffentliches Feiern eher von Schwierigkeiten zeugt:

In der Bundesrepublik Deutschland wurde das 40-jährige Bestehen des Grundgesetzes der Bundesrepublik Deutschland erinnert, in der noch exisitierenden DDR das 40-jährige Bestehen des zweiten deutschen Staates. Bei den 40-Jahr-Feiern in der Bundesrepublik handelte es sich um stark intellektualisierte Erinnerungsformen, bei denen die vier Jahrzehnte und ihre wichtigen Grundlagen und Institutionen im Mittelpunkt einer eher informierenden Darstellung standen. Parallel dazu fanden Feierlichkeiten zum Gedenken an den 50. Jahrestag des Kriegsbeginns, mit allen Assoziationen zum Zweiten Weltkrieg, Nationalsozialismus und Auschwitz statt, die auf die Gründungssituation der Bundesrepublik verwiesen. In den offiziellen Feiern können keine Gründungsmythen beschworen werden, da sich die Entstehungsphase der Bundesrepublik nicht für verklärende heroische Mythisierungen eignet. Man konnte einerseits die Gegenwart durchaus positiv darstellen (wirtschaftliche Erfolge, stabile Demokratie), andererseits zeigte sich jedoch eines ganz deutlich: **ein von Vergangenheit freies Feiern ist nicht möglich.** B. Schlanstein weist zu Recht darauf hin, dass das eigentliche Problem dieser Feiern (d. h. ihre geringe emotionale Integrationskraft) darin besteht, dass als positiver Vergangenheitsbezug hier kein außergewöhnliches Ereignis in Frage kommt, das als universelle oder einmalige Geltung der Bundesrepublik interpretierbar wäre. Anders als in Frankreich, gibt es keine Gegenfeiern, auch deshalb nicht, weil das Fest keine Tradition hat und im anderen deutschen Staat mit der 40-Jahr-Feier der DDR gleichzeitig der Gegentypus inszeniert wird (B. Schlanstein 1989).

Festkultur in der DDR

Offiziell dominierte dort die Darstellung des Gründungsaktes der DDR – ähnlich dem Jahr 1789 – als Jahr I des Sozialismus auf deutschem Boden. Der damit verbundene positive Gründungsmythos wurde gleichzeitig mit dem zur Staatsdoktrin erklärten Antifaschismus legitimiert. Formal knüpfte man hier gleichzeitig an Elemente der Festformen an, die ebenfalls in der Nazidiktatur praktiziert worden waren (Fackelzug). Die mit Knüppel und Schlagstöcken bekämpften Gegendemonstrationen waren nicht nur Ausdruck der Diskrepanz zwischen Selbstlegitimationen der Machtträger und Volk („Wir sind das Volk"). Sie kündeten also nicht nur die tiefen soziopolitischen Konflikte in diesem Staat an, sondern leiteten das Ende seiner Existenz ein. Offizielle Festformen haben dennoch im zweiten deutschen Staat Traditionen entwickelt. Hierzu gehören nicht nur die Massenaufmärsche, die an den Tribünen der Funktionäre vorbeiführten, in die Armee und Kampfgruppen eingeschlossen waren, die Einheit und Stärke der „sozialistischen Nation" repräsentieren sollten. Es gab auch Volksfeste, die jedoch 1989 nicht mehr greifen (siehe auch S. 146 ff. zur Wahrnehmung des Falls der Mauer in Frankreich).

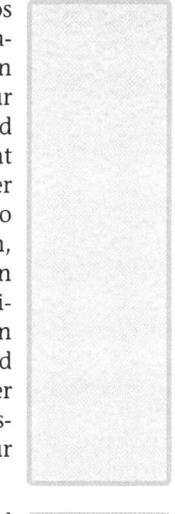

Neuer National-feiertag

Seit 1990 scheint der Einsatz nationaler Symbole (Flagge und Hymne) im vereinten Deutschland selbstverständlicher geworden zu sein. Dennoch, selbst der 3. Oktober als Tag der deutschen Einheit ist in seiner Tragfähigkeit für einen die kollektive Identität stiftenden Nationalfeiertag umstritten. Während der deutsche Außenminister FISCHER im Jahr 2000 einen Vorstoß unternimmt, um den 9. November als Nationalfeiertag einzuführen, feiert sich ganz Frankreich auf der Basis einer 200-jährigen nationalen Erinnerungskultur. Der Kontrast zwischen deutscher und französischer öffentlicher Erinnerungskultur könnte nicht größer sein.

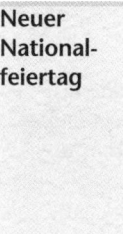

3 Allegorisierung und Mythisierung

1 Allegorisierung: *Marianne*

Nach dem Sturm auf die Bastille werden spontan Freiheitsstatuen errichtet. Sie bilden einen Teil des Kultes, mit dem die Freiheit, die große Idee, die zur Wirklichkeit werden sollte, bildlich veranschaulicht ist. Dabei wird an eine aus der griechisch-lateinischen Antike durch Künstler vieler Jahrhunderte tradierte Form der Versinnbildlichung angeknüpft, die Allegorisierung: In Form eines menschlichen Körpers werden abstrakte Ideen dargestellt; hier eine Frau, die, in ein antikes Gewand gekleidet, eine phrygische Mütze trägt. Am Anfang trägt die Statue den Namen der Idee, die sie verkörpert: die *Liberté*. Das Attribut der Freiheit erhält die Frauenfigur durch die phrygische Mütze. Diese Konvention, die die phrygische Mütze zur Freiheit (und den Spiegel zur Wahrheit) erklärt, gehört zu einem jahrhundertealten Kode.

Marianne 1: Freiheits-allegorie

Phrygische Mütze	Die Verbindung zwischen Freiheit und der Kopfbedeckung, die in Phrygien (einer antiken Landschaft in Innerkleinasien) getragen wurde, war in der antiken römischen Republik hergestellt worden. Dort wurde die Freilassung aus der Sklaverei mit dem Aufsetzen dieser Mütze zum Ritus. M. Agulhon, der sich mit der Geschichte der *Marianne* befasst hat (1979, 1989), verweist auf die Tatsache, dass die von den Bauern im 18. Jh. getragene, ebenfalls kegelförmige Mütze der phrygischen Mütze sehr ähnlich ist. Das kann dazu beigetragen haben, dass die phrygische Mütze eine derartige Popularität als Freiheitsmütze erreicht hat. Schließlich handelt es sich bei der Tradierung der phrygischen Mütze um ein ikonografisches Element aus der Elitekultur.
Marianne 2: Französische Republik	Als sich innerhalb der Revolution der Kampf um die Staatsform zuspitzt und sich die Anhänger der Republik gegen die Monarchie durchsetzen, braucht der neue Staat – die Republik – (1792) ein neues Emblem: Abbé Grégoire unterbreitet dem Konvent den Vorschlag, das Emblem der Freiheit zum Zeichen der Republik zu machen. Seit September 1792 steht somit für die Republik die Frau mit der phrygischen Mütze.
Liberté = république française	Die zuvor universelle Bedeutung *(liberté)* geht mit der siegreichen Republik in eine französische über. Dabei verbindet diese Allegorie die Einheit von verwirklichtem politischen Ideal (der Freiheit) und französischem Territorium. In der Phase der Republik entfaltet sich dann ein bislang nicht gekannter Kult um die Statue. Die Tuchhaube aus rotem Stoff, der Kleidung der römischen Galeerensklaven nachempfunden, erhält dabei auch das Attribut einer Gesinnungstracht der Jakobiner (Jakobinermütze).
Weibliche Figur	Die Wahl eines weiblichen Körpers für die Allegorisierung der Ideen der Freiheit, der Republik bzw. der Nation ist kein Einzelfall *(Italia, Germania, Britannia)*. Die Ursachen werden verschieden erklärt. Mitunter meint man, dass das grammatische Geschlecht der zu verkörpernden Idee *(la liberté, la république)* nach antiker Tradition auf die körperliche Darstellung, die Allegorie, übertragen wird. Agulhon sieht auch eine Analogie zwischen Staatsform und Geschlecht: war die Monarchie durch eine einzelne Person, den König, repräsentiert, so wollte die neue Macht, die Republik, eine kollektive Macht darstellen. Insofern eignet sich keine konkrete, individualisierende, sondern nur eine anonyme Figur. Allerdings muss hinzugefügt werden, dass die weibliche Figur aber nur anonym sein kann, weil Frauen keine politischen und sozialen Rechte hatten und gesellschaftlich wenig repräsentiert waren. Mit der Wahl einer Frau – so Agulhon – konnte auch der Gegensatz zum Vergangenen dargestellt werden, der sich vor allem auf die neuen Tugenden bezieht: Die Freiheitsgöttin steht in dieser Inter-

pretation für die Tugenden der neuen Ordnung, die Überwindung von lokaler Beschränktheit und Aberglauben, für Freiheit, die in Vernunft gründet. Die ersten Darstellungen der Freiheitsgöttin zeigen auch eher eine Frau, die Versöhnung, Sanftheit, Friedfertigkeit anzeigt, als Kampf und Autorität.

Wichtig ist jedoch, dass diese Frau unpersönlich ist, weit genug entfernt von realen Frauen des wirklichen Lebens. Aus feministischer Sicht ist diese Unpersönlichkeit der Freiheitsallegorie zentral und zwiespältig zugleich. In jüngeren Arbeiten wird auf Indizien verwiesen, die belegen, dass die Freiheitsallegorie lediglich eine ideale *liberté* darstellen und nicht als Aufruf zum Kampf um reale Freiheiten von realen Frauen dienen sollte. Wie wenig sie eine Metapher für eine aktive Beteiligung der Frauen an den revolutionären Ereignissen sein sollte, belegt das Verbot aller Frauenklubs im Jahr 1793 und die Tatsache, dass (auf den Vorschlag von DAVID) der Beschluss zum Einsatz der Freiheitsallegorie als Symbol der französischen Republik wieder zurückgenommen werden sollte, als einige Frauen mit dem *bonnet rouge* für ihre Rechte auf die Straße gegangen waren. Die These von Beatrix Schmausser-Strauss ist insofern durchaus schlüssig, wenn sie im Umkehrschluss meint, wenn Frauen politische Rechte gehabt hätten, dann wäre *Marianne* als allgemeingültige Gestalt des Ideals der Republik nicht akzeptiert worden. In diesen Argumentationszusammenhang passt auch die These, dass die Gestaltung dieser Allegorien auch auf die weibliche Funktion der Mutterschaft zielt und diese damit zugleich eine Schutzfunktion für die politischen (männlichen) Akteure übernehmen soll (Schmausser-Strauss 1995).

Unpersönlichkeit

Im Herbst 1792 erscheint das erste Mal der Name *Marianne* als Bezeichnung für Republik oder das revolutionäre Frankreich. In Polizeiberichten aus dem Languedoc taucht die Bezeichnung sporadisch auf, wobei es sich um Belege handelt, die nachweisen, dass dort, im okzitanisch sprechenden Midi, auf den Straßen ab und zu gefragt wird *Comment va Marianne?*, um sich über die politischen Entwicklungen im Land zu informieren oder auszutauschen. Es handelt sich also um eine volkstümliche Wortschöpfung, die der okzitanische Sänger und republikanischer Patriot, GUILLAUME LAVABRE, ein protestantischer Schuster (Tarn), in ein Lied eingefügt hatte, das den Titel „*La Garisou de Marianno*" trug. Nach dem Sturm auf die *Tuillerien* und angesichts der Verbreitung des Republikkultes fand die Namensgebung einen günstigen Resonanzraum.

Marianne 3: „La Garisou de Marianno"

Marianne ist die Kontraktion von Marie und Anne. Diese Namen, die auf Maria und deren Mutter Anna verweisen, hatten im katho-

Herkunft des Namens

lischen Frankreich, im Volk, (insbesondere im ländlichen Süden) starke Verbreitung gefunden. Die Namensgebung *Marianne* konnte somit die Leitidee der Nation stützen, wonach im republikanischen Frankreich das Volk der Souverän war. Der neue Staat, die Republik, hat also ihre bildliche Darstellungsform, den weiblichen allegorischen Körper mit der phrygischen Mütze, in Paris erhalten, ihren Namen jedoch in der Provinz. Am Ende der Revolution hatten beide, die bildliche Darstellung und die namentliche Bezeichnung, jedoch noch nicht zueinander gefunden. Agulhon hat den Weg dieser Zusammenführung ausführlich beschrieben. Auf dieser Grundlage sollen im Folgenden einige wichtige Etappen erklärt werden (siehe dazu: Agulhon, Bonte 1992).

Marianne in der Opposition

Seit 1799 bereitet Napoleon mit dem Staatsstreich das vorläufige Ende der Republik vor. Das 19. Jh. wird sodann ein Kampf zwischen Vertretern der Monarchie und Vertretern der Republik. Die Erinnerung an die Revolution prägt beide Seiten, die sich nunmehr als *deux France* gegenüberstehen. Der Kampf wird auch in Form von Symbolen ausgetragen (z.B. Lilienbanner vs. Trikolore). Die symbolischen Darstellungen der Republik gewinnen in diesen politischen und ideologischen Kontexten einen kämpferischen Charakter der Opposition gegen Monarchie und katholische Kirche. In dieser Oppositionsfunktion wird erneut die ursprüngliche Bedeutung der Freiheit unterstrichen, denn *la France gauche* (Bezeichnung aus der Zeit der Revolution für diejenigen die links vom König in der Nationalversammlung gegen das Vetorecht des Königs stimmten) kämpft für die laizistische Republik im Namen der *liberté*.

Mutter der Nation

Aus dieser Zeit stammt das berühmt gewordene Bild von EUGÈNE DELACROIX *La liberté guidant le peuple aus barricades*. Diese Darstellung einer kämpferischen *Marianne* wird im 19. Jh. zu einer wichtigen Referenz für die Republikaner. Die entblößte Brust gehört zum Formenkanon, der auf die Naturphilosophie ROUSSEAUS zurückgeht. Sie ist das Zeichen der personifizierten Mutter der Nation, die alle gleichermaßen nährt. Mit ihr ist der naturphilosophische Gleicheitsgrundsatz dargestellt, der Aufklärer wie ROUSSEAU und die Autoren der Erklärung der Menschen- und Bürgerrechte leitet. Die entblößte Brust ist „der fleischgewordene *Contrat social*" (von Plessen). Fortan gewinnen einzelne Elemente der Darstellung eine politisch und sozial distinktive Funktion.

Marianne an der Macht

Nach 1848 (Zweite Republik) zeigt vor allem die Verwendung oder Nichtverwendung der phrygischen Mütze die Differenz von linken und gemäßigten Republikanern an. In den Darstellungen der offiziellen Republik gehen in der Mitte des Jahrhunderts, nach den

Kernbereiche französischer Kultur und Kulturvergleich

niedergeschlagenen Arbeiteraufständen, solche Elemente z.T. verloren. Als die Republik 1848 als Staatsform wieder errungen ist, wird die symbolische Tradition der Ersten Republik erinnert, um die monarchischen Insignien zu ersetzen. Aus einem vom Staat initiierten Wettbewerb geht jenes von DAUMIER gefertigte Gemälde hervor, das heute als einziges aus der Vielfalt der Realisierungen bekannt ist: die Republik – als Mutter und Erzieherin, sitzend, mit freiem Oberkörper, an deren Brüsten die Kinder der Republik genährt werden. Die Trikolore in der rechten Hand erinnert an die Revolution. Ein neues Medium für die Verbreitung der symbolischen Darstellungen der Republik gewinnt Bedeutung mit dem Druck der ersten Postkarte, die am 1. Januar 1849 erscheint.

Nach der industriellen Revolution, die die französische Gesellschaft Mitte des Jahrhunderts erfasst, treten neue soziale Schichten in Erscheinung, die Arbeiter, durch die sich die soziale Frage neu stellt. Die blutige Niederschlagung von Arbeiteraufständen durch die regierenden Republikaner (CAVAIGNAC) führt zur Spaltung der Republikaner und mit ihnen der linken Symbolik. Die revolutionäre Republik, die aus der Sicht ihrer Verteidiger die authentischste, aber aus der Sicht der Regierungsrepublikaner subversiv ist, wird nunmehr nach dem Vorbild von DELACROIX, also in Bewegung, jung, leicht bekleidet, leidenschaftlich dargestellt. Die offizielle Republik, die sich in jedem Fall im Selbstverständnis ihrer Vertreter weise, jetzt auch eher konservativ, bewahrend repräsentiert, verliert in den Darstellungen die phrygische Mütze. Die Kopfbedeckung wird in den eher ruhenden, feierliche Würde ausstrahlenden Darstellungen durch antike Helme oder Kronen aus verschiedenen Naturgewächsen oder einem Sonnenkranz ersetzt. Die rote phrygische Mütze, das Freiheitssymbol, geht in jener Zeit in die populäre Bilddarstellung über. Die Republik ist hier ein Mädchen aus dem Volk, bestimmt und gelassen; die phrygische Mütze ist in diesen Kontexten eindeutig das Symbol der Subversivität. Auf den Geldstücken der Zweiten Republik erscheint die Republik in jenem Gewand, das frei von allen revolutionären, subversiven Elementen eine sitzende, mit einem Diadem geschmückte Frau zeigt. Von Barre geprägt, ist sie noch heute auf Schildern von Notaren zu sehen. Auch auf der ersten Briefmarke trägt die Republik einen Ährenkranz, der ihr den heute noch unter Philanthelisten bekannten Titel „à la Cérès" (die römische Erntekönigin erinnernd) zuweist. Dies ist als bewusster Verzicht auf die phrygische Mütze zu lesen. Hingegen findet man die *république rouge*, wie sich jene Republik nun nennt, die auch die Interessen derer im Auge hat, für die die regierende Republik ihr Versprechen nach Gleichheit nicht eingelöst hat, in der demokratischen und sozial engagierten Colportage-Literatur. Diese zirkuliert in halb

Konservative vs. subversive Darstellung

öffentlichen Räumen. *Marianne als république rouge* wird für die linken Republikaner, die sich zwischen 1849 und 1851 in der Oppostion befinden und mit dem Staatsstreich vom 2. Dezember 1851 verfolgt und eingesperrt werden, ein Symbol, das die Orte ihrer geheimen Treffen schmückt.

Geheimge-sellschaften

In dieser Zeit, in den Jahren 1850 und 1851, bilden sich auch die Geheimgesellschaften, in denen sich fortschrittliche Republikaner organisieren, um gegen die konservativen Regierungsrepublikaner des Präsidenten LOUIS BONAPARTE und die Ordnungspartei zu kämpfen. Um ihre geheimen Treffen zu verabreden suchen sie einen Kode für Republik. Dabei denken sie an *Marianne*, jenen Namen, der sich in ihrem Umkreis – die Geheimgesellschaften sind besonders zahlreich im Languedoc, in der Provence und anderen Gebieten des Midi – über zwei Generationen durch das Lied von Lavabre erhalten hatte. So verbreitet sich allmählich über die Geheimgesellschaften, auf eine diskrete Weise, der Name *Marianne* für die Bezeichnung der Republik auch außerhalb des Midi. Im *Grand Dictionnaire universel du XIXe siècle* von Pierre Larousse ist vermerkt, dass *Marianne* eine Bezeichnung für die Geheimgesellschaften oder für die Republik ist. Mit dieser Bedeutung geht *Marianne* in die Darstellungen der Lexikographie ein. *Marianne* als Bezeichnung für Republik erscheint in den Jahren des Zweiten Kaiserreiches in einer Reihe von politischen republikanischen Pamphleten. So wechselt der Name *Marianne* (für Republik) nicht nur vom regionalen in den nationalen Kontext, sondern auch von der vorwiegend oralen Kommunikation in die schriftliche bzw. von einem Diskursraum, der untere, wenig oder nicht gebildete soziale Schichten umfasst, in einen anderen, den der gebildeten Eliten.

Marianne im Second Empire

Die Erinnerung an die Kämpfe und die mit ihnen verbundenen Symbole der Zweiten Republik sind in der Zeit des *Second Empire* sehr lebendig. Die personifizierte Republik ist präsent in Schriften (z.B. VICTOR HUGO: *Châtiments*) und Bildern. Kleine Tonfiguren werden gehandelt, Frauenfiguren, die man *Liberté* oder *République* nennt; lezteres gilt dabei als Provokation. Die Linke bleibt dabei gespalten wie auch *Marianne* zwei Gesichter behält: ein revolutionäres mit der phrygischen Mütze (verwendet von den linken, revolutionären Republikanern, von denen sich viele in der *Commune de Paris* engagieren) und ein weises, geschmückt mit Lorbeeren (der zukünftigen gemäßigten Republikaner, die die Dritten Republik gestalten werden).

Marianne 4: La France

Die phrygische Mütze behielt noch geraume Zeit, insbesondere nach der Pariser Kommune, ihren revolutionären und subversiven Sinnbezug und wurde deshalb erst 1895 unter dem Einfluss von Freidenkern und radikalen Vertretern der Republikaner als öffentliche Insignien des republikanischen Staates eingeführt: THÉODOR DORIOT entwirft eine Büste mit Freiheitsmütze, die in die Rathäuser kommt und dort die (ebenfalls von ihm entworfenen) gleich nach dem Ende des Zweiten Kaiserreiches eingesetzten Büsten der *Marianne* ohne phrygische Mütze ersetzt. (Die Aufnahme der Büste ist jedoch ein freiwilliger Akt, die Wahl der ersten oder zweiten Büste bleibt noch längere Zeit ein Bekenntnis.) Auf Geldstücken *(la Semeuse)* und auf Briefmarken wird die phrygische Mütze als Abbildung gewagt. Aus dem Staatssiegel bleibt sie jedoch ausgeschlossen. Dieses zeigt eine sitzende Frau mit einer Sonnenkrone (Sonne als eine der Hauptquellen des Lebens bzw. auch in Anlehnung an den Sonnenkult bei Griechen und Römern.) Mit zunehmender Dauer der Republik und Verwendung der phrygischen Mütze als Element staatlicher Insignien wird ihr aufrührerischer Sinn „gezähmt". In den 1880er Jahren ist in den Karikaturen eine positive Verwendung der phrygischen Mütze auch unter Konservativen nachzuweisen, sodass *Marianne* mit der phrygischen Mütze immer mehr *La France* bedeutet. Neu ist, dass dies nicht nur nach außen, als Kommunikationsform gegenüber dem Feind zur Anwendung kommt (seit 1870 ist dies der Fall), sondern auch innnerhalb Frankreichs selbst. *Marianne* bedeutet im 20. Jh. immer häufiger Frankreich. Diese Funktion und Sinngebung setzt sich in der Selbstdarstellung gegenüber dem Ausland und bald auch in den Frankreichdarstellungen im Ausland durch. Bei dieser Entwicklung darf jedoch nicht übersehen werden, dass die anderen Sinnebenen nicht verloren gegangen, sondern noch virulent sind. Die phrygische Mütze bleibt trotz aller Gewohnheit ein Symbol für ein bestimmtes ideologisches, freiheitlich republikanisch laizistisches Engagement, das nicht unumstritten ist und das deshalb – insbesondere in Konfliktsituationen – mit Leidenschaft präsentiert wird.

Zu den auffälligen Entwicklungen in den fortschreitenden Jahrzehnten des 20. Jh. gehört jedoch auch die entpolitisierende Banalisierung der *Marianne*, durch ihre Einvernahme von Stars und Medien. Wenn BRIGITTE BARDOT, MIREILLE MATHIEU oder wie jüngst LAETITIA CASTA als Modell für *Marianne*-Darstellungen fungieren, dann sind dies keine politischen Akte. Man kann sie als Zeichen des Übergangs der *Marianne* in eine nationale Folklore ansehen oder in die kommerzialisierte, alles umfassende Warenwelt.

Banalisierung

Welche *Marianne* auch immer, *Marianne* gehört wie die Republik zur kulturellen Identität Frankreichs. Welche Rolle sie in Europa spielen kann, wird sich zeigen. Nicht alle Allegorien, die die Nationen repräsentier(t)en, konnten sich fest in den Kanon der natio-

Marianne und Germania

nalen Symboliken einschreiben. Dies gilt ganz besonders für die *Germania*, die heute nur noch als historische Allegorisierung bekannt ist, da sie seit dem Ersten Weltkrieg aus dem Kanon der deutschen nationalen Symbole verschwunden ist. Aber nicht nur ihre weit geringere Lebensdauer, sondern auch ihre soziale Funktion und Integrationskraft unterscheiden sie von *Marianne*. Sie gehört zudem in eine andere Bildtradition und weist aus allen diesen Gründen andere Formgebungen auf. Wie *Marianne* hat *Germania* ein historisch wechselndes Aussehen. Es verweist auf die spezifischen Bedingungen deutscher Nationenbildung, aber auch auf ihre (anderen) soziopolitischen Legitimationszusammenhänge. So ist *Germania* niemals mit entblößter Brust zu sehen. *Germania* steht den politischen Machtträgern näher als dem Volk. Die Verwirklichung sozialer Gleichheitsgrundsätze steht hier nicht im Vordergrund. In Deutschland hat sich die Nation eben nicht als Staats-Nation bzw. im Sinne von Staatsvolk formiert. *Germania* erfuhr bis 1806 durch das Heilige Römische Reich Deutscher Nation Wertschätzung. Im Kontext nationaler Bewegungen, die im 19. Jh. zunächst vor allem der Befreiung von Fremdherrschaft (Napoleon) gelten, legitimiert *Germania* die Rückbesinnung auf die alten Monarchien und die ersehnte altdeutsche Reichsfreiheit. (1798 steht sie allerdings auch im Mittelpunkt antidynastischer nationaler Bewegungen.) Sie trägt den Schleier als Zeichen der Trauer und den Reichsapfel als Symbol der Einheit und wird Sinnbild des deutschen Bundes. Eine bekannte Formgebung der *Germania* im deutschen Kaiserreich zeigt diese als brustgepanzerte Kriegsgestalt. Dies entspricht dem Heldenmythos der jungfräulichen kriegerischen Töchter im Dienste des Kriegsgottes. *Germania* als Wacht am Rhein trägt ebenfalls ein Kettenhemd. Nach 1870 mahnt sie die Erinnerung an die Toten an. *Germania* trägt weitgehend eine waffenführende Einheitsbotschaft ohne Freiheitsanspruch mit sich. Freiheitsmützen finden sich fast nur in Karikaturen. Marie-Louise von Plessen sieht in den *Germania*-Darstellungen auch die Mutterfunktion realisiert. In jedem Fall machen die Darstellungen mit den ihnen eigenen entsexualisierten Umkehrungen die *Germania* mit ihrer weiblichen Körperlichkeit für den männlichen Blick brauchbar (von Plessen 1998). Das Verschwinden der *Germania* zeigt – gerade im Kontrast zum Fortbestand der *Marianne* – das schwierige Verhältnis der Deutschen zur Nation an. (Einen ausführlichen Vergleich von *Marianne*- und *Germania*-Darstellungen findet man bei von Bruchhausen 1999.)

2 Neue Gründungsmythen und die „Synthese" der Nation

Die zweite Periode der Nationenbildung ist als die Zeit der großen nationalen Synthese in die Geschichte eingegangen. Sie fällt historisch politisch in die Zeit der sich konsolidierenden Dritten Republik (letztes Drittel des 19. Jhs.). Hier wird ein konsensfähiges Nationenkonzept notwendig, das nach dem Preußisch-Französischen Krieg von 1870/71 die Nation einen und für den Kampf um die Wiedererringung von Macht und Ansehen der französischen Nation mobilisieren soll. Eine politisch kulturelle Einigung und Legitimation der Nation war notwendig geworden, zumal Frankreich im September 1870 in Sedan nicht nur eine schmachvolle Niederlage erlitten hatte (s. auch Kapitel 4). Frankreich war auch wirtschaftlich ins Hintertreffen geraten, vor allem gegenüber Großbritannien, den USA und Deutschland. In diesen Kontexten ging es darum, die inneren Spaltungen möglichst zu überwinden, die das Land in *deux Frances*, das katholisch, monarchistische und das republikanisch, laizistische, gespalten hatte. Das gesamte 19. Jh. war von diesem Gegensatz geprägt. Beide Seiten hatten in diesem Konflikt ihre Symboliken entwickelt und eingesetzt. Nun sollten Gründungsmythen entstehen, die auch die Gegner der umstrittenen Revolution (und Republik) in die Nation einzubeziehen vermochten.

Nationale Synthese

Drei Merkmale werden in dieser Phase der nationalen Mythenbildung besonders wichtig: Erstens werden Mythen verbreitet, die auch im monarchischen Frankreich wurzeln. *Jeanne d'Arc* wurde z.B. nach 1870 die *Bonne Lorraine*, die in dieser Zeit alle Patrioten, unabhängig ihrer politischen Überzeugung repräsentierte. Sie gilt hier als Symbol der Hoffnung und der Revanche. Für die Akzeptanz der königstreuen Jungfrau von Orléans durch die Republikaner hatte der Historiker MICHELET in seiner berühmt gewordenen *Histoire de France* wichtige Vorarbeit geleistet. Hierdurch war sie schon 1841 zur Nationalheldin avanciert. Zu den wichtigen Akteuren dieser großen nationalen Synthese gehören also die Historiker, die die nationale Geschichtsschreibung in den Dienst der Schaffung von nationalen Gründungsmythen stellen. Neben ihnen sind die Schulpolitiker, Schulbuchautoren und Lehrer zu nennen.

Neue Mythen

Zweitens zeigen sich die nationalen Gründungsmythen der zweiten Phase außerdem in zwei von einander zu unterscheidenden schriftlichen Kommunikationskreisen mit unterschiedlichen inhaltlichen und formalen Bezügen. Ein wichtiges Element der nationalen Mythenbildung für den populären Bereich ist der Galliermythos. Im elitären Kommunikationskreis spielt die Ausformung des Klassikerkanons, der *grands auteurs classiques du 17e siècle* eine ähnlich wichtige Rolle.

Differenzierung: populär und elitär

Verbreitung	Diese Differenzierung hängt drittens mit der neuen Qualität der Kommunikationsnetze zusammen. 1881/82 wurde in Frankreich die allgemeine Schulpflicht eingeführt, die Alphabetisierung findet hiermit ihren Abschluss. Die öffentliche Schule und öffentliche Plätze bilden die wichtigsten Orte, an denen die Idee der Wir-Gemeinschaft Nation zur gesellschaftlichen Wirklichkeit ausgeformt wird. Ältere (mit der Revolution verbundene) Mythen werden gefestigt und die neuen Gründungsmythen popularisiert. Soziologisch lässt sich feststellen, dass in der Periode zwischen 1870 und 1910 das Nationale als wichtige Identitätsgrundlage bei der Quasi-Mehrheit der französischen Bevölkerung ausgebildet ist.
„Nos ancêtres, les gaullois"	Bei den nun entstehenden Gründungsmythen erweist sich ein generelles Merkmal der Mythen als besonders wichtig: Sie belegen keineswegs das wirkliche Alter der Nationen, sondern sie maskieren vielmehr deren Gründungsakte. Die Tatsache, dass die Entstehung der Nation mit Brüchen verbunden ist (mit Zerstörung, Auflösung vornationaler Zusammenhänge und Kulturen) ist für die Stiftung von Gemeinsamkeit störend. Deshalb erinnern sich Nationen nicht gern an die Gründungszusammenhänge, deshalb wird zum Mythos gegriffen. Mythen funktionieren wie Deckerinnerungen. Funkelnde Erzählungen, die von den (imaginierten) ruhmreichen Anfängen einer Nation, von ihrer Bewährung gegen Unterdrücker oder äußere Feinde, ihrer inneren Festigung und ihrem gegenwärtigen oder doch in naher Zukunft bevorstehenden Triumph berichtet, ersetzen die Geschichte. Sie können dabei vor allem auch aktuelle Niederlagen und Schmach in Vorzeichen kommender Größe verwandeln (Germer 1998). Das ist für den Galliermythos zentral.
Der Galliermythos	Für den Galliermythos ist VERCINGETORIX die wichtigste Bezugsperson. VERCINGETORIX ist jener gallische Feldherr, der im Jahr 52 v. Chr. von römischen Truppen geschlagen wurde. In der Folge dieser Niederlage wird ganz Gallien besetzt. VERCINGETORIX ergibt sich und legt Cäsar als Zeichen der Niederlage seine Waffen zu Füßen. Neben VERCINGETORIX spielen jedoch weitere Elemente eine Rolle, um den Galliermythos zu konstituieren: der *coq*, der gallische Hahn, und die *gauloiserie*.
Gesellschaftlicher Aufstieg des Galliermythos	Bis zum Zweiten Kaiserreich fehlt die gallische Zeit fast völlig in der französischen Geschichtsschreibung. Wenn sie hier erwähnt wird, dann als eine Art Einleitung zu einer ruhmreichen Geschichte, die erst später (wechselnd mit Römern oder Franken) beginnt. Von VERCINGETORIX ist in solchen Einleitungen nicht die Rede. Dominant blieb vielmehr eine Geschichtsbetrachtung aus der Sicht der Monarchie. Frankreich erscheint als Produkt der Königsherrschaft. (MAURRAS spricht auch später noch von den

quarante Rois qui en dix siècles ont fait la France.) Die Ursprünge Frankreichs beginnen hier mit dem Merowinger König CHLODWIG, der als erster in Paris residiert und sich als erster zum Christentum bekennt. Diese monarchische und religiöse Sicht auf die Gründungsphase Frankreichs hatte schon in der Zeit der Revolution die Opposition von Republikanern und Verfechtern der *laïcité* hervorgerufen. Gallien eignete sich dafür gut, denn die Gollier in der Zeit des Cäsar (auch VERCINGETORIX) waren Heiden. Sie definierten sich nicht nach dynastischen Grundsätzen, was der Betonung des Volkes durch die Revolutionäre näher kam. In der Revolution, die einen Kult der römischen Republik betrieb, blieb Gallien im Schatten der Antike. In dem Maße wie aber nach der Revolution die Monarchie wieder an Boden gewinnt, kommt die Idee einer nichtmonarchischen und weltlichen Gründungsgeschichte wieder auf und wird von dem weltlich gesinnten Minister VICTOR DURUY im Zweiten Kaiserreich gefördert.

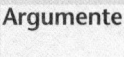

Anfangs werden vor allem zwei Argumente, ein geographisches und ein völkerpsychologisches angeführt. Das geographische ging von einer weitgehenden Identität des gallischen und französischen Territoriums aus. Das völkerspychologische Argument stellte auf der Grundlage der berühmten Texte von Cäsar eine Ähnlichkeit gallischer und französischer Charaktere fest. *„comme nos ancêtres nous serions vaillants à la guerre mais éloquents et querelleurs dans la vie publique ordinaire."* (zit. nach Agulhon 1998: 297). Diese Thesen finden Verbreitung, obwohl offensichtlich war, dass sie sehr fraglich sind (die Gallier waren mit blonden Haaren und blauen Augen beschrieben). Agulhon schreibt dazu: *„Cependant si fort était le besoin collectif de fonder le patriotisme français sur un puissant mythe originel progressiste que les arguments favorables à la continuité Gaule-France devaient l'emporter, au temps de la République, sur les objections."* (Agulhon 1998: 297). An diesem Beispiel zeigt sich deutlich der verklärende Charakter der Mythen.

Ein weiteres Element, das den Erfolg des Galliermythos im 19. Jh. begründet, ist die *gauloiserie*, der so genannte gallische Geist. Mit ihm werden Werte verbunden, im Namen derer die Republikaner um die Macht ringen: Patriotismus und Demokratie. Die Ideologie von Freimaurern und Freidenkern, deren Einfluss in der Dritten Republik nicht zu unterschätzen ist, verbindet sich im 19. Jh. mit der *gauloiserie*. Hier wird eine Beziehung zwischen Heiterkeit, Lebensfreude sowie Offenheit für einfache fleischliche Gelüste und dem Antiklerikalismus hergestellt. Der Rabelais'sche Geist galt im 19. Jh. als links, wohingegen der victorianische protestantische Puritanismus als konservativ angesehen wurde. Freidenker und Freimaurer waren politisch weltlich und in ihren Lebensmaximen hedonistisch. Es ist diese Verbindung, die man immer häufiger mit

Gallien gleichsetzt, denn das Wort *„gaulois"* evozierte vor allem einen sehr frühen, nichtchristlichen Zustand. In diesem Sinne konnte der gallische Geist, der Lebensgenuss und Weltlichkeit verband, eine wichtige Stütze für die Dritte Republik werden, die sich als demokratisches und patriotisches Gegenmodell zur Monarchie darstellte. Zunächst sind es die berühmten Historiker wie MICHELET, LAVISSE u. a., die in ihren Werken die Nation preisen. MICHELET, der von Frankreich als einer Person spricht, hat in poetischer Sprache facettenreich der Liebe zu Frankreich gehuldigt, zur *terre française*, zur *âme française*, die sich mit der Liebe zur Menschheit verbindet. *„Cette nation, a deux choses très fortes que je ne vois chez nulle autre. Elle a à la fois le principe et la légende, l'idée plus large et plus humaine, et en même temps la tradition plus suivie."* (zit. nach Winock 1982: 14). Die öffentlichen Volksschulen, die eine konsequent nationale *instruction civique* auch im Leseunterricht betrieben, bildeten dann die wichtigsten Medien, um den Galliermythos zu verbreiten. Zwei populäre Schulbücher der damaligen Zeit, das Geschichtslehrwerk nach ERNEST LAVISSE (Petit Lavisse) und das Lesebuch *Le tour de la France par deux enfants* von G. BRUNO, die in hohen Auflagen und mehreren Ausgaben Verbreitung fanden, haben dabei eine wichtige Rolle gespielt.

Vercingeto-rix-Mythos

Frankreichs Geschichte beginnt in den Lehrwerken mit den gallischen Kriegen, Alésia ist die erste Schlacht und VERCINGETORIX der erste *grand homme*. *„Notre pays s'appelait jadis la Gaule et ses habitants les Gaulois."* Dieser Satz prägt sich tief in das Bewusstsein aller Schüler ein. Analysen der Schulbücher zeigen, dass VERCINGETORIX die Schlüsselrolle im Galliermythos zugewiesen wird. Dieser gehört als Typ zu jenen Mythen, die von einem glorreichen Untergang und einem nationalen Helden erzählen. Ein solcher Typus ist auch in anderen Ländern zu finden (siehe dazu E. François, H. Schulze 1998). Betrachtet man die Darstellungen der Gallier in den Schulbüchern jener Zeit, so fällt jedoch eine durchaus zwiespältige Bewertung auf: Die Gallier sind, im Vergleich zu den Römern, wenig zivilisiert, VERCINGETORIX ist aber trotzdem (bzw. auch deshalb) der größte Held der französischen Geschichte. Gepriesen wird sein Widerstand gegen den römischen Einfall, auch wenn die Römer die Zivilisation bringen. (Auch die Darstellung der römischen Eroberung ist somit zwiespältig.) Die Invasion und der Sieg der Feinde sind Zeichen der Überlegenheit der römischen Zivilisation, doch der Widerstand gegen die Usurpatoren ist notwendig, ein bereicherndes Ereignis, das Frankreichs ruhmreiche Geschichte einleitet.

Patrio-tisches Vorbild

Wichtig sind die Charakterzüge von VERCINGETORIX: Mut, Schönheit, Stärke, Stolz. Die Ursache der Niederlage war zwar die materielle Überlegenheit der Römer, doch das Scheitern der Gallier unterstreicht vor allem ihre Fehler; sie waren zerstritten, es fehlte

an Zusammenhalt, was als Leichtfertigkeit ausgelegt wird. VER-
CINGETORIX' Reife und seine unbeirrbare Vaterlandsliebe konnten
diese Schwäche nicht kompensieren. Mangelnder Patriotismus
der uneinigen Stämme wird beklagt. Die Darstellungen überlie-
fern damit eine zweifache Botschaft:

1. Als moralische Lektion lehrt sie, wie sehr die nationale Einig-
   keit Voraussetzung für den Sieg ist und die Uneinigkeit der Par-
   teien die Ursache des Unglücks des Vaterlandes.
2. Außerdem zeigt sie, dass Kapitulation gerechtfertigt werden
   kann, wenn die militärische Situation hoffnungslos ist, denn
   sie rettet das Volk.

VERCINGETORIX vollbringt so die Einigung der Franzosen und
opfert sich verantwortungsbewusst anstelle des Volkes. So wird
Gallien zum wahrhaften Ursprung Frankreichs, eine selbstbe-
wusste unabhängige Einheit. VERCINGETORIX als patriotisches
Vorbild verkörpert dieses Bewusstsein durch seinen hartnäcki-
gen Kampf (siehe dazu: Germer 1998).

Wichtig ist die Bedeutung des Galliermythos im Gefüge anderer
nationalen Mythen (die Taufe CHLODWIGS, JEANNE D'ARC). Mit der
Neubewertung der gallischen Geschichte wird der Grundstein für
die Säkularisierung der Geschichte der *France éternelle* gelegt. Vor
allem jedoch akzentuiert der Mythos Parallelen aus dem alten
Gallien zu der historischen Situation der französischen Niederlage
1870. Die Funktion liegt auf der Hand: Der VERCINGETORIX-Mythos
vermag die gegenwärtige Niederlage in einen positiven Kontext
zu stellen und somit umzuinterpretieren. Die Niederlage wird zum
Vorzeichen eines künftigen Sieges.

La France éternelle

Ein zweiter Aspekt ist jedoch ebenso wichtig: VERCINGETORIX ist
eine populäre Figur. Seine Eigenschaften sind jene, welche die
Vaterlandstreue, Mut, Opferbereitschaft. In VERCINGETORIX soll
sich vor allem das Volk wiedererkennen.

Popularität

   Die Verehrung des VERCINGETORIX verbindet also im spezifischen Zeitgeist von 1870, die demokratischen und volkstümlichen
Grundlagen der französischen Geschichte und den patriotischen
Widerstand gegen die ausländischen Feinde. In dieser Interpretation wird VERCINGETORIX am Ende des 19. Jhs. parallel zu CHLOD-
WIG als Vorkämpfer für nationale Unabhängigkeit – auch von den
Konservativen anerkannt, auch wenn VERCINGETORIX hier nicht
die gleiche Ehrung findet wie der Merowingerkönig. (Siehe auch
die spätere Einvernahme von VERCINGETORIX durch LE PEN.)

Der Galliermythos konnte durch die differenzierte Darstellung der
Gallier auch den Ausbau des französischen **Kolonialreiches**
rechtfertigen, der im letzten Drittel des 19. Jhs. forciert betrieben
wurde. Die Niederlage der Gallier, die in der Mythologie als Vo-

Recht-
fertigung
der *mission
civilisatrice*

raussetzung für den Zugang zur Zivilisation erscheint, liefert eine der Legitimationsgrundlagen für die Kolonisierung der afrikanischen und asiatischen Gebiete, die im Namen der *mission civilisatrice* von Frankreich unternommen wurde. Über die Schule hinaus wird eine breite Pädagogik der Monumente entfaltet. Auf vielen öffentlichen Plätzen werden VERCINGETORIX-Statuen errichtet.

Le coq, der gallische Hahn

Zeitgleich avanciert ein weiteres Symbol, das den Galliermythos stützt, der Hahn. Der Hahn, der auf den Glockentürmen wacht, ist sehr alten Ursprungs, christlich oder christianisiert. Er wurde jedoch für den gallischen, weltlichen Mythos erst fähig gemacht. Dazu wurde die semantische Nähe des Lateinischen *gallus (coq)* und *Gallus (Gaulois)* nutzbar gemacht. Der gallische Hahn erscheint bereits 1830 als quasi offizielles antiklerikales und patriotisches Symbol und wird später in den republikanischen Staatsformen zum Nationalsymbol. Der gallische Hahn, der 1900 am Südtor des Elyséepalastes angebracht wird, symbolisiert das öffentliche Selbstverständnis der nun gefestigten Republik und kann als Zeichen eingesetzt werden, in dem sich auch das Volk erkennt. So vorbereitet, kann der Galliermythos zur patriotischen Mobilisierung vor und im Ersten Weltkrieg eingesetzt werden.

Flügelhelm der Gallier

Auf Plakaten und in Pressezeichnungen wird die französische Republik häufig nicht mit der phrygischen Mütze, sondern mit dem Doppelflügel tragenden Helm, der zum Gallierhelm stilisiert wird, abgebildet. Dies ist ein wichtiges Indiz für das fortschreitende Verdrängen der antiken durch eine gallische Symbolik. VERCINGETORIX ersetzt Minerva. Der Verzicht auf den Ruhmeshelm erklärt sich mit dessen Verwendung durch Britannien und dem Bestreben ihn durch einen französischen zu ersetzen, der möglichst eine weit zurückreichende, glorreiche Geschichte anzeigen konnte. Der Galliermythos war ausreichend verbreitet, um den gallischen Helm zu wählen und damit die französische Eigenart zu kommunizieren, in der sich die Allgemeinheit wiedererkennen konnte.

Symbolik im Krieg

Ähnliches trifft für die immer häufigere Wahl des gallischen Hahns auf Plakaten und auf Kriegerdenkmälern zu. Der Hahn avanciert zum französischen Nationalsymbol im Kontext der Abgrenzung zu Britannien (Löwe) und zum deutschen Feind (Adler). Auch wenn der Hahn eher robust als nobel erscheint, so ist er in der Zeit des Ersten Weltkrieges bereits veredelt durch die Galliermythologie und symbolisiert neben Wachsamkeit und Stolz somit vor allem die *ancienneté* der letztlich siegreichen französischen Nation.

Symbolik im Alltag

Die Gallier sind aber auch präsent im alltäglichen Leben: 1910 verkauft die *Régie française des tabacs* die ersten *Gauloises*. Die Gallier werden ein Markenzeichen, noch immer präsent in der Zeit der Massenkonsumgesellschaft. Heute schmückt der Hahn die Trikots der französischen Fußballnationalmannschaft.

3 Grenzen der Synthese

Obgleich die nationale Synthese also wesentlich gelang, zeigt sich im 20. Jh., dass sie bis heute äußerst spannungsreich blieb. *Les deux France* – das republikanisch, laizistische und das katholische (monarchische) – blieben auch im 20. Jh. Polarisierungen innerhalb der französischen Gesellschaft. Erst 1996 zeigte sich dies, als das katholische Frankreich die 1500-jährige Wiederkehr der Taufe CHLODWIGS feierte und dabei ein Deutungsstreit um die Wurzeln der französischen Nation ausgetragen wurde. Hierbei hatten auch die Symbole der *deux France* – in diesem Fall *Marianne* vs. *Clovis* – eine wichtige Erkennungsfunktion. Auch die politische Einvernahme der einstigen nationalen Symbolfigur *Jeanne d'Arc* durch die Rechtsextreme um LE PEN verweist auf die konfliktuelle Lage der einheitlichen Nation und ihrer Symbolik.

Marianne vs. *Clovis*

4 Asterix – ein moderner Galliermythos?

Untersuchungen der *bandes dessinées*, die die Geschichten um *Astérix* erzählen, sind in vielerlei Hinsicht eine lohnenswerte Aufgabe. In unserem Kontext stellt sich die Frage nach Zusammenhängen zwischen traditionellem Galliermythos und den Asterix-Fiktionen. 1996 fand eine vielbeachtete Ausstellung des *Musée national des Arts et Traditions populaires* statt. Auf der aus diesem Anlass stattfindenden wissenschaftlichen Tagung zum Thema *gaulomania* kamen namhafte französische Historiker und Ethnologen zusammen. Im Ergebnis waren sich alle einig: **Asterix ist ein moderner nationaler Mythos.** In welcher Weise steht dieser neue Mythos mit dem alten Galliermythos in Zusammenhang? In Frankreich zumindest, so die Erkenntnis, erklärt sich der Erfolg um Asterix durch eine den Geschichten inhärente Metamorphose des Galliermythos. Der Geist des Widerstandes ist auch in den Geschichten um Asterix unbestritten präsent. Der neue Mythos kehrt dabei einen wichtigen Aspekt des alten Mythos um, der in der Ära Frankreichs als Kolonialmacht tragend war: Der früher imperiale Anspruch greift in der Zeit der nationalen Unabhängigkeit der ehemaligen Kolonien nicht mehr. Die Idee des Widerstands gegen imperiale Mächte wird nunmehr zu einem zeitgemäßen neuen Mythos, den Asterix verkörpert. Asterix wäre somit eine zeitgemäße Antwort auf die Veränderungen, die sich historisch mit dem Untergang des französischen Kolonialreiches erge-

Metamorphose des Galliermythos

ben haben. Insofern besteht in dem neuen Mythos Asterix auch eine Verbindung zu dem Ursprungsmythos, dem Widerstand leistenden Vercingetorix. Nur wird dieser von seiner imperialen Interpretationsvariante befreit.

Popularität und Unbesiegbarkeit

Asterix ist wie Vercingetorix ein populärer Volksheld. Anders als dieser aber, gilt Asterix als unbesiegbar. Im Asterixmythos werden alle Register gezogen, um den Kampf zwischen Mächtigen und Nichtmächtigen zu erzählen. Auf humoristische, burleske Weise wird dabei allerdings ein universeller Traum in vielen Facetten und Anachronismen erzählt: nicht Zurückweichen vor der Macht der Mächtigen, die dem Individuum Zwänge auferlegen wollen. Zeitgemäß ist auch die Erzählweise, nicht belehrend, vielmehr humoristisch in Verbindung von Bild und kurzen Texten, für den Massenkonsum geeignet und doch nicht trivial. Wie jeder Mythos hat Asterix die Funktion, mehr oder weniger unbemerkt, Sicherheit zu stiften.

Nationale Unabhängigkeit

Der französische Historiker M. Agulhon vertritt im Übrigen die These, dass Erfolg und Metamorphose des Asterix-Mythos in Frankreich mit jener Ideologie der nationalen Unabhängigkeit verknüpft sind, die Charles de Gaulle seiner politischen Strategie nach dem Zweiten Weltkrieg zugrunde gelegt hat. Widerstand gegen imperiale Mächte, dies war nicht nur eine Maxime, die aus realpolitischen Gründen die „Entlassung" der französischen Kolonien tolerierte (die nationalen Unabhängigkeitskriege ließen kaum eine andere Wahl), sondern auch eine Strategie, die französische Außenpolitik in den 50er/60er Jahren (insbesondere gegenüber den USA) prägte. De Gaulle hätte somit eine wichtige Brückenfunktion bei der Erneuerung des Galliermythos gespielt (Agulhon 1998).

4 Manifestationen des Selbstverständnisses

1 Das 17. Jahrhundert und die Konstituierung einer Nationalliteratur

Elitärer Mythos

Ein nationaler Mythos für die Elite der Nation entsteht im 19. Jh. in Form der Aufbereitung der Literatur des 17. Jhs. als Kern der französischen Nationalliteratur und deren Fixierung zum *noyau dur* des Klassikerkanons. Viele Generationen der Führungsschichten in der französischen Gesellschaft werden nach den moralischen und ästhetischen Modellen jener Klassiker ausgebildet. Corneille, Racine, Molière avancieren in dieser Zeit zum klassischen Dreigestirn par excellence.

Warum eignete sich das 17. Jh. als ein Jahrhundert der Blüte feudalabsolutistischer Herrschaft im 19. Jh. für die Konstiuierung einer Nationalliteratur? H. U. Gumbrecht weist darauf hin, dass im Verlauf des 19. Jhs. ein Perspektivwandel im Rekurs auf die Literatur des 17. Jhs. zu beobachten ist. Dabei werden die Werke des 17. Jhs., die bereits als Klassik bezeichnet sind, als Erfahrungsgegenstände von ihrem Entstehungskontext getrennt. Damit ist erst möglich, dass überzeitliche Klassiker eine „überzeitlich nationale Identität" zugänglich machen können. VICTOR COUSIN kann bereits 1853 auf einen weitgehenden Konsens mit den Lesern bei der Bewertung der Kunst des 17. Jhs. als Nationalkunst bauen, wenn er die Feststellung trifft: *„nous professons une admiration sérieuse pour notre art national du XVIIe siècle, parce que ... nous y trouvons ... la grandeur unie au bon sens et à la raison, à la simplicité ..."* (zit nach Gumbrecht, 1985: 467). Die Prädikate Menschenverstand, Vernunft, Schlichtheit, Kraft werden für die Bewertung der Literatur des 17. Jhs. herangezogen. Sie sind hier als allgemeine Charakteristika, in einem transzendentalen anthropologischen Sinne gebraucht, die für jedermann akzeptabel, also zur Herausbildung eines nationalen Konsens geeignet ist. Gleichzeitig wird von COUSIN an den Autoren des 17. Jhs. das Genie der Komposition und des Ausdrucks hervorgehoben, was als Appell zur Bewunderung großer Autoren der Vergangenheit aufzufassen ist.

Les auteurs classiques

Wir folgen Gumbrechts These, die davon ausgeht, dass sich im 19. Jh. eine spezifische Funktion des Literaturkanons in der bürgerlichen Gesellschaft herausbildet: nämliche deren Kompensations- und Vermittlungsfunktion. Das 19. Jh. zeigt einen Dissenz zwischen dem vom Bürgertum präsentierten Anspruch an, mit dem neuen Staat die Nation (alle *citoyens*) zu repräsentieren und der Realität. Das 19. Jh. ist von vielfältigen sozialen, politischen, kulturellen Widersprüchen und blutigen Kämpfen geprägt. Im 19. Jh. sehen deshalb die um Festigung politischer Macht durch nationale Konsensbildung ringenden Teile des Bürgertums das 17. Jh. als eine Zeit an, die für die Eliten (Anhänger und Gegner der Republik) nicht als dunkle Zeit gelten musste. Sie war noch monarchisch feudal, vom Bürgertum mitgetragen und doch kündigten sich die gesellschaftlichen Wandlungsprozesse schon an. Sie war noch christlich, religiös, aber die traditionelle Theologie bereits angetastet. Insofern ist die Harmonie ausschlaggebend, die sich im Absolutismus des 17. Jhs. auf einer realen Interessengemeinschaft zwischen Aristokratie und Bürgertum gründet. Das *honnêteté*- und *bienséance*-Ideal des 17. Jhs. wird im 19. Jh. als eine die Gesellschaft sichernde Lebensnorm vermittelt, die auf deren Harmonisierung gerichtet ist.

Funktion des Literaturkanons für das 19. Jh.

Literatur-kritik und Literatur-geschichts-schreibung	Heinz Thoma hat diesen Prozess der Enthistorisierung und Anthropologisierung der Literatur des 17. Jhs., der zugleich in seinen politischen Funktionssetzungen verdeckt bleibt, in der Literaturkritik und Literaturgeschichtsschreibung untersucht. Als soziale Akteure, die am Anfang dieses Prozesses stehen, sieht er das französische Großbürgertum, während die mittleren Schichten und das Kleinbürgertum zunächst noch die Literatur der Aufklärung als Referenz reklamieren, um eigene politische Ziele durchzusetzen. Dies gilt für eine Zeit, in der um die Herrschaft noch gerungen wird, die bürgerliche Republik noch nicht gefestigt ist. Damit verbunden ist eine Traditionslinie, die später in Vergessenheit gerät, bei der das 17. Jh. und seine Literatur noch kritisch betrachtet werden. Für eine Traditionsbildung wird sie sogar für unbrauchbar gehalten. So qualifiziert Edmond Schérer 1870 die Literatur der Klassik als eine *„littérature artificielle, littérature de Cour"*, weil eine *nation proprement dite* fehle (zit. nach H. Thoma 1977: 169). Andere Beispiele lassen sich finden, in denen Künstlichkeit und Galanterie als spezifisch für die höfische Literatur und damit als Hindernis für die Rezeption durch das Bürgertum angesehen werden. Doch bereits im *Premier Empire* setzt eine Aufwertung des *Siècle de Louis XIV* ein.
Verbürger-lichung der klassischen Epoche	Einen ersten Höhepunkt findet diese Entwicklung mit der Literaturgeschichte NISARDS, die in der Julimonarchie erscheint. Thoma sieht schon bei NISARD die Hauptlösung der Vermittlungsproblematik angezeigt: in der Verbürgerlichung der klassischen Epoche, bei der *création, goût, ordre, unité* zu Vorzügen dieser Epoche deklariert werden: *„Le jour où Louis XIV donna des pensions aux gens des lettres, au nom de l'État, il les mit hors de servitude (...) Dès lors flatter n'était plus nécessaire."* (D. Nisard. *Histoire de la littérature française*, I, Paris. Zit. in Thoma 1977: 170). NISARD konzipiert seine Literaturgeschichte bereits in nationalistischer Verengung als Geschichte des französischen Geistes, der *le protrait de la raison elle-même* sei und als Vorbild *le plus des traits essentiels* des menschlichen Geistes in sich vereinige. Bei NISARD verbinden sich Attacken gegen Überfremdung, romantische *sensibilité* und Geniekult. Außerdem werden weitere Bestimmungen des französischen Geistes wie *raison, mesure, discipline, sérénité* vorgenommen.

Die Aufwertung der Literatur des 17. Jhs. setzt sich in dem Maße fort und durch, wie sich die bürgerliche Macht politisch festigt (zur Veränderungen in der Sicht auf die Klassik im 20. Jh. siehe Thoma 1977: S. 171 ff.). Zu unterstreichen ist, dass das 17. Jh. lange Zeit Identifikationsmuster für den bürgerlichen Nationalismus und Vorbildjahrhundert für politisch-didaktische Zwecke bleibt.

Die Schulbildung der Eliten blieb dem Kult des 17. Jhs. ebenso verhaftet und hat wesentlich zur Legitimation des 17. Jhs. beigetragen. Dabei war die Schulbildung für die Elite der Nation nach der Revolution noch weitgehend an klassischen Idealen orientiert, d. h. die alten Sprachen und antike Texte bildeten das Herzstück. Im Verlauf des 19. Jhs. wird – anders als in der Primarschule, die eine rudimentäre nützlichkeitsorientierte Bildung und Erziehung verbreitet – nur sehr langsam und spät das Französische und mit ihm französische Literatur in die *lycées* eingeführt. In der Elitebildung folgt das französische Bürgertum gern den aristokratischen Modellen, indem es sich als führende gesellschaftliche Schicht durch eine *„culture désintéressée“* als „nützlichkeitsfrei“ deklarierte Bildung ausweist. Damit unterscheidet man sich von der Masse. Das *lycée* (das 1880 von nur rund 1% aller Schüler besucht wurde) *„ne prépare pas aux tâches productives, il en détournerait plutôt (...) L'école ne forme pas d'ouvriers. Le seul type humain, abstrait et universel que forme vraiment l'école, c'est le fonctionnaire.“* (A. Prost, 1968: 349). Alte Sprachen und antike Texte galten hierfür noch lange (bis in die 60er Jahre des 20. Jhs.) als die geeignetsten Mittel.

Pädagogischer Kult des 17. Jhs.

Es ist das Werk der Republikaner, unter ihnen vor allem JULES SIMON und JULES FERRY, die 1872 französische Autoren für die Abiturprüfungen einführen und ab 1880 weiter aufwerten. Dies steht im Zusammenhang mit den bereits erwähnten Bedürfnissen nach nationaler Konsensbildung (1870) und der Festigung der Republik. Dadurch erst erhalten die in den Kanonlisten bereits seit Anfang des 19. Jhs. figurierenden französischen Autoren eine gleichrangige Bedeutung mit den antiken Autoren. Um deren Auswahl und zentrale Funktion für die nationale Elitebildung zu verstehen, ist es wichtig, diese im Gesamtkonzept der *culture générale* zu sehen. In Bezug auf die soziale Distinktion übernehmen die französischen Autoren und Texte die gleiche Funktion wie einstmals die antiken Vorbilder. Das heißt, auch **das französische Bürgertum profiliert sich zur Elite der Nation mit und durch literarische Bildung.** (In den 1960er Jahren wird deshalb literarische Bildung zur Zielscheibe der Kritik von Soziologen und Literaturkritikern – BOURDIEU und BARTHES – die die Literatur des 17. Jhs. als bürgerliche Klassenbildung denunzieren.)

Literarische Bildung

Das 17. Jh., *le siècle classique*, bildet den harten Kern der *auteurs classiques* (eine tautologische Bezeichnung für jene Autoren, die in den höheren Schulen studiert werden; denn klassisch wird immer mehr, was Eingang in die Schule findet, wobei die Kriterien der Auswahl niemals strikt festgelegt worden sind). Der Kanon, im Sinne einer Liste zu studierender Autoren und Texte, zeigt eine schulische Adaption des oben beschriebenen Rezeptionswandels der Literatur des 17. Jhs. in der Literaturkritik und -geschichts-

Kanon

schreibung. Insofern gilt auch hier zunächst die angenommene Prämisse, dass die ausgewählten Autoren und Texte besonders geeignet seien, um die ewigen menschlichen Werte und Tugenden, die sich in der Triade vom Guten, Wahren und Schönen konzentrieren, zu vermitteln. Dies ist ein Vorgehen, das an die klassisch-humanistische Bildung nahtlos anschließt. Neu ist hingegen, dass die Studienobjekte nunmehr französische Autoren und Texte sind: CORNEILLE, PASCAL, MME DE SÉVIGNÉ, MOLIÈRE, LA FONTAINE, BOSSUET, RACINE, BOILEAU, LA BRUYÈRE, FÉNÉLON (Autoren des 17. Jhs. in den Programmen der *lycées* 1880).

National-patriotische Erziehung

Die Übertragung der klassisch-humanistischen Bildungs- und Erziehungsideale auf das Studium französischer Literatur ist im Bildungswesen der Weg, bei dem humanistische Erziehung national verengt und nun zu nationaler bzw. nationalistischer Erziehung eingesetzt wird. Die anthropologisierenden Rezeptionsweisen der Literatur des 17. Jhs. machen es möglich, Brücken zu schlagen: Die traditionellen *professeurs de lettres classiques* vermögen festzuhalten an ihrer Auffassung von der Lehrbarkeit allgemeiner menschlicher Tugenden, des guten Geschmacks und Stils. Alle einflussreichen Bildungspolitiker und -strategen sind nach traditionellen Modellen ausgebildet. Außerdem spielt eine Rolle, dass literarische Texte des 17. Jhs. gewählt werden, die bewusst an antike Modelle anknüpfen, also Ähnlichkeit mit dieser aufweisen (antike Stoffe, klassischer Regelkodex, vor allem Tragödien und Komödien). Auch die moralisch-erzieherischen Lehren klassischer Tragödien und Komödien von CORNEILLE, RACINE, MOLIÈRE treffen das Bildungsanliegen der Traditionalisten. Der konservative Kritiker BRUNÉTIÈRE bezeugt dies in seiner Verteidigung des französischen 17. Jhs. (gegen das 18. Jh.):

C'est leur prose et leurs vers qu'on apprendra par cœur; et après avoir commencé par eux, c'est par eux que l'on finira. Immobilisées en quelque manière comme les anciens dans une attitude éternelle de génie et de majesté; ils prendront dans notre enseignement secondaire la place laissée vacante par les Virgile et les Cicéron, les Tite-Live ou les Horace. Leurs textes contracteront ainsi quelque chose de l'autorité qui a été si longtemps celle des textes latins. (Zit. nach A. Prost 1968: 65).

Tradition und Innovation

Im Bildungsbereich spielt jedoch immer mehr das Verständnis dieser Literatur als Nationalliteratur eine Rolle. Zu Beginn des 19. Jhs. setzt jener Prozess ein, in dessen Verlauf Literatur mit dem Prädikat national versehen wird. Dabei steht im Vordergrund, dass sich der Geist einer als Volk verstandenen Nation vor allem in Literatur und immer mehr in der alten Literatur artikuliert, sodass umgekehrt literarische Texte als privilegierter Zugang zum Geist der Nation geltend gemacht werden können (Gumbrecht 1985). Literatur des 17. Jhs. wird im 19. Jh. als nationale und klassische

Literatur im Bildungswesen rezipiert – damit repräsentiert sie 1880 zugleich Tradition (Orientierung an antiken Vorbildern) und Innovation (Rekurs auf Nationalliteratur und -kultur).

Die Art und Weise der Lektüre der Texte, die zunächst noch von der Rhetorik bestimmt bleibt, dann aber die Form der berühmten *Explication de texte* (ET) annimmt, speist sich vor allem aus der Bewunderung für das Genie eines Autors. PIERRE CLARAC, *inspecteur général des lettres*, der in den 1930er bis 50er Jahren in vielerlei staatlichen Funktionen die höhere literarische Bildung maßgeblich mitbestimmt hat, beschreibt dieses Literaturverständnis in der griffigen Formel von den *témoignages sacrés*, die die Stimme der Menschheit repräsentieren. Es ist die ET, die über viele Jahrzehnte (z.T. bis heute) auf allen Stufenleitern der Karriere eine entscheidende Prüfung wird, durch die dieses Literaturverständnis zur Konvention und (bestimmte) Literatur zu einem zentralen Element der Identitätsmuster der französischen Eliten wird. Die ET und der französische Aufsatz – die *disseration*, die einem strengen Aufbau folgt – zeigen zugleich, auf welchen Wegen eine solche Identitätsbildung initiiert werden soll.

Explication de texte und *dissertation*

Aufgrund der Tatsache, dass vom Gelingen oder Nichtgelingen der ET und der *dissertation* in den entscheidenden Prüfungen *(Bac, agrégation, concours ...)* nicht nur die Bildungskarriere, sondern entscheidende soziale Chancen abhängen, gibt es auf dem französischen Buchmarkt eine Fülle von Ratgebern, die helfen, die Kandidaten auf die Prüfungen vorzubereiten. Sie werden massenhaft rezipiert und verstehen sich als Handlungsanleitungen. Aus ihnen ist die Logik jener zur Norm erhobenen literarischen Praktiken ablesbar:

Normen für den Umgang mit Literatur

On vous demande avant tout du goût, une sorte de sympathie littéraire (...). Ne vous montrez jamais pédants, mais intuitifs, sensibles, pénétrants. Si vos études vous ont donné quelque humanisme, là vous en pourrez faire la preuve. (Ratgeber für eine ET 1964).

Die Normen des Umgangs mit den erwählten Texten sind als kulturell soziales Identitätsmuster konzipiert und werden durch ihren institutionellen Status als Prüfungskategorie beständig eingeübt und wiederholt. Mehrere Generationen der französischen Eliten haben sich kulturell in den zu erklärenden literarischen Texten als Angehörige dieser Elite wiedererkannt und dieses Markenzeichen „vererbt". Erst in den 1960er Jahren setzt ein entscheidender Leitbildwandel der Eliten ein, in dessen Resultat Mathematik für längere Zeit Literatur in ihrer sozialen Selektionsfunktion ablöst (Röseberg 1992).

In den beschriebenen Prozessen der Institutionalisierung von Literatur und Legitimation des 17. Jhs. zeigen sich wesentliche kulturelle Unterschiede zu Deutschland. Sie betreffen nicht nur das jeweilige Klassikerverständnis und die Kanones, sondern den unter-

Frankreich vs. Deutschland

schiedlichen Status von Literatur in der Öffentlichkeit. Während sich in Deutschland Literatur und Macht in einem schwierigen, eher distanzierten Verhältnis zueinander befinden, spielt Literatur in Frankreich für die politische Klasse eine entscheidende Rolle in ihrer Selbstdarstellung und politischen Legitimation. Dies gilt auch im Zeitalter der modernen Medien (siehe der Erfolg solcher Sendungen wie *Apostrophe, Bouillon de culture*). Der bis in die nationale Presse reichende Streit um die Reform des Literaturunterrichts im Jahr 2000 ist ein neuerliches Beispiel dafür.

2 Die dritte Periode: der Wandel im Status und Selbstverständnis der Nation

Kollektive Verunsicherung

Zieht man die öffentlichen Debatten der letzten beiden Jahrzehnte des 20. Jhs. in Betracht, so fällt auf, dass ein neuer Begriff Verbreitung gefunden hat, der der *Identité*. Zumindest hat *Identité* im französischen Kontext eine neue Bedeutungsebene gewonnen. War dies bislang ein Begriff aus dem juristischen bzw. Polizeibereich *(Déclinez votre identité)*, so wird er seit jenen Jahrzehnten in Kontexten verwendet, die mit der Frage zu tun haben: *Wer sind wir? Woher kommen wir? Wohin gehen wir?* Zugleich ist eine inflationäre Entwicklung der *commémorations* (Gedächtnisfeiern) zu registrieren. Beide Phänomene gehören in den gleichen Problemzusammenhang. Sie sind als Indiz für kollektive Verunsicherungen zu interpretieren, die im Kern vor allem die Wir-Gemeinschaft Nation betreffen.

Identität

Identität ist generell etwa seit den 70er Jahren des 20. Jhs. ein modischer Begriff geworden. Etymologisch (lat. *identitas*) gehört er in den Bereich der Logik und bezeichnet die Übereinstimmung eines Gegenstandes mit sich selbst, seine Einzigartigkeit, sein In-sich-gefestigt-sein. Die moderne Psychologie hat diesen Begriff übernommen, um damit ein wesentliches Ziel menschlichen und gesellschaftlichen Lebens zu beschreiben: das Streben nach Übereinstimmung mit sich selbst; den Wunsch zu werden, was man ist (Erik Erikson). Der Prozess der Ontogenese wird in dieser Perspektive als Prozess sozialer Selbstfindung angesehen, der sich räumlich, körperlich, psychisch, emotional und sozial vollzieht. In dieser psychologischen Dimension verweist der Begriff bereits auf kulturelle Prozesse. Sie bestehen in der Übernahme anderer und in der Entwicklung eigener Verhaltensmuster, im Einleben in soziale Situationen und Zusammenhänge, im Einüben von deren kulturellen Regeln und Praktiken, in der Übernahme von ethisch-moralischen Grundsätzen bis in den Bereich der Höflichkeit oder der Esskultur. In diesem erweiterten Bedeutungssinn meint Identität in den Gesellschafts- und Kulturwissenschaften die Kennzeichnung eines Bildes und eines Prozesses zugleich: **die Vorstellung eines sozialen So-Seins wie den Vorgang der gesellschaftlichen Aushandlung dieser Vorstellung.** Diese spielt sich damit wesentlich auch in einer kulturellen Dimension der Symbole und Gesten ab, die als Kodeformeln sozialer Wechselbeziehungen und Verständigungsprozesse fungieren: Blicke, Grußformeln, T-Shirts sind damit ebenso gemeint wie nationale Embleme am Auto (Kaschuba 1999).

Es ist umstritten, ob man von kollektiver Identität sprechen kann. Nipperdey meint z.B., dass Identität jeweils nur auf ein Individuum hin empirisch anzutreffen ist. Diese Auffassung steht jedoch nicht der Tatsache entgegen, dass kollektive Identitätsmuster in Form von Werten, Normen etc. entworfen und als solche auch von Individuen einer Gemeinschaft verinnerlicht werden. Identität im Sinne von So-Sein ist immer auf konkrete Menschen bezogen, die zugleich mehreren solcher Wir-Gemeinschaften angehören.

Kollektive Identitätsmuster

Mit dem Aufkommen der Identitätsdebatten ist eine Fülle von öffentlichen Gedächtnisfeiern zu beobachten: der Jahrestag der Landung der Alliierten in der Normandie, der Befreiung von Paris; 1988 feierten die *anciens combattants*, die politische Rechte erinnerte 1987 mit einer 1000 Jahrfeier an die Thronbesteigung Hugo Capets und 1985 gedachten die Protestanten der Aufhebung des Toleranzediktes von Nantes. Die Liste ließe sich fortsetzen. Diese Inflation war verbunden mit einer bemerkenswerten öffentlichen Präsenz von Historikern in den Medien, einer Flut erfolgreicher Literatur, die historischen Themen gewidmet war. Etwa ein Viertel aller französischen Verlage hatte sich in den 1980er Jahren wesentlich auf historische, einschließlich biographische Themen spezialisiert. Die Historikerschule *Ecole des Annales*, die eine Geschichtsbetrachtung in der *longue durée* praktiziert, war schon in den 1970er Jahren aus dem Kreis der Spezialisten herausgetreten und für ein breiteres Publikum in den Medien aufbereitet worden. Insbesondere das siebenbändige Werk der *Lieux de mémoire* (PIERRE NORA u. a.) prägte diese Ära der Erinnerungen mit und wurde euphorisch aufgenommen.

Commémorations

Welche Bedeutung hat diese Häufung der *commémorations*? Inwieweit hat die inflationäre Entwicklung der *commémorations* wie die Thematisierung von *identité* mit Verunsicherungen in der französischen Gesellschaft zu tun?

Fragestellungen

3 Pierre Nora und das Konzept der Gedächtnisorte

Standpunkt

In diesem Kontext gewinnen die Arbeiten von Pierre Nora und der von ihm neu belebte Konzeptbegriff der *Lieux de mémoire* eine besondere Bedeutung. Nora formuliert Probleme, die mit tief greifenden gesellschaftlichen Transformationsprozessen zu tun haben, die die französische Gesellschaft in der zweiten Hälfte des 20. Jhs. erfasst haben. Nora diagnostiziert das Ende des einstmals dominanten republikanischen Nationenverständnisses. Seine Auffassungen stehen exemplarisch für Vertreter eines strikt aufgefassten unitären Republikanismus.

Lieux de mémoire

Gedächtnisorte definiert Nora als die materiellen Stützen von Gedächtnisinhalten. Diese „Orte", in denen sich das Gedächtnis kristallisiert und sich wie ein Sediment niederlässt, können verschiedener Natur sein: „Feiern, Embleme, Monumente und Gedächtisfeiern, aber auch Lobreden, Wörterbücher und Museen" (Nora: VII). Diese Gedächtnisstützen sind manchmal geographische Orte; es können aber auch bedeutende Ereignisse der nationalen Geschichte, emblematische Figuren, Kultbücher o. ä. sein. Inventar und Analyse der Orte dienen dem Verständnis der „Ökonomie der Vergangenheit in der Gegenwart" (Nora: VII). Damit wird der Platz und die Bedeutung, die eine bestimmte Epoche ihrer Vergangenheit zuschreibt, verständlich, denn „es gibt eine Strategie des Gedächtnisses" (S.IX). Mit seinem Konzept der Historiographie der Gedächtnisorte will Nora Vergessen aufhalten. Für ihn ist die französische Nation, wie sie Ernest Renan bestimmte, tot. *„La nation de Renan est morte et elle ne reviendra pas."* (Nora 1992: 1009). In der inflationären Erscheinung der öffentlichen Gedächtnisfeiern in Frankreich sieht Nora ein Indiz für das Ende einer selbstsicheren französischen Nation, die ihre Legitimation aus der Geschichte bezog. Er konstatiert eine Metamorphose der *commémoration* als Erinnerungskultur, die auf einen grundsätzlichen Unterschied zwischen der *nation historique* und der *nation mémorielle* verweist, zwei Typen von Nation, die einander im Frankreich der 1970er Jahre ablösen, so die Diagnose Noras.

4 *Nation historique* versus *Nation mémorielle*

Nation historique

Die traditionelle *nation historique* – so Nora – war geprägt durch eine symbiotische Einheit von Geschichte und Nation. Die traditionelle Gedächtniskultur hatte die Funktion, Nation immer wieder neu zu konstituieren. Dabei wurde Vergangenheit an Gegenwart und Zukunft geknüpft. Diese Art der *commémoration*, eine Erfindung der Aufklärung und der Revolution, war durch die republikanische Pädagogik der Dritten Republik, wie wir sahen, für alle als kollektive Identifikationsstiftung vermittelt worden. Die *nation historique* ist bzw. war republikanisch und schloss alle bzw. jeden ein, denn angesprochen war der *citoyen*. Diese Form der Nation ist deshalb substantiell *einheitlich*, eint(e) alle als (gleiche) Staatsbürger einer *Etat-Nation*. Nation drückte sich hier vor allem in Geschichte aus und wurde so zum kollektiven Gedächtnis par excellence.

Demgegenüber sei die neue Gedächtniskultur nicht mehr an der *nation historique* orientiert, sondern löste diese durch eine wesentliche Veränderung ab: Die Erinnerung berührt nicht mehr alle bzw. jeden, ist nicht mehr am *citoyen* interessiert, sondern reflektiert vielmehr partikulare Erfahrungen, Interessen und Bedürfnisse: soziale, lokale, geschlechterspezifische. Es handelt sich dabei weitgehend um Erinnerungen, die ursprünglich aus dem nationalen Gedächtnis gestrichen waren, da sie nicht jeden bzw. alle, sondern Einzelinteressen betrafen. Für NORA kontrastieren somit unvereinbar soziale, lokale etc. Gruppeninteressen mit einheitlich nationalen Interessen. Die Auffassung teilt er mit überzeugten französischen Republikanern wie CHEVÈNEMENT.

Nation mémorielle

Der neue Typ der französischen Gedächtniskultur, der nun eine *nation mémorielle* konstituiere, sei mit einem neuen Prinzip verbunden, das NORA mit dem Begriff der *commémoration patrimoniale* bezeichnet. Hierbei feiert man Vergangenheit als Erinnerung. Es stellt sich dabei aber – im Gegensatz zur traditionellen französischen Gedächtniskultur – keine Bindung an gegenwärtige oder zukünftige Projekte her. So ist die Aussage von NORA zu verstehen, nach der die Nation im Sinne RENANS tot sei. Nicht nur die Funktion der *commémoration* hat sich dabei verändert, sondern auch die verantwortlichen Akteure: Das klassische Modell der *commémoration* war – wie es die Revolution und die siegreiche Dritte Republik eingeführt hatten – vom Staat eingesetzt und organisiert und hatte dann einen imperativen Charakter.

Commémoration patrimoniale

Heute hingegen treten verschiedene soziale Gruppen als Initiatoren auf, wodurch von einem *système éclaté* der Erinnerung gesprochen werden muss. Hier wird nicht mehr mit einer Sprache der Erinnerung gesprochen, sondern in verschiedenen *langages commémoratifs disparates* (Nora). Das klassische Modell setzte auch die Einheit einer Geschichte ins Werk, weil es kämpferisch gewesen sei. Für diesen Kampf wurde eine bewusste Wahl der Vorbilder (Politiker, Militärs etc.) getroffen, womit gleichzeitig die Gegner ausgeschlossen blieben. Sie waren in der staatlich nationalen Gedächtniskultur nicht präsent, sondern blieben entweder zum Schweigen verurteilt oder in die private bzw. offiziöse Sphäre ver-

Système éclaté

wiesen. Beim *Bicentenaire* aber waren die Opfer präsent, beispielsweise in Form der Anklage der Massaker in der Vendée und durch die Wortführer der Kirche. Sie alle haben im Namen der Revolution und der Menschenrechte ihr Recht auf Gedenken eingefordert. Das klassische Modell der *commémoration* beruhte auf einer Ordnung und einer Hierarchie. Beide wären zerbrochen zugunsten einer Vielfalt von Initiativen, die in loser Reihung und ohne Zentrum verblieben.

Medien und Orte

Es sind auch nicht mehr die klassischen Medien und Orte, an denen das Gedenken stattfindet: die öffentlichen Schulen und öffentlichen Plätze mit ihren Ritualen, durch die sich die kollektive Identität immer wieder neu bekräftigen konnte. Heute ist es das Fernsehen, sind es Museen und die vielen Assoziationen, die in Animationen mit zwei notwendigen Elementen arbeiten: der Ausstellung und dem Kolloquium. Hierbei ist das Publikum eher Zuschauer als mitgestaltender Akteur.

5 Der Verfall nationaler Mythen

Vernunft und Fortschritt

NORA sieht den Verfall von Geschichte als tragenden Mythos des (französischen) „nationalen Schicksals" im Verlauf des 20. Jhs. durch mehrere aufeinander folgende Stufen angezeigt. Dabei spielen die Kriege, zuerst die beiden Weltkriege, dann die Unabhängigkeitskriege der kolonialisierten Staaten eine zentrale Rolle. Mit ihrem Ausgang wurden jeweils wichtige Elemente des nationalen Selbstverständnisses in Frage gestellt bzw. zerstört. Vor allem vollzog sich eine Entkopplung zweier Schlüsselkonzepte des traditionellen nationalen Selbstverständnisses, die bislang als Einheit die Nation fundierten: *nation* und *civilisation*. Von der Einheit dieser beiden Ideen ging eine dynamische Macht, ein logischer Schluss aus: nämlich die „Gewissheit", dass sich der Gang der Menschheit in Richtung Fortschritt über den Sieg der Vernunft vollzieht. Der historische Akteur dieses Fortschritts der Vernunft war (in der Vorstellung) der Nationalstaat, dessen Beispiel par excellence die Geschichte Frankreichs darstellte. Also – so der logische Schluss – ist die Geschichte des revolutionären Frankreich die der Vernunft im Vormarsch. Dieser Syllogismus war fest im Nationalbewusstsein verfestigt, bildete das Herz des französischen Universalismus und das Fundament nationaler Konsensstiftung.

Erfahrung der Weltkriege

Für NORA beginnt der Verfall dieses nationalen Mythos mit den Erfahrungen und internen Spaltungen innerhalb beider Weltkriege. Die Entlassung des französischen Mythos hat für ihn ebenso mit dem Ende der vorgestellten und realen europäischen Hegemonie über die Welt wie mit dem Ende des vermeintlichen

Monopols der *civilisation* zu tun. Die Feststellung, dass Frankreich leichter auf die Macht verzichtet hätte als auf die Idee seiner Mission und Berufung, ist nachvollziehbar. Die Frage nach dem Zeitpunkt der Aufgabe der mondialen Mission bleibt jedoch eher offen. NORA fixiert dieses Ende auf das Jahr 1962 (Ende des Algerienkrieges), was wohl zu hinterfragen bleibt.

An verschiedenen Stellen der Noraschen Texte lassen sich weitere Erklärungsversuche für den Zerfall nationaler Mythen finden: Auf der politisch-ideologischen Ebene spielt für NORA das Verblassen der gaullistischen *idée de la France* und der kommunistischen Utopien eine Rolle, da beide Richtungen – von jeweils unterschiedlichen Standpunkten aus – die Idee der besonderen Mission und *grandeur nationale* gestützt hatten. Mitte der 70er Jahre treten dann vor allem die mentalen Effekte der ökonomischen und sozialen Modernisierungsprozesse auf, die Frankreich in besonders tief greifender Weise und in rasantem Tempo erfassen und die soziale Struktur wesentlich verändert hatten (Schrumpfen und Modernisierung der Bauernschaft, Entstehen neuer Mittelschichten, später sogar, mit dem Übergang zur Dienstleistungsgesellschaft, die weitgehende Reduzierung der Arbeiterklasse). Durch die Wirtschaftskrise Mitte der 70er Jahre werden französische Politiker der Internationalisierung als unausweichlicher Notwendigkeit gewahr. Es gewinnt die Einsicht Platz, dass sich die französische Wirtschaft und Politik den Gesetzen äußerer Zwänge unterordnen muss. Hier datiert NORA auch die definitive Verinnerlichung des Übergangs des französischen Staates von einer Großmacht zur Macht mittlerer Größe bzw. eines *embrigadement* der Republik in die Reihe der „gewöhnlichen Demokratien". In den 70er Jahren bricht – so Nora – der Elan für die *commémoration mémorielle* aus der Tiefe der Zivilgesellschaft als Reaktion auf diese tief greifenden Veränderungen der Gesellschaft hervor. Deshalb erlebte Frankreich in den 80er Jahren eine Explosion von kulturellen Ereignissen, die mit dem Begriff *patrimoine* verbunden wurden.

Weitere Erklärungsversuche

Dabei kam es zu einer Sinnumkehrung dessen, was zuvor in Frankreich mit dem Begriff *patrimoine* bezeichnet worden war. Das *patrimoine* wurde zu solchen *monuments historiques*, die heute als Zeugnis eines *passé révolu* und *menacé* gelten. Früher standen sie eher für Orte, die die nationale Kollektivität begründeten und damit die nationale Identität repräsentierten. Dies war der Sinn des Ausspruchs von den *traits éternels de la France*. Das nationale und das öffentliche Interesse rechtfertigten dabei die autoritäre Vorgehensweise des Staates. *Patrimoine* war eine Form kollektiver Aneignung; deshalb legte der Staat die Klassifikation fest. Das System funktionierte so bis Ende der 70er Jahre. Dann gingen Objekte in das *patrimoine* ein, die durch die industriellen Transfor-

Patrimoine

mationsprozesse zu verschwinden drohten. Schnell wurde ein *patrimoine ethnologique, patrimoine paysan, patrimoine industriel* etc. begründet. Die Zerstörung traditioneller Lebensräume und -bedingungen durch die Industrialisierung und Urbanisierung führte zur Verteidigung der *sites naturels* und zu Erweiterungen des Begriff *paysage.* Dabei wurden gleichzeitig lokale Gemeinschaften und Assoziationen zu Partnern des Staates für die Klassifizierung des *patrimoine.* Hinzu kam die Dezentralisierung seit 1982. 1984 wurden die *Commissions régionales du patrimoine historique et archéologique* gegründet. Der Staat hat – trotz staatlicher Kulturpolitik – die Federführung hierbei aus der Hand gegeben. In diesem Kontext wurde durch Politiker (auch Jack Lang) der Begriff der *lieux de mémoire* aufgenommen – aber in einem anderen Sinn, als von Nora verwendet. Die *lieux de mémoire* waren nun Instrumente der neuen Erinnerungskultur, der *nation mémorielle.*

6 *Nationalité* und *citoyenneté*

Politische Dimension

Inzwischen ist die Neudefininition der Nation vor dem Hintergrund der Europäisierung wie auch der Integration der *beurs* zu einer brennenden politischen Frage geworden. Die Referenz zur Dritten Republik ist in den politischen Diskussionen durchaus wieder präsent. Es ist, als hätte Noras Werk diese Entwicklung nicht nur antizipiert, sondern vielleicht sogar beeinflusst. Immerhin reichte Nora seinen Zeitgenossen ein ideales Bild der als Bürgergemeinschaft verstandenen Nation. Für das heutige Frankreich wird jedoch nach gesellschaftlichen und politischen Modellen gesucht, die zwar das gleiche Integrationspotential haben wie einst die sozialen und politischen Träger der Nation und der Republik, die jedoch den veränderten gesellschaftspolitischen Entwicklungen Rechnung tragen können. Gesucht ist eine Form der Bürgergemeinschaft, in der einerseits die Neutralität des Staates in kulturellen und weltanschaulichen Fragen die Freiheit des Inividuums und Bürgers weiterhin ermöglicht und garantiert, andererseits aber ein Raum für die Entfaltung kultureller Vielfalt geschaffen wird. Der Ausbau der Zivilgesellschaft im Rahmen des republikanischen Verständnisses, in dem der Staat jedoch die Funktion der *arbitrage* behält und damit die demokratische Verfasstheit garantiert, könnte einen solchen Raum schaffen. Insofern geht es nicht um das Ende des republikanischen Modells, sondern um dessen kritische Wiederaneignung und Neugestaltung.

Zwei verschiedene Konzepte

In diese Richtung gehen auch die aktuellen Diskussionen. Bei der Analyse verschiedener Diskurse kann festgestellt werden, dass hierbei ein grundsätzliches Überdenken des unitären, am *citoyen* orientierten republikanischen Nationenkonzeptes erfolgt: Dominique Schnapper (2000) schlägt z.B. vor, zwei verschiedene Konzepte zu definieren, die auf zwei Arten von Wir-Gemeinschaften beruhen, welche nicht deckungsgleich sind: das der *nationalité* und das der *citoyenneté*. Wir sahen eingangs, wie das moderne Nationenverständnis von einer Einheit beider Konzepte ausging. Wenn heute von einer Entkopplung der *citoyenneté* und *nationalité* gesprochen wird bzw. wenn eine solche Entkopplung von engagierten Kämpfern gegen den Rassismus in Frankreich gefordert wird, so ist das traditionelle französische Nationenverständnis in seiner Grundposition in Frage gestellt. Dabei geht es um nicht mehr und nicht weniger als das politische Grundverständnis des französischen Nationenkonzeptes. Hiervon ist die gesamte Integrationspolitik, der gesellschaftliche Status von in Frankreich lebenden Nichtfranzosen (Wahlrecht) betroffen. Wie konfliktreich diese Debatten und die mit ihnen verbundenen unterschiedlichen Politikansätze sind, beweist auch der Streit um den Autonomiestatus Korsikas.

5 Kulturstandardisierungen im Alltag

1 Alltag

Die Alltagswelt ist der jeweils konkrete Ort und die konkrete Zeit, in denen Kultur „gelebt" und zugleich zu beobachten ist. Alltag wird meist mit den Prädikaten der Routine und Schablonisierung versehen. Er ist jener Wirklichkeitsbereich an dem der Mensch in unausweichlicher, regelmäßiger Wiederkehr teilnimmt. Er ist das, was in der Einstellung als schlicht gegeben vorgefunden wird, er ist zugleich der Bereich, in dem der Einzelne auch durch Vermittlung seines Lebens wirkt, wo sich gemeinsame kommunikative Umwelt konstituiert (Kaschuba 1999). In den Mikrostudien des Alltag und in den Handlungslogiken seiner sozialen Akteure zeigen sich die Wirkungen jenes Bedeutungsgewebes, von denen vorn die Rede war. Kaschuba verweist auf den Doppelcharakter des Alltagsbegriffs: *„Zum einen bezieht er sich auf Formen eines Alltagsbewusstseins, das als gesellschaftlich vorhandene Routine, als empirisch verfügbares, aber nicht reflektiertes Wissen vorausgesetzt wird. Zum anderen meint er ein wissenschaftliches Erklärungsmodell, das eben diese Dimension des weithin unbewussten Alltagsbewusstseins erschließen soll."* (Kaschuba 1999: 131)

Alltags-begriff

Die Aufgabe der Kulturanalyse besteht nun darin, dass sie dort, wo die praktizierte Kultur die Gestalt symbolischer Formen, Handlungen und Beziehungen annimmt, deren Ursache und Inhalte

Alltags-kultur

sie über Symbolgestalt jedoch vielfach verdeckt, diesen Schleier lüften muss, um die Logik kultureller Handlungen zu erklären. Kaschuba weist zu Recht daraufhin, dass der wissenschaftliche Begriff „Alltagskultur" daher mehr reflektiert als ihr empirischer Gegenstand. Mit ihm muss versucht werden, Kultur in ihren gesellschaftlichen Bedingungen und Kontexten zu erklären. Alltagskulturen können vor allem in ihrer Orts- und Situationsgebundenheit untersucht werden. Aus fremdsprachenphilologischer Perspektive sind die Alltagskommunikationsformen besonders relevant, d. h. es ist zu fragen, wie sich an spezifischen Orten und in spezifischen (Alltags-)Situationen die sozialen Akteure die Bedeutungen ihrer Handlungen mitteilen, und wie sie dabei durch Kommunikation soziale Beziehungen gestalten. Empirische Methoden wie teilnehmende Beobachtung, Interviews etc. sind in gegenwartsbezogenen Untersuchungen deshalb auch häufig anzutreffen, was eine enge Kooperation mit Ethnologen und Soziologen ermöglicht. Insbesondere in historischer Perspektive (aber nicht nur) sind Alltagsbetrachtungen in Form von archivierten Briefen, Postkarten, Familienalben oder Autobiographien zugänglich. Schließlich wirken hier aber auch die „großen Strukturen" von Politik, Wirtschaft und Gesellschaft hinein; wie und wie weit ist allerdings eine umstrittene Frage. Der französische Soziologe Henri Lefèbvre fordert deshalb auf, den Alltag nicht nur in der lebensweltlich vorfindbaren Form zu untersuchen, sondern im Hinblick auf hier unsichtbar bleibende Strategien der Herrschaft, auf soziale Ungleichheit, Techniken der Bedürfnisregulierung etc. (Lefèbvre 1972).

National- und Alltagskultur

Es stellt sich also auch die Frage, wieweit und wo die nationalkulturellen Dimensionen in den Alltag hineinwirken. Im vorhergehenden Abschnitt wurde die Affinität des Nationalen zum Außeralltäglichen, zum Fest etc. betont. Dennoch lassen sich auch Verbindungen zwischen nationalkultureller und alltagskultureller Ebene finden. Diese Verbindungen sind jedoch von Land zu Land unterschiedlich ausgeprägt. Eine automatische, unreflektierte Gleichsetzung von beobachtetem Alltag und Nation ist in jedem Fall falsch und führt zu den bekannten Stereotypen über „die Franzosen" (s. Kapitel 4 und 5).

2 Schulalltag in Frankreich

Normativer Charakter

Die französische Schule ist ein Alltagsort, an dem sich wie in kaum einem anderen Alltag und Nation (in niveaugestuften Formen) verbinden. *„Les programmes d'enseignement, les méthodes pédagogiques, les finalités professionnelles et culturelles du système scolaire* *cristallisent pour ainsi dire les lignes de force de l'autoreprésentation française.*" (Espagne, Lagier, Werner: 1992: 8). Die Schule gilt auch heute noch als *institution pivot* der französischen Gesellschaft, selbst wenn sie als zentrale Vermittlungsinstanz zwischen Staat und Bürger in der Mediengesellschaft an Wirkung eingebüßt hat. Alle Lehrprogramme und die wichtigen Prüfungen sind nationale Prüfungen. Damit wird ein stark normativer Charakter des gesamten Schulsystems realisiert. Wie wichtig Bildung und Erziehung in der republikanischen Staatsphilosophie ist, wurde schon im vorangehenden Abschnitt erklärt (Röseberg 1992). Der Funktionszusammenhang von nationalen Programmen und zentralen Prüfungen trägt wesentlich dazu bei, dass bestimmte Normen und Werte für einzelne Bildungsniveaustufen national geltend gemacht werden und als Anforderungsstrukturen den Schulalltag prägen.

Um das normative System mit dem hierfür charakteristischen psychischen Druck zu verstehen, ist es wichtig, dass man es von der Spitze der ausgeprägten Hierarchie her vorstellt. Zu dieser Spitze gehören institutionell die Elitehochschulen, die *Grandes Ecoles*. Das französische Schulsystem ist – trotz Einheitsschule – durch ein feines Regelwerk von Selektionsmechanismen gekennzeichnet. Die Wahl bestimmter Zweige, Fächer, Abiturarten und Schulen verweist auf eine bestimmte Stufe der „Schulkarriereleiter". Wettbewerb spielt dabei eine große Rolle, schließlich geht es im republikanischen Gleichheits- und Gerechtigkeitsverständnis um das Wetteifern um die beste Leistung (ganz nach jesuitischem Vorbild) und die Selektion der Besten für die Elitebildung der Nation auf allen Gebieten. Offizielle Schuldokumente sind deshalb eine wichtige Quelle für die Analyse zentraler Deutungsmuster, mit denen sich die französische Gesellschaft in bildungsniveaugestuften Formen selbst repräsentiert.

Grandes Ecoles

Bei einem Vergleich mit Deutschland ist zu berücksichtigen, dass die Institution der Schule hier keinen vergleichbaren gesellschaftlichen Status hat und nicht den gleichen normativen Funktionsmechanismen folgt. Alltagsbeobachtungen, die belegen, dass ganz Frankreich im Rhythmus des Schulkalenders und ab April/Mai im Prüfungsfieber lebt, dass die Prüfungsergebnisse öffentlich gemacht werden, dass noch lange nach der Schulzeit der Rang, d. h. die Platzierung bei den Prüfungsergebnissen und ein Titel wie *Normalien* einer bestimmten Schule (z.B. rue d'Ulm) eine wichtige Rolle spielen, all dies findet erst in Kenntnis des Schulsystems Erklärungen. Vor dem Hintergrund der Funktionsmechanismen diese Systems wird auch verständlich, welche Schwierigkeiten Schüler aus soziokulturellen Milieus haben, deren Eltern dieses Schulsystem bereits selbst nur als *échec* erlebt haben,

Schule als wichtiger Alltagsort

oder welche Rolle die Schulkarriere z.B. für Immigrantenkinder und deren mögliche erfolgreiche Integration in die französische Gesellschaft spielt. Die Schule ist an vielen Orten der Alltag, in dem die tief greifenden sozialen und kulturellen Konflikte ausgetragen werden (Foulard-Affäre, *exclusion*, Gewalt). Jugendpresse, Schülerzeitungen, die Losungen, die die zahlreichen Manifestationen begleiten, der Rap etc. sind Ausdrucksformen der Akteure in diesem wichtigen Alltagsort, die kulturwissenschaftlich noch wenig untersucht werden. Der Schulalltag als Untersuchungsgegenstand zwingt gerade zu einer Verbindung von Mikrostudien (Berthier 1996) und Institutionsanalyse, die auf die „großen Strukturen" verweist. In diesem Kontext sind die Untersuchungen und theoretischen Konzeptionen von PIERRE BOURDIEU außerordentlich produktiv.

3 Theoretische Konzeptualisierungen:
PIERRE BOURDIEU und MICHEL DE CERTEAU

PIERRE BOURDIEU

BOURDIEU gehört heute zu den einflussreichsten Sozialwissenschaftlern. Was seinen Denkansatz auszeichnet, ist für unseren Zusammenhang besonders wichtig: Er stellt eine Verbindung zwischen Sozialstruktur und Kultur her und er arbeitet theoretisch wie auch empirisch, wobei die Analyse der französischen Gesellschaft dabei im Zentrum steht. Er ist in Deutschland weit reichend rezipiert worden. Zum Verständnis des Bourdieuschen Werkes ist es wichtig, kurz die Ziele zu erklären, die seine Arbeiten leiten. BOURDIEU geht es um die Analyse von Macht, Herrschaft und Privilegien. H.-U. Wehler verweist zu Recht auf die Bedeutung der Tatsache, dass BOURDIEU aus eigener Erfahrung (*Normalien*) die sozialen Verkehrsformen sowie den spezifischen Einfluss des höheren Bildungssystems auf die soziale Schichten- und Machthierarchie sowie die dabei wirkenden Mechanismen der Machtverteilung kennt (siehe auch Kap. 5). So interessieren ihn die Grundstrukturen und insbesondere die feinen Unterschiede, die in den Schichten selbst und zwischen ihnen existieren. BOURDIEU verwendet nicht den Begriff der sozialen Schichten, sondern den Klassenbegriff, der jedoch im Unterschied zu MARX nicht die Sphäre der Produktion betrifft. Vielmehr sind für die Klassenanalyse folgende Pfeiler wichtig: 1. die unterschiedlichen materiellen Lebensbedingungen, 2. der unterschiedliche Habitus, 3. der unterschiedliche Zugang zu den verschiedenen Kapitalsorten und damit zu unterschiedlichen Machtvarianten. Die Konzepte der Kapitalsorten und des Habitus sind heute allgemein als methodische Innovationen anerkannt und werden für die Kulturanalyse praktiziert. Sie seien kurz resümiert. Wir lehnen uns dabei weitgehend an

Wehlers Analyse an, der das verzweigte Werk BOURDIEUS 1998 systematisch präsentiert hat.

Der Begriff **materielles Kapitel** wird verwendet wie in der klassischen Kapitaltheorie seit RICARDO und MARX.

Kern-
begriffe

Soziales Kapital nennt Bourdieu die hilfreichen sozialen Netzwerke, die einem dank Geburt in eine bestimmte Familie, dank Erbe, dank Berufsprestige zur Verfügung stehen.

Kulturelles Kapital ist der Besitz von Bildung, Wissen, Geschmack. Dazu gehört

1. objektiviertes kulturelles Kapital in Gestalt von Bildern, Teppichen, Musikinstrumenten etc.,
2. internalisiertes kulturelles Kapital in Gestalt von ästhetischen Urteilen und
3. institutionalisiertes kulturelles Kapital in Gestalt von akademischen Titeln, Akademiepositionen, Zugehörigkeit zu Elitegremien. Viele Berufe hängen – so Bourdieu – von den verfügbaren Ressourcen an kulturellem Kapital ab.

Symbolisches Kapital ist der Kredit an legitimer gesellschaftlicher Wertschätzung, der auf allen drei anderen Kapitalsorten beruhen kann, die ausnahmslos für die Mobilisierung von Hilfeleistungen, die Erzeugung von Ehrerbietung und Abhängigkeit eingesetzt werden können. Symbolisches Kapital wird meistens nicht als direkte Macht genutzt, wirkt vielmehr als legitimer Anspruch auf Fügsamkeit und Folgebereitschaft.

Wichtig ist, dass für BOURDIEU alle vier Kapitalsorten untereinander konvertierbar sind.

Zentral ist nun BOURDIEUS Grundthese zu den modernen Gesellschaften: Danach führt die moderne Klassenentwicklung zunehmend zu Distinktionsklassen. Immer häufiger werden Klassenkonflikte um Macht zum Wettbewerb der Lebensstile. Die Oberklassen stützen sich weniger auf ökonomische Macht als vielmehr auf ihr kulturelles und symbolisches Kapital. Der Trend der Klassenentwicklung läuft darauf hinaus, dass die Labilität der sozialen und politischen Institutionen durch erhöhte Produktion von kulturellem Kapital und durch den Einsatz von symbolischer Macht kompensiert wird. BOURDIEU entfaltet das Konzept des kulturellen Kapitals, um Unterschiede des Bildungsgefälles und der kulturellen Praktiken erklären zu können, welche durch die rein ökonomische Ungleichheit nicht zu erklären sind. Die eigentliche Bedeutung des kulturellen Kapitals besteht darin, dass es im Unterschied zum materiellen Kapital, das konsumiert werden kann, in erster Linie in subtil geordnete Machthierarchien übersetzt wird. Das setzt ein spezifisches Verständnis und eine spezifische Verstehensstruktur bei den involvierten Individuen voraus.

Zentrale
Idee

Das kulturelle Kapital basiert daher im Kern auf einem Ensemble kultivierter Dispositionen, die ein fein differenziertes internalisiertes Verständnisschema konstituieren (insofern sind sie Teil des Habitus).

Konvertibilität der Kapitalsorten

Die Akkumulation von kulturellem Kapital beginnt in der Familie durch die Investition von Zeit der verschiedenen Erziehungspersonen, durch die Anleitung zum Erwerb von Sprachkompetenz und Denkfiguren, durch die Geschmacksbildung. Die ersten „Dividenden" dieser Investition fallen an, wenn von den Heranwachsenden begehrte höhere Schulen, Universitäten, *Grandes Ecoles*, bestimmte soziale Verkehrskreise erreicht werden. Diese „Dividenden" stellen sich aber keineswegs automatisch ein. Sie hängen von den „Torhüter-Mechanismen" ab, die den Zugang zu begehrten Positionen regeln, wobei die internalisierten Dispositionen und ihre Folgen (Benehmen, Sprachstil, Urteilssicherheit) kontrolliert werden. Ein berühmt-berüchtigter „Torhüter-Mechanismus" greift z.B. vor den Aufnahmeexamina prestigeträchtiger Gymnasien und *Ecoles*, wenn Lehrer die Sprache, das Verhalten, kurz: den adäquaten Habitus und das kulturelle Kapital des Nachwuchses kultivierter Familien prüfen oder ihm erliegen. Entscheidend bei der Denkfigur Bourdieus ist also die Konvertibilität der Kapitalsorten. Materielles Kapital eines Unternehmersohnes kann in soziales und kulturelles Kapital, kulturelles Kapital eines ENA-Absolventen (*Ecole Nationale d'Administration*, prestigeträchtige Verwaltungseliteschule) kann in ökonomisches Kapital verwandelt werden. Das ermöglicht sehr unterschiedliche Modalitäten, um Zugang zu maßgeblichem gesellschaftlichen Einfluss zu gewinnen.

Habitus

Habitus ist die Summe aller verinnerlichten Dispositionen, die Verhalten und Denken, Wahrnehmung und Emotionen, Mimik und Gestik, Sprache und Augensprache regulieren und steuern. So wäre ein ENA-Absolvent an seinem spezifischen Habitus zu erkennen. Wichtig ist, dass Habitus zum einen das Unbewusste in dem Sinne umfasst, dass dem Individuum die Genese seines Habitus nicht bewusst ist. Zum zweiten umfasst Habitus auch das Bewusstsein, die Sprache, die rational abwägende Handlungsanleitung. Habitus ist daher bei BOURDIEU eine umfassende Matrix, eine tief verinnerlichte, ständig aktive Steuerungsanlage, welche die Perzeption der Wirklichkeit und ihre Verarbeitung, das Urteilsvermögen und das Handeln, die Gefühlswelt, die Körpersprache, das Benehmen usw. reguliert. Er ist eine unablässig intervenierende Leitinstanz. Dem Habitus wird dabei durchaus Flexibilität zugestanden. Die Handlungs-, Wahrnehmungs-, Gefühls-, Denkschemata des Habitus wirken in der Realität „als eine Art von evaluativem, kognitivem, motorischem, emotionalem Syndrom, das die soziale Praxis, durch die es selber geschaffen worden ist, wiederum erzeugt und beeinflusst." (Welher 1998: 30). Der Habitus orientiert in der Praxis mit Hilfe von in ihm verankerter Sinne. Er enthält z.B. einen moralischen Verantwortungssinn, einen religiösen Sinn für das Sakrale, einen ästhetischen Sinn für das Schöne, einen politischen Sinn, einen Sinn für das Geschäftsleben usw.

In den 1980er Jahren hat Bourdieu auch den geschlechtsspezifischen Charakter des Habitus herausgearbeitet. Er spricht dabei von einer vergeschlechtlichten und vergeschlechtlichenden Prägekraft. D. h. diese Muster sind in den Habitus so tief eingeschliffen, dass er sich in einer typischen Wirklichkeitswahrnehmung, einer typischen Sprache, einer typischen Körpersprache mit typischen motorischen Schemata ausdrückt. Wehler sieht zu Recht im Habituskonzept einen großen methodischen Zugewinn, vor allem weil Bourdieu den Menschen als Leib-Seele-Wesen vorbehaltlos ernst nimmt. Die Einverleibung des Habitus durch den Körper spielt bei ihm deshalb eine so fundamental wichtige Rolle. So wie der Körper habituelle Verhaltensweisen aufnimmt, so drückt er z.B. auch Überzeugungen und Hoffnungen aus. Was der Leib gelernt hat, argumentiert Bourdieu, das besitzt man nicht wie ein betrachtbares Wissen, das ist man!

Körpersprache

Kritische Distanz ist wohl angebracht, wenn Bourdieu zu der radikalen Behauptung gelangt, dass sich gesellschaftliche Strukturen im System und durch das System der Dispositionen der Akteure realisieren. Sie gerinnen zur Dauerhaftigkeit im Habitus und durch ihn, da der Habitus die in ihm internalisierten gesellschaftlichen Strukturen reproduziert. Es fehlt in Bourdieus Theorie jeder Ansatz für das Erfassen von kulturellem Wandel. Die Gefahr des Habituskonzepts besteht in seiner Statik; es spiegelt vielleicht auch den über einen langen Zeitraum hinweg relativ langsamen sozialstrukturellen Wandel in Frankreich wider. Aber: Der Habitus kann als Ergebnis von anhaltenden Veränderungsprozessen oder auch von Schockwirkungen dynamisiert werden, seine Flexibilität beweisen, d. h. durch neue strukturierende Bedingungen in eine neue Form gegossen werden. Andererseits enthält der Habitus vor allem Kontinuität und Beharrung in Zeiten des Wandels.

Statik

Diese sind bei Bourdieu wie Erwerbs- und Berufsklassen formiert. Als Oberklassen behaupten und legitimieren sie sich jedoch durch ihre sublimierte symbolische Macht und durch ihr kulturelles Kapital. Die objektive Basis von Distinktionsklassen zu analysieren heißt eben nicht zuerst oder nur die materiellen Existenzbedingung zu analysieren, sondern vorrangig die gemeinsamen Habitus-Dispositionen und Praktiken, den Umgang mit symboli-

Distinktionsklassen

scher Macht und kulturellem Kapital. Denn gerade diese Kapital- und Machtsorten werden von anderen als positive Zeichen sozialer Geltung wahrgenommen. Gerade sie tragen zur Legitimation des Ranges der Distinktionsklassen und der Hierarchie der Sozialordnung überhaupt bei. Distinktionsklassen zu analysieren erfordert vier analytische Ebenen zu unterscheiden: Erstens die „klassen"spezifischen Differenzen in den Konsumgewohnheiten, im Freizeitverhalten, im Geschmack (Nahrung, Kleidung, Möbel, Kunst usw.) müssen so konkret wie möglich herausgearbeitet werden (Modus der Lebensführung). Bourdieu hat auf der Grundlage breiter empirischer Untersuchungen z.B. die Bedeutung von Fisch für die Oberklassen (von Fleisch für die Unterklassen) beschrieben. Zweitens ist für Bourdieu ebenso wichtig, die innere Kohärenz solcher Elemente des Lebensstils (der „klassen"spezifischen Lebensführung) zu erklären. Dabei ist der Klassenhabitus eine der Hauptkategorien für Bourdieu. Jedoch wäre zu fragen, wo solche Habitusformen, die einem bestimmten sozialen Ort entsprechen, heute für die moderne französische Gesellschaft auszumachen sind, da von Klassen nicht mehr gesprochen werden kann. Bourdieu erklärt drittens solche Unterschiede im (Klassen-)Habitus vor allem an den materiellen Lebensbedingungen, an der unterschiedlichen Distanz „zum Reich der ökonomischen Bedürfnisse", wobei diese Distanz viertens durch die unterschiedliche Verfügungsgewalt über einzelne Kapitalsorten zu erklären sei.

Michel de Certeau (1925–1986)

Wenn das Interesse Bourdieus vor allem der Macht und Herrschaftsformen gilt, so haben sich andere Autoren – auch in Auseinandersetzung mit Bourdieu – denjenigen sozialen Akteuren zugewandt, die als *couches populaires*, als *dominés* gelten. Zu den wichtigsten, die die Alltagskulturforschung in Frankreich entwickelt haben, gehört Michel de Certeau.

Culture de consommation

Anders als Pierre Bourdieu geht de Certeau von grundsätzlichen Freiräumen der Individuen in den Alltagskulturen aus. Immer auch Bourdieu als kontrastiven Denker im Blick, entfaltet de Certeau sein Konzept von den vielfältigen Formen der Praktiken der „einfachen Leute", die in anderen Denkfiguren zu bloßen passiven Nutzern und Konsumenten von Massenprodukten degradiert sind. De Certeau interessiert diese *culture de consommation*, die für ihn durch eine *art de faire* gekennzeichnet ist. „*Il faut retrouver l'auteur sous le consommateur: entre lui et les produits il y a l'écart de l'usage qu'il en fait. La recherche sur les cultures populaires se situe dans cet écart.*" (zit. nach D. Cyche 1996: 72). Für ihn ist entscheidend, dass die Nutzer der Produkte auf vielfältige Art und Weise Strategien (*stratégies*) und Taktiken (*tactiques*) entwickeln, die keine passive Rezeption oder Konsumption bedeuten.

Schlüsselbegriffe sind bei DE CERTEAU deshalb *usages* und *bricolages*. Wichtig ist dabei, dass durch die *usages* die standardisierten Produkte neue Bedeutungen erhalten. *Bricolages* verwendet DE CERTEAU in ähnlicher Weise wie LÉVI-STRAUSS, der diesen Begriff in einem metaphorischen Sinn in seiner Theorie *de la pensée mythique* gebraucht. Es geht dabei immer um das kreative, vielfältige Kombinieren einzelner Elemente und (begrenzter) Möglichkeiten. DE CERTEAU interessieren die (schwer zu beobachtenden) *usages* der Alltagsgegenstände. Seine theoretischen Prämissen sind stets von einem Grundoptimismus getragen, die den Jesuiten DE CERTEAU charakterisieren.

Schlüssel-begriffe

Theorie ist für DE CERTEAU kein Selbstzweck, sondern leitet Erkenntnisinteressen, denen er in Form empirischer Untersuchungen nachgeht. Vom französischen Kulturministerium finanziert, entsteht zu Beginn der 70er Jahre ein größeres Forschungsunternehmen, in das mehrere Forscher integriert sind. Die Ergebnisse werden in *L'invention du quotidien* zusammengefasst und gehören heute zu den kultursoziologischen Klassikern. Erstmals werden Informationen zu Alltagspraktiken wie *habiter, cuisiner, lire* und wichtigen Orte wie *quartier* aus dem zeitgenössischen populären sozialen Milieu veröffentlicht und interpretiert. Man sieht bei diesen methodischen Vorgehensweisen (Erhebungen, Interviews, teilnehmende Beobachtung etc.) dass DE CERTEAU wie viele seiner Kollegen wichtige Erfahrungen der amerikanischen Kulturanthropologie aufnimmt. Wie LÉVI-STRAUSS, BOURDIEU u. a. verbringt auch DE CERTEAU mehrere Jahre in den USA und kehrt dorthin auch immer wieder zurück. Im Zentrum der Beobachtungen und Beschreibungen stehen die Details, wirkliche Mikrostudien, so beispielsweise Familienfeste, das Empfangsritual für Freunde und Nachbarn; das System der *sorties*, die Funktionen der Besuche von *cafés*, Gesprächsrituale bei mehr oder weniger vertrauten Geschäftsleuten, die Zeremonie des *faire du marché* am Sonntag. Die Ergebnisse belegen Vielfalt und Variabilität jener Alltagskultur, die als kreative Anpassungsstrategien an verschiedene Bedürfnisse inmitten einer Massenkonsumgesellschaft interpretiert werden. Für unseren Kontext sind vor allem die Untersuchungsoptik und das theoretische Gerüst DE CERTEAUS interessant. Aus den empirischen Ergebnissen sind auch Ansatzpunkte für historische Vergleiche zu gewinnen, so zu Elementen der Alltagskultur im Arbeitermilieu, zum kommunikativen Status des *quartier* als wichtigsten Ort, der öffentliche und private Räume verbindet (de Certeau 1990).

Mikro-studien

4 *Savoir-vivre*. Rituale des Alltags und ihre Kommunikationsformen

Savoir-vivre als Ritual

Savoir-vivre verstehen deutsche Betrachter des französischen Alltags als Lebenskunst, Fähigkeit, alles leicht zu nehmen. Kunst und Leben scheinen in Frankreich schlechthin zusammenzugehören (siehe Kapitel 4, S. 132 ff.). Die französischen Lexika geben zwei Bedeutungsebenen für *savoir-vivre* an, die heute eng miteinander zusammenhängen: *Savoir-vivre* ist die *„Art de bien diriger sa vie"* und die *„qualité d'une personne qui connaît et sait appliquer les règles de la politesse."* (Petit Robert, 1979). Die zweite Bedeutung, die *savoir-vivre* mit Höflichkeit verbindet, gehört nicht etwa der Vergangenheit an, sondern wird als modern ausgewiesen.

Umgangsliteratur

Es gibt auch heute in Frankreich eine Fülle von Handbüchern, die als Ratgeber für das Erlernen des *savoir-vivre* präsentiert werden und sich großer Beliebtheit erfreuen. In den letzten Jahren ist sogar eine deutliche Konjunktur solcher Ratgeber zu beobachten. Die Presse ist hierfür ein Indikator. Im Dezember 1990 widmete *Figaro Madame* diesem Thema eine Spezialnummer. Auch im *Événement du jeudi* und im *Nouvel Observateur* erschienen 1992 bzw. 1994 Dossiers zum Thema *politesse,* in denen sich Politikwissenschaftler und Philosophen äußerten. Es wäre verfehlt, solche Ratgeber als eine veraltete Textsorte zu bewerten, die lediglich an „verstaubte" Anstandsbücher erinnern. Die Bezeichnung Umgangsliteratur entspricht ihrem Charakter am ehesten. Diese Texte sind vielmehr Indikatoren für die Bedeutung bestimmter gesellschaftlicher Normen und Werte, die sich mit dem sozialen Regelwerk verbinden. Wir werden sehen, dass in den neueren Ratgebern z.B. *convivialité* (Miteinander-Sein, Miteinander-Genießen) eine wichtige Rolle spielt (siehe auch S. 53, das große Picknick 2000).

Alltagskulturanalyse

Die Untersuchung solcher Handbücher ist eine lohnenswerte Aufgabe und zwar in historischer wie in aktueller Perspektive. Die sozialen Beziehungen werden hier in Konventionen pointiert, die man als Rituale bezeichnen kann. Dabei spielen Alltagssituationen eine entscheidende Rolle. Deshalb findet man für die Alltagskulturanalyse in diesen Texten ein aufschlussreiches Korpus. Die Rituale variieren in sozialer und mitunter auch in nationaler Hinsicht. Sie haben jedoch zugleich eine anthropologische Relevanz. Rituale sind nicht eine unter vielen Dimensionen des gesellschaftlichen Lebens, sondern eine der fundamentalen Grundlagen sozialer Beziehungen. So gesehen ist *savoir-vivre* die normative, kodifizierte und ritualisierte Dimension der sozialen Beziehungen. Es ist die kunstvolle Anwendung eines Regelkodes für soziales Zusammenleben.

Die Analyse der Umgangsliteratur bezieht sich auf die Entwicklung der sie bestimmenden Diskurse und auf die hinter dem Regelwerk stehenden Wert- und Normvorstellungen. Die Funktionen des Regelwerkes sind auf verschiedenen Ebenen (psychologisch, historisch-soziologisch und anthropologisch) relevant. Dementsprechend werden unterschiedliche Untersuchungsansätze praktiziert. Wir beziehen uns im Folgenden vor allem auf solche, die sich mit den soziohistorischen und anthropologischen Dimensionen beschäftigen und die Diskursebene in die Analyse einbeziehen. In diesen Forschungskontext gehört das Werk von NORBERT ELIAS, der sich als einer der ersten mit der Umgangsliteratur beschäftigt hat (Elias 1976). Seit einigen Jahren wird die Problematik besonders ertragreich in europäischer Perspektive untersucht. Federführend ist dabei Alain Montandon (Centre de Recherches en Communication et Didactique an der Universität Clermont Ferrand), der die Herausgabe des *Dicitonnaire raisonné de la politesse et du savoir-vivre* (Seuils 1995) geleitet hat. Montandon geht von folgenden Prämissen aus:

Die Höflichkeit bewirkt nicht nur ein komplexes semiotisches System, das anschaulich anzeigt, dass die Aggressivität in der mitmenschlichen Kommunikation durch die Beachtung aufgestellter Rangordnungen zurückgedrängt wird, sondern sie sichert auch den sozialen Zusammenhalt durch das Zurücktreten des Ich zugunsten anderer und der Gruppe, in dem sie eine maßgebliche Integrationsfunktion besitzt, und zwar durch die Beachtung der gemeinsamen Kodes, welche die Zugehörigkeit und Ausgeschlossenheit besiegelt. Die Geschichte der Anstandsbücher erweist sich als die Geschichte der schriftlich festgehaltenen normativen Regulierung sozialer Verhaltensweisen. (Montandon 1991: 7).

Wir wissen meist nicht, wie die Regeln im Alltag in der Praxis wirken. Entscheidend ist aber, so Montandon, dass in dieser Literatur eine Praxis beschrieben wird, die dem sozialen Raum in seinen Interaktionsgepflogenheiten als Perspektive und Horizont dient. Die Texte können als Orientierungspunkte und Perspektiven des sozialen Imaginären verstanden werden und sind in ihrem historischen Wandel besonders aufschlussreich (Montandon 1991).

ELIAS und Montandon haben die Geschichte dieser Literatur und des darin enthaltenen Regelwerkes im europäischen Raum weitgehend untersucht. Hierbei wird ersichtlich, dass die Geschichte dieser Regeln zunächst eine Geschichte der sozialen Distinktion ist. Das bedeutet, dass die Umfangsformen historisch gesehen zuerst Zeichen der Zugehörigkeit zu einer bestimmten sozialen Schicht sind. Seit dem 12. Jh. schreibt der dynastische Adel in Deutschland und Frankreich neue Normen der Selbstdarstellung

Analyse-ansätze

Gesellschaftliche Stratifikation

und ein kuriales (höfisches) Zeichensystem zur Unterscheidung vor, das die Gestik, Mimik, den Habitus, die Rhetorik und alle Kodes der verbalen und nichtverbalen Kommunikation betrifft. Die kuriale Sozialisierung und das Entstehen der Höflichkeit gehören in einen Zusammenhang. Auf die Bedeutung der Distinktion in der Ethik des Bürgertums wird spätestens seit Beginn des 20. Jhs. verwiesen. Dabei wurde festgestellt, dass das Bürgertum (anders als die Aristokratie, deren gesellschaftlicher Status durch die Herkunft legitimiert war) seine gesellschaftliche Stellung oft nur durch das Erscheinen, das Auftreten legitimieren konnte. Dabei wurde an aristokratische Modelle angeknüpft. (Das gilt besonders für das französische Bürgertum.) Hieraus erklärt sich das ausgeprägte bürgerliche Bedürfnis nach Distinktion mit dem Ziel, sich von den übrigen Schichten, vom Volk, abzugrenzen. Distinktion gilt in dieser soziohistorischen Optik als einer der wichtigsten Mechanismen bei der gesellschaftlichen Stratifikation (Schichtenbildung). Folgt man den soziohistorischen Ansätzen, so ist das heutige *savoir-vivre* als ein Teil der Ideologie des Bürgertums zu lesen, das hierdurch seine Werte zur Norm der *civilité* schlechthin erhoben und tradiert hat. Bei kürzlich erst unternommenen Untersuchungen zu Lebens- und Kommunikationsweisen in den *beaux quartiers*, in denen Vertreter des Pariser Großbürgertums in bewusster Abgeschlossenheit leben, stellt Béatrice Le Wita fest: *„Les bourgeois considèrent leurs règles de savoir-vivre comme un état minimal auquel tout homme civilisé doit parvenir."* (Le Wita 1988: 76).

Soziale Interaktionen

Einen anderen Ansatz verfolgt DOMINIQUE PICARD mit einem Interesse an den interaktionistischen Dimensionen des sozialen Regelwerkes. Er bezieht sich dabei z.T. auf den amerikanischen Soziologen GOFFMAN, der in Frankreich breit rezipiert worden ist. Ohne die soziohistorische Analyseebene zu ignorieren, werden die Untersuchungen darauf fokussiert, dass das normative Regelwerk, das in der Umgangsliteratur fixiert ist, das Zusammenleben der Individuen in einer bestimmten Gesellschaft normativ festschreibt und in gewisser Weise auch praktisch reguliert. Dabei spielen zwar distinktive Funktionen einen Rolle, jedoch nicht ausschließlich. In diesem Ansatz werden auch sozialpsychologische und anthropologische Erklärungsmuster eingesetzt. Die Beobachtung der alltäglichen Interaktionen ist für Picard (wie für Goffman) neben der Textanalyse eine privilegierte Methode. *„Dégager le code normatif qui sous-tend la logique des interactions sociales."* (Picard 1995: 12), so beschreibt Picard sein Untersuchungsziel. Dieser normative Kode kann, so Picard, weder allein aus Beobachtungen, noch allein aus den Texten entschlüsselt werden. Für ihn haben beide Zugangsweisen erst in ihrem Bezug aufeinander ihren vollen Sinn. Picard kommt auf der Grundlage seiner Untersuchungen zu dem Schluss, dass sich dieses Verhältnis ebenso gestaltet wie das von *langue écrite* und *langue parlée*. Picard hat Recht, wenn er sagt, dass die Regeln Verhalten beeinflussen, aber dass Modifikationen im Verhalten auch Rückwirkungen auf den Regelkode haben können. Es liegt z.B. nahe, dass die Emanzipation der Frau Rückwirkungen auf den Regelkode für das Verhalten von Frauen hatte.

Im Folgenden werden wir die französische Umgangsliteratur der letzten 100 Jahre näher betrachten. Dabei kommt vor allem DOMINIQUE PICARD zu Wort, der eine solche Analyse vorgelegt hat (Picard 1995).

5 Die Umgangsliteratur: *Les traités de savoir-vivre*

Wenn das Bürgertum seine Regeln des *savoir-vivre* in den Handbüchern festschreibt, so stellt sich die Frage, ob die Angehörigen des Bürgertums auch die Leser dieser Texte sind. Bei den Befragungen der Bewohner der *beaux quartiers* in Paris, die Beatrix Le Wita unternommen hat, stellte sich heraus, dass keine dieser Familien über entsprechende Bücher verfügte. (Zumindest wurde dies behauptet.) Wie auch immer, es ist plausibel, dass die Leser dieser Bücher kaum in diesen Schichten zu finden sind, da man hier von klein auf in ihrem Sinn erzogen worden ist. Das Ziel der *traités* ist es vielmehr, einen Bekehrungseifer *(prosélytisme)* zu betreiben, d. h. einen Lebensstil zu verbreiten oder den Einfluss dieses Lebensstils zu befestigen. Der Leser wird erzogen. Er kann jemand sein, der bereits die Grundregeln beherrscht, aber genauere Aspekte kennen lernen will. Oder es ist jemand, der sozial aufsteigen will, der sich ein bestimmtes Verhalten aneignen will, um sich in seinen neuen sozialen Bedingungen zurechtzufinden. Die Handbücher sind oftmals präsentiert als Bedingung für sozialen Erfolg. Der Titel eines solchen viel gelesenen Buches (von Nadine de Rothschild) heißt auch: *Le bonheur de séduire, l'art de réussir.*

Leserkreis

Die Diskurse des *savoir-vivre* richten sich vor allem an diejenigen, die nicht vollständig mit den Prinzipien dieser Regeln vertraut sind. Ein solcher Leser hat sie nicht in seinem Herkunftsmilieu interiorisiert. Deshalb kann man annehmen, dass diese Texte sich eher an die sozial sehr breit gefächerten Mittelschichten richten, an Individuen, die sozial aufgestiegen sind oder sich noch auf dem Wege dahin befinden. Picard schlussfolgert daraus, dass in sozialer Hinsicht heute mehr denn je die wichtigste soziale Funktion dieses Regelwerkes (neben der Distinktion) die soziale Markierung ist. Dem tragen die neueren Bücher immer mehr Rechnung. Sie lehren, wie man sich auf der richtigen Seite der sozialen Barriere verhält und wie man sich untereinander als zu dieser zugehörig

Soziale Markierung

wiedererkennt. Deshalb sind die Texte daran ausgerichtet, die Zeichen sozialer Zugehörigkeit möglichst deutlich und vielfach zu gestalten. Picard resümiert: *„Il [le traité, D.R] favorise donc l'inscription symbolique de la stratification sociale en proposant des signes discriminants."* (Picard 1995: 213).

Les Traités

Ihre aktuelle Form nimmt diese Textsorte am Ende des 19. Jhs. an. *Usages du monde* (1899) der Baronin Staffe ist in Frankreich hierfür ein Referenzmodell. Mehrere Hundert solcher Texte folgten ihm bis heute. Die aktuell erscheinenden demonstrieren schon mit den Titeln den Willen zur Erneuerung. Die Analyse der Texte ergibt jedoch, dass sie sich in vieler Hinsicht ähnlich sind.

Autoren

Wer sind die Autoren? Es sind mitunter bekannte Personen, wie Nadine de Rothschild, die als Tochter aus dem Volk durch Heirat sozial aufgestiegen ist. Ihr Buch war ein großer Erfolg. Früher gehörten zu den Autoren oftmals Journalisten oder wenig bekannte Schriftsteller, die im Auftrag von Verlagen schrieben. Erfolg haben diese Schriften nicht durch die persönliche Handschrift der Autoren, die meist unbekannt blieben, sondern durch das, was sie vermitteln.

Textsorte

Die Inhalte sind in sehr vielen Fällen ähnlich, nur der Stil und die Zusammenstellung unterscheiden sich. Diese Tatsache zeigt, dass die Autoren Sprecher eines apersonalen Diskurses sind, einer *doxa sociale* oder einer *formation discursive* (Picard) (s. Kapitel 4). Die Texte geben eindeutige Zuordnungen von Verhaltensregeln zu bestimmten sozialen Rollen bzw. Positionen an. Zweideutigkeit wird vermieden: *„nous sommes ce que nous paraissons et nous devons paraître ce que nous sommes."* (Picard: 24). Die Handbücher vermitteln auf diese Weise jedem Leser identitäre Kennzeichen. Zu den wichtigen Rollen, die meist in binären Formen auftreten und so markiert werden, gehören z.B. Kunde/Verkäufer, Frau/Mann, Gast/Gastgeber etc. Immer ist die Identität mit bestimmten Verhaltensnormen verbunden, die Rechte und Pflichten beinhalten.

Im Weiteren soll auf einige Beispiele etwas näher eingegangen werden. Wir wählen (im Hinblick auf die deutsche Leserschaft) die Rolle von Gast und Gastgeber, die Situation des Essens und die der Konversation. Prinzip und sozialer Wert der *convivialité* soll in den grundlegenden Bedeutungen für diese Alltagssituationen und Kommunikationsformen dabei näher betrachtet werden.

Convivialité

Ouvrez les savoir-vivre d'aujourd'hui, vous serez frappé par la prévalence d'un mot, d'une notion: la „convivialité." Das notierte François Reynart im *Nouvel Observateur* 1994 (21–27 April 1994: 92). Die Handbücher lehren, dass der Raum des Tisches der Raum der Tischgesellschaft ist. *Convivialité* schließt deshalb Konversation ein (siehe auch LÉVI-STRAUSS 1968). Der Raum des Tisches ist so auch der Raum der Konversation. Pascal Ory hat unlängst z.B. auch analysiert, wie die Geschichte der französischen Gastronomie eine Geschichte der Diskurse darüber ist (P. Ory 1998). Die Rollen werden sehr strikt aufgefasst, da sie Sicherheit geben sollen: *„Ayez un rôle et l'entourage est rassuré. On sait qu'on peut attendre de vous une certaine conduite …; on peut vous faire confiance, vous ne troublez pas la communauté par des actions intempestives"* (Handbuch von 1981: 8). Jede Rolle hat ihren Platz in einer binären Opposition, wobei jede Seite durch Rechte und Pflichten definiert ist. Die Unterscheidung in männliche und weibliche Rollen und die Unterscheidung in Gastgeber und Gast haben dabei eine fundamentale Bedeutung. Aber unabhängig davon, um welche Rolle es sich handelt, gibt es zwei Arten diese auszufüllen: eine gute und eine schlechte. Die Qualitätsmerkmale *bon/bonne* oder *vrai/vraie* oder das Substantiv *modèle* unterstreichen den normativen Diskurs über die Verhaltensregeln. Sie geben ihm den Charakter einer Ermahnung zur Ordnung: *„toute bonne maîtresse de maison doit …"* *„une vraie mamie ignore la punition".* Die Diskurse haben dabei die Tendenz Menschentypen zu klassifizieren und dabei den positiven Modellen die schlechten Typen gegenüberzustellen: *la pauvresse, le sansgêne, le bourgeois parvenu, le nouveau riche.*

Miss-geschicke

Damit die Regeln funktionieren, müssen alle ihrer Rolle entsprechend zusammenarbeiten: *„Pour que la conversation brille, il faut s'y employer."* Dazu gehört auch, dass man anderen hilft, das von ihnen gezeigte Selbstbild zu erhalten, auch wenn ein Missgeschick, eine Unart begangen wird. *„La règle est de faire de son mieux pour qu'ils passent inaperçus … Si c'est votre voisin qui provoque un incident, vous n'avez rien vu, rien entendu."* (Handbuch 1981: 72).

Resultat

Picard konfrontiert diese Regeln in den Handbüchern mit den Beobachtungen im Alltag. Dabei konstatiert er, dass es sehr verbreitet ist, glücklich oder erfreut zu sein, jemanden zu empfangen oder empfangen zu werden: Man lacht auf Photos, das Essen muss gut, der Wein exzellent, die Musik gut gewählt sein. Unabhängig von unserer Meinung arbeiten alle z.B. an der Fiktion, dass der Abend gelungen ist. Dies ist, so Picard, das Resultat des *savoir-vivre*. Zugleich liegt es aber auch im Interesse derjenigen, die den Abend gemeinsam verbringen. Schließlich folgen Sanktionen, wenn dem nicht so ist: Man wird nicht mehr eingeladen oder niemand folgt mehr den Einladungen.

Gastgeber/ Gast

In dieser Beziehung sind die Regeln so gesetzt, dass jede Aufgabe des einen die Pflicht bzw. die Arbeit des anderen erleichtert. Zum Beispiel bei der Begrüßung: Es ist die Pflicht des Gastgebers, jeden Gast persönlich zu begrüßen. Gleichzeitig hat er jedoch das Essen vorzubereiten (oder andere Aufgaben zu erledigen). Daher ist es die Pflicht des Gastes, den Gastgeber nicht zu lange bei der Begrüßung von seinen Pflichten fernzuhalten: *„La maîtresse de maison a des devoirs à remplir. Ne la retenez dans l'antichambre sous aucun prétexte.“* (Handbuch 1975: 84). Der Gastgeber bereitet sorgsam den Abend vor. Damit dieser gelingt, werden Gäste aus dem gleichen sozialen Milieu eingeladen *„des gens d'un même milieu social et ayant reçu la même éducation.“* (Handbuch 1991: 219–220). Der Gast muss die geladenen Gäste schätzen. *„Il est très impoli d'affecter un air glacial à l'égard des autres visiteurs.“* (Handbuch 1899: 144). Für den Gastgeber gilt: *„Vous êtes en principe le maître du jeu; c'est à vous d'animer, de relancer le débat, d'en contrôler l'ardeur, de naviguer entre les écueils.“* (Handuch 1981: 72). Beim Empfang dominiert die *maîtresse de la maison*, auch wenn es ein Paar ist. Noch heute laden die Mütter Jungvermählter ein: Auf Karten ist zu lesen *Mme X et Mme Y recevront après la cérémonie.*

Pflichten des Gastes

Aber auch der Gast hat Pflichten. Bei einer Einladung zu einem einfachen Abendessen sind Verspätungen, ohne Entschuldigung nur bis zu 30 Minuten erlaubt, ansonsten muss der Gast anrufen, seine Verspätung ankündigen und sich entschuldigen. Auch für das Ende des Abends gibt es Regeln: *„Il faut savoir partir à une heure raisonnable, ni trop tôt, ni trop tard. C'est à l'invité le plus agé et le plus important de donner le signal du départ.“* (Handbuch 1992: 91). Erforderlich ist auch ein Dank, sei es ein Telefonanruf oder eine Karte mit Dankesworten. Der Dank bekundet die gute Erziehung. Der Gast hat auch Verantwortung für das Gelingen des Abends, insbesondere die Konversation. *„Pour que la conversation brille, il faut s'y employer. Ceux que l'on nomme les brillants causeurs justement ont besoin d'un écho ... le vôtre ... Et vous, pour sortir de votre silence, vous avez besoin des autres.“* (Handbuch 1981:72) (siehe auch Kapitel 4).

Lieux privés/ lieux publics

Auch die Orte sind bei dem Regelwerk in binären Oppositionen strukturiert. Die grundlegendste ist die Opposition von *lieux privés* und *lieux publics*. Private Orte: Eine Wohnung beinhaltet, ob für sich selbst oder für Gäste, zugleich auch intime und soziale Orte. Der *salon* oder das Esszimmer sind solche sozialen Orte, die offen sind für alle. Die Handbücher weisen als intime Orte nicht nur das Schlafzimmer und den Keller, sondern auch die Küche aus. Dieses sind Orte, bei denen es nur dem Eigentümer zusteht zu entscheiden, ob der Gast hier Zugang hat oder nicht. Es gibt also eine Art Wiederholung der Opposition zwischen privaten und öffentlichen Orten in der Wohnung selbst oder im Haus. Die Regeln des Respektes verlangen, dass der Gast nicht in die intimen Orte der Wohnung vordringt. *„Ne pénétrez pas dans les salles privées de vos hôtes, surtout dans leurs chambres; n'allez ni au grenier, ni à la cave, ni à l'office. Vous ne devez pas avoir l'air de soupçonner les détails du service,* *ni l'économie de la maison.*" (Handbuch 1981: 382). R. Carroll hat nachgewiesen, wie die Grenzen zwischen den sozialen und intimen Orten in Wohnungen von Kultur zu Kultur, von Land zu Land verschieden sind. Hieraus resultieren z.b. kulturelle Missverständnisse zwischen Amerikanern und Franzosen (R. Carroll 1987).

„En principe, il n'y a rien de plus simple que de dire «Bonjour» et «Au revoir». Et pourtant, certaines règles de politesse s'imposent, certains mots s'emploient, d'autres pas." (Handbuch 1988: 99). Die Begrüßung ist ein Akt der *convivialité,* aber auch eine rituelle Gelegenheit, sich von seiner besten Seite zu zeigen und seine *distinction* zu manifestieren. Wenn man jemanden begrüßt, so bedeutet man ihm, dass man ihn wiedererkennt, anerkennt. Gegenseitigkeit ist hierbei ein wichtiges Prinzip: *„On vous salue? Saluez. Rien n'est plus désagréable comme un geste inachevé.*" (Handbuch 1981: 50). Aber wie jeder Akt der *convivialité* folgen die Begrüßungsrituale den gewohnten hierarchischen Regeln: Wenn man bei einer Einladung in den *Salon* kommt: *„On salue d'abord la maîtresse de maison et les personnes que l'on connaît, puis on attend d'être présenté aux autres invités.*" (Handbuch 1967: 41). Der Gruß ist die gängigste Form der Zugangsriten. In der Alltagsrealität ist die Breite der Begrüßungsvarianten noch viel größer als in den Büchern. Sie sind sehr oft Zeichen eines sozialen Milieus oder einer Altersklasse, wie z.B. die Anzahl der *bises.* Die Form kann aber auch Ausdruck einer Mode sein, wie bei den Jugendlichen der *Banlieues,* die sich mehrfach auf die Brust klopfen oder auf die Faust, bevor sie sich die Hand schütteln. Das Händeschütteln kann auch das Gewohnte, Vertraute unterstreichen: z.B. in *bars (Bonjour, monsieur Dupont, un petit café comme d'habitude?),* in Sportclubs, beim Friseur. Das sind auch die Orte, wo es angebracht ist, den Bewohner bei seinem Vornamen zu nennen.

Rituels d'accès

Die Speisen sind das Medium für ein Zusammentreffen, nicht das Ziel für sich genommen. *„Tout ce qui montrerait de façon ostentatoire qu'on se contente du seul plaisir de manger est absolument proscrit.*" Man beschreibt in den Büchern mit viel Verachtung diese *voraces* oder diese *„gloutons, qui avalent à toute vitesse de grosses bouchées sans prendre le temps de respirer, se servent des portions pantagruéliques, se resserve de leurs propre initiative, font claquer leur langue en buvant ... Bref, tous ceux qui s'occupent plus de leur pitance que de leurs voisins.*" Es gibt eine Kunst, die Speisen zu loben und vor allem einige Basisregeln zu respektieren: *„on ne boit pas avant d'avoir mangé ..., le pain est rompu à la main, le fromage ne se mange pas à la fourchette mais est posé avec son couteau sur un petit morceau de pain*". Einige dieser Regeln haben ihre Gründe, so z.B. dass man den Salat nicht schneidet, weil die Vinaigrette das Silbermesser (!) nicht verfärben soll; das Brot wird nicht geschnitten, damit die

Tisch-manieren

Kruste nicht in die Augen des Nachbarn springen kann. Dennoch haben die meisten Regeln die Funktion, seine gute Erziehung zu zeigen, seine feinen Sitten zu manifestieren und sich durch kleine Gesten damit auch von anderen zu unterscheiden, die diese Gesten nicht kennen. So lauten auch die Kommentare in den Büchern: *„Tenir ses couverts à pleine main: ainsi font les bébés, les gens mal élevés ..."* (Handbuch 1984: 12).

Negation des Animalischen

Picard meint, dass das Essen insofern eine Gefahr für die Regeln darstellt, als es auch einfache organische Funktionen erfüllt und sinnliches Vergnügen bereitet. Man kann annehmen, dass die Regelinstanzen, die immer wieder körperliche Zurückhaltung fordern und eine extreme Ritualisierung im Umgang mit der Nahrung darstellen, als Verteidigungsstrategien gegenüber dem Animalischen des Körpers gewertet werden können. Diese Rituale sind deshalb eine symbolische Verstärkung der Negation des Tierischen im Menschen. So kann auch die Hervorhebung der sozialen Funktion des Essens und die relative Negierung ihrer organischen Bedürfnisbefriedigung erklärt werden.

Conversation

Die Konversation spielt eine hervorragende Rolle, um die *convivialité* zu symbolisieren und die Beziehungen zu erleichtern: *„La conversation est un lien social qu'il faut savoir préserver, entretenir, sauver de la banalité et des banalités. C'est une politesse que l'on fait aux autres, c'est un plaisir que l'on s'accorde."* (Handbuch 1981: 71). Ansprechbar, gesellig sein, bedeutet auch: *être à l'aise*, sich wohlfühlen. Die Antithese zur Geselligkeit ist die Aggressivität und die Langeweile oder Gleichgültigkeit (s. auch Kapitel 5). So muss man also Harmonie anstreben, jedem Risiko, jedem Konflikt ausweichen, die Zusammenarbeit und das Vertrauen anstelle des Wettbewerbs suchen.

La conversation peut être animée et vive, sans que les propos prennent un tour agressif; il faut parler avec pondération, en respectant son interlocuteur – pas de ton „protecteur' – et, si l'on se laisse aller à véhémence pour défendre un point de vue, il faut admettre, en guise de justification, que le sujet touche un point sensible de se faire excuser son emportement. Il n'est certes pas interdit de contredire son interlocuteur; mais encore faut-il le faire avec gentillesse, en s'interdisant les démentis brutaux du genre: C'est faux, Vous mentez; ... on le ménage par une périphrase: Je ne suis pas de votre avis. (Handbuch 1992: 162).

6 Traditionelle und moderne Umgangsliteratur

Erbe und Erneuerung

Die zeitgenössischen Handbücher verweisen schon im Titel auf ihre Aktualität: *Savoir-vivre nouveau* (1971, 1975a, 1993), oder *Savoir-vivre d'aujourd'hui* (1981, 1988, 1991, 1992, 1994). Darin liegt allerdings schon immer eine Spezifik dieser Textsorte. Man

Kernbereiche französischer Kultur und Kulturvergleich

beruft sich einerseits auf die Modernität der *traités*, andererseits aber auf den Brauch (*coûtume*), die Gewohnheit, die in Tradition gründet. Das ist weniger paradox als es erscheinen mag. Denn *savoir-vire* ist das Erbe einer Gewohnheit. Aber es muss zugleich eine Anpassung an neue Bedingungen erfolgen. Viele Autoren schreiben, dass sie traditionelle Regeln neu rechtfertigen wollen. Welche Veränderungen sind also in den Texten feststellbar? Picard verweist auf deutliche Transformationen.

Man schreibt heute nicht mehr wie vor 100 Jahren. Früher dominierten sehr reiche Detailbeschreibungen. Heute sind die Aussagen weniger ausführlich, aber direkter, auch wenn die Anweisung die gleiche ist. Auch wird in modernen Handbüchern eine kurze Frage-Antwort-Struktur oftmals bevorzugt, die auf einen in Eile befindlichen Leser hindeutet: *„Une femme peut-elle apporter des fleurs à un homme?"* (*Réponse: oui, mais pas n'importe lesquelles*). Vor allem aber deutet diese Struktur auf einen Leser, der bislang gegenüber einer sozialen Ethik eher indifferent ist; einen Leser, der auch nicht die innere Logik der Vorschrift sucht, sondern der sich mit kurzen Handlungsanweisungen zufrieden gibt.

Frage-Antwort-Struktur

Die pädagogische Absicht ist heute nicht mehr die gleiche wie früher. Der Leser erhält nicht mehr einfache Vorschriften, sondern soll die richtige Handlungsweise entsprechend der Situation wählen: *„Ce n'est pas ici un code impératif qui vous est présenté, mais davantage un ensemble d'indications laissant le champ libre aux interprétations les plus nuancées et les plus personnelles."* (Handbuch 1967: 3). Die Barorin Staffe wollte noch ein Modell als Referenz für mehrere Generationen liefern. Bei Royer (1981) erhält der Adressat eine Eigenverantwortung bei der richtigen Anwendung des Regelkodes. *„Nous voudrions que l'on puisse se servir de ce livre non pas comme d'un catéchisme, mais d'une manière raisonnée et sélective."* (1981: 9). Die Regeln sollen also nicht mehr so strikt aufgefasst werden wie früher. Einige Autoren zeigen sich darüber hinaus auch offen für neue. *„Aujourd'hui, dans certains bistrots à la mode, il est devenu courant de serrer la main du patron et de faire la bise à la patronne. Pourquoi pas?"* (Handbuch 1991: 179). Manchmal wird sogar ein breiteres Feld von möglichen Verhaltensweisen toleriert. *„Comment dire bonjour chaque matin? Pliez-vous aux usages de votre environnement. Ce peut être une poignée de main, un simple signe de la tête, le «bonjour» ou le «salut» que l'on lancera à la cantonade."* (Handbuch 1994: 177). Wichtig bleibt die Grundregel, sich den Gewohnheiten eines Milieus anzupassen. Manche Regeln sind heute auch im Gegensatz zu alten definiert: *„Autrefois, le moindre compliment sur la qualité des plats était de mauvaise loi. Aujourd'hui, n'hésite pas à dire votre plaisir devant un menu délicieux, sans toutfois aborder la question de son prix."* (Handbuch 1978: 133).

Eigenverantwortung

Veränderte Lebensstile	An der Entwicklung der Rubriken kann man den Wandel der Lebensstile erkennen und zugleich die sich verändernde Leserschaft: Vor 100 Jahren beschrieb man ein Leben, das zur Hälfte aus „Müßiggang" bestand, weshalb solche Rubiken wie Empfänge und Besuche sehr ausführlich behandelt wurden. Dieses Leben hat nicht mehr viel mit dem der heutigen Leser zu tun. Deshalb sind heute die Rubriken *bals* (20 Seiten 1899, 20 Zeilen 1992) und *visites* unvergleichlich kürzer. Neue Rubriken sind entstanden, z.B. das Telefonieren. Die Regeln wurden aus denen für Besuche oder für die Konversation abgeleitet. *„Les appels privés doivent respecter les horaires de la vie privée."* (Handbuch 1992: 309). *„On ne téléphone pas après 22 heures"*, eine Regel, die in vielen Texten fixiert ist.Wann darf man also anrufen? Man muss das Privatleben ein wenig kennen; man darf nicht stören beim Nachhausekommen, beim Abendessen, beim Fernsehen. Auch gilt es, nie zu lange zu sprechen Die Regeln sollen das Zusammenleben erleichtern.
Neue Sphären	Die Sphären, die in das Regelwerk heute einbezogen werden, sind erweitert um viele öffentliche Orte und das Berufsleben. Aber auch Ferien und Reisen spielen eine große Rolle (20 bis 30 Seiten). *Savoir-vivre à l'étranger* hat oft 15 Seiten und ist ein unabwendbares Kapitel geworden. Erweitert und sehr differenziert sind auch die Kontaktpersonen, auf die sich die Regeln beziehen. Neben Familie und Freunden wird ein breites Repertoire für fast alle Lebensbereiche vorgeführt. Es betrifft Angestellte, Berater in Ämtern, Ärzte, Lehrer, die *concierge*, den Verkäufer, Handwerker, Briefträger, Lieferanten und den Nachbarn. Einige moderne Texte schließen sogar die Regeln im Umgang mit einem Liebhaber ein.
Religion	Wenn die Baronin Staffe religiöse Zeremonien erwähnt, dann muss sie diese nicht spezifizieren, denn es sind immer katholische Zeremonien. Hinweise auf protestantische und jüdische Beispiele sind die Ausnahme. Dies war sehr lange üblich. Erst seit etwa 10 Jahren findet man systematischer auch Regeln, die andere religiöse Riten betreffen, vor allem auch die von Moslems.
Die Sprache	Die Berufung auf ein populäres Gegenmodell beschränkt sich heute fast nur noch auf die Art und Weise sich auszudrücken. Gut sprechen ist ein wichtiges Kriterium für jede Distinktion geblieben. *Ne dites pas, dites*, das sind häufig zu findende Einleitungen für sprachliche Ge- und Verbotsregeln. Verworfen werden meist populäre Ausdrucksformen. In der Verbotstabelle sind vor allem syntaktische Fehler markiert wie *je vais au coiffeur, j'ai parlé avec Pierre*, oder ein fehlerhafter Gebrauch einzelner Wörter wie *disputer quelqu'un*. Es handelt sich um Fehler, die Französischlehrer (in Frankreich) sehr gut kennen. Man findet auch Ratschläge für die rich-

tige Aussprache: *On doit prononcer toutes les lettres d'un mot et évi-ter farouchement de dire: «T'as été au cinéma?» «T'as vu cet homme?» De même, on ne retire pas les voyelles d'un mot: on dira: «un jeton», jamais un «j'ton».* Dabei werden auch familiäre Wendungen stig-matisiert und inkorrekte Wendungen, die jedoch in populären Milieus häufig Verwendung finden. Verboten werden: *«Faites donc», «à votre service», «de rien» (pour «je vous en prie»), «ma bru» (pour «ma belle-fille»), manger (pour «déjeuner», «dîner», etc.).* Eine soziale Diskriminierung wird evident bei Verboten affektiver Bezeichnungen, die in einfacheren Milieus verwendet werden: *«Pépé», «mémé» (au lieu de «papy», «mammy»),«Tata» (au lieu de «Tante Alix», «ma tante»), «votre fillette» (au lieu de «votre petite fille»).*

Femininität war und ist ein viel behandeltes Thema in den Hand-büchern. *„Etre femme, c'est s'interdire la familiarité, la trivialité, le négligé et toute trace de vulgarité. Ayez de la grâce dans vos mouve-ments, du charme dans vos paroles."* (Handbuch 1991: 172–174). Diese Verhaltensnormen stehen in Beziehung zu den (traditionel-len) sozialen Rollen, in denen die Frau Repräsentations- und Animationsfunktionen hat. Ein Paradox des Geschlechterstatus in diesem Regelwerk ist die Tatsache, dass die Person, die hier oben situiert ist, nämlich die Frau, aus sozialer Perspektive niedriger positioniert ist. Heute ist es erlaubt, dass eine Frau eine Einladung in ein Restaurant ausspricht, was zu Beginn des Jahrhunderts undenkbar war. Doch sieht man die Verhaltensregeln für diese Situation an, so stellt sich heraus, dass die Frau dann jene tradi-tionellen Verhaltensmuster annehmen soll, die bislang männlich konnotiert waren:

Vous êtes une femme, certes, mais une femme d'affaires et, à ce titre, vous avez des obligations vis-à-vis de vos hôtes, qu'ils soient hommes ou femmes. En entrant dans le restaurant, vous les précéderez afin que le maître d'hôtel, ou plus simplement le patron du restaurant, vous indi-que la table que vous avez pris soin de réserver ... C'est vous, l'hôtesse, qui demanderez la carte ... Vous réglerez l'addition ... En quittant le restaurant, c'est vous qui passerez la première. (Handbuch 1994: 188–189).

Femininität

Daraus lässt sich die Schlussfolgerung ziehen, dass sich nicht die Regeln der Femininität verändert haben, sondern der Status der Frau. Die Veränderung der Position der Frau gilt für den beruf-lichen Bereich, während dieselbe Frau ihre traditionelle Rolle im interpersonalen privaten Bereich zu spielen hat. Selbst im beruf-lichen Bereich bleibt die Hierarchie zwischen Mann und Frau, die Distinktion, mehr oder weniger deutlich:

Wandel des Status

Vous êtes exclusivement entourée d'hommes? Il me paraît naturel qu'ils vous proposent de prendre place sur la banquette ... N'hésitez pas à consulter les hommes qui vous entourent pour choisir les vins, à moins que vous ne soyez connaisseuse. Si le maître d'hôtel ne remplit pas les verres, vous proposerez à l'un des hommes de le faire. (Handbuch 1994: 188-189).

7 Konversation in Deutschland

Anstands-bücher

Auch in Deutschland hat die Umgangsliteratur, hier meist als Anstandsbücher bzw. Komplimentierliteratur bezeichnet, eine lange Tradition. Rituale des Alltags wurden auch hier, in der Zeit des Barock, die Pfeiler der sozialen Kommunikation. Auch in Deutschland erfolgte dabei eine ausgefeilte Strukturierung der gesellschaftlichen Beziehungen im alltäglichen Leben.

Konver-sation

Es gibt in Deutschland eine Besonderheit in den Entwicklungsbedingungen der Umgangsformen, die Montandon untersucht hat. Diese besteht laut Montandon darin, dass die „wahre Kunst der gesellschaftlichen Beredsamkeit" (KNIGGE) in Deutschland einen schwierigen Stand hat(te). Montandon stellt bei seiner Analyse der vor allem historisch relevanten deutschen Umgangsliteratur fest, dass die Autoren der Bücher ein Unbehagen treibt, so als ob die Gefahr bestünde, dass die Konversation abbrechen würde.

Konversa-tionskrise

Diese Krise der Konversationskunst ist auf den offenkundigen Abstand zurückzuführen, der zwischen dem Idealbild (wie es die italienischen, spanischen und vor allem französischen Modelle in Deutschland dargestellt haben) und ihrer tatsächlichen Praxis besteht. Das Fehlen bedeutender gesellschaftlicher Zentren, ein überzogener Provinzialismus, der das Vorhandensein von Konversationsstätten wie Cafés, Clubs, Salons usw. kaum begünstigte, all das kann – so Montandon – dieses Unbehagen zumindest teilweise erklären. Andere Gründe kommen hinzu: Die immer stärkere Bevorzugung von persönlichen gegenüber gesellschaftlichen Beziehungen, die als echter, gefühlsbetonter interpretiert werden (siehe Kap. 1) führt dazu, der Beziehung mit *einem* anderen Menschen den Vorzug zu geben und in der Freundschaft eine Form idealer Kommunikation zu sehen. Montandon sieht solche Vorstellungen und die hiermit verbundenen Anstandsbücher durch die Romantik begünstigt.

Interkul-tureller Vergleich

Wichtig für unseren punktuellen Vergleich ist, dass in den deutschen Anstandbüchern des 19. Jhs. eine andere Vorstellung von Gesellschaftlichkeit zum Ausdruck kommt, als dies für Frankreich feststellbar ist. Diese Gesellschaftlichkeit stützt sich auf einen Begriff von Individualität, die mit Offenheit, Einfachheit, Aufrichtigkeit, Natürlichkeit und Spontaneität verbunden wird. Diese

Art von Individualität gilt als Zeichen einer Freiheit und Subjektivität, die Vorrang hat vor dem gesellschaftlichen „Wesen". Aus diesem Grund findet eine eigentümliche Umkehrung statt: An die Stelle des alten Gegensatzes zwischen germanischer Schwerfälligkeit und französischer Anmut tritt nun der Gegensatz zwischen dem zwar brillanten, aber oberflächlichen Franzosen und dem nicht eleganten, dafür aber tiefgründigen Deutschen. Dem französischen, von hoch entwickelter, aber flatterhafter Geselligkeit geprägtem Wesen wird das ungesellige, träumerische, tugendhafte, tief im Authentischen und Ernsthaften gründende deutsche Wesen gegenübergestellt. Dies sind zweifellos Stereotype, aber diese sind nirgendwo sonst wirksamer als im Bereich der gesellschaftlichen Darstellung (Montandon 1991).

Es ist ADOLF FREIHERR KNIGGE (1751-1796), der in Deutschland in der Geschichte der Höflichkeit eine Wende einleitet. Er legtimiert gesellschaftliche Geschicklichkeit, die an moralische, psychologische und körperliche Authentizität gebunden wird. Er wendet sich an Bürgerliche *und* Adlige, um mitzuteilen, wie sich jeder die Verhaltensweisen des anderen aneignen kann. Vor ihm hatte man jeweils nur für eine Gesellschaftsklasse geschrieben. Knigges Erfolg in Deutschland beruht auf dem Bild, das man sich von seinem Werk machte: Es gilt als ein Buch, das zum ersten Mal in vollständiger und systematischer Weise Verhaltensvorschläge für *alle* gab (siehe dazu mehrere ausführliche Darstellungen in Montandon 1991). Solche historischen Betrachtungen geben Aufschlüsse für z.T. tief gehende kulturelle Unterschiede. Es lässt sich vermuten, dass z.B. der unterschiedliche gesellschaftliche Status der Konversation (auch beim Essen) in Frankreich und Deutschland auf verschiedene Vorstellungen von Gesellschaftlichkeit zurückzuführen ist. Nachweisbar ist, dass die Konversation in deutsch-französischen Begegnungen nicht selten zu einem Feld kultureller Missverständnisse wird (s. S. 158 ff.).

Knigge

8 Soziale Prinzipien und Werte

Der Regelkodex erfüllt neben den Funktionen der sozialen Markierung und Distinktion auch und zugleich grundlegende soziale Integrationsfunktionen. Aus der Umgangsliteratur lassen sich soziale Prinzipien und Werte ablesen, die in einer bestimmten Gesellschaft für das Zusammenleben als wichtig erachtet werden. Für die analysierten französischen *traités* lassen sich nach Picard folgende soziale Grundprinzipien und soziale Werte herauskristallisieren: *la sociabilité, la réciprocité, l'équilibre, la déférence, l'adaptation et la discrétion.* Es handelt sich um Prinzipien und

Werte, die interpersonelle Beziehungen favorisieren und erleichtern sollen. Sie gehen weniger auf ethische Kriterien zurück als auf ein Kriterium der Harmonie, der Übereinstimmung sowie der Regularisierung der Kommunikation und der alltäglichen Interaktionen. *Sociabilité* kann als das konstitutive Prinzip des *savoir-vivre* angesehen werden (Picard 1995). In diesem Kontext erhält die eingangs beschriebene Aufwertung eines solchen sozialen Wertes wie *convivialité* erst ihre volle Bedeutung. Die aktuell wahrnehmbare Betonung von Gesellschaftlichkeit lässt sich auch als Gegenstrategie zu Prozessen der Vereinzelung, Marginalisierung und des Ausschlusses lesen, die die tief greifende Modernisierung der französischen Gesellschaft in den letzten Jahrzehnten in nicht gekannter Weise begleiten.

9 Rites de passage

Initiations-riten

Es sei in diesem Kapitel abschließend auf die Bedeutung der *Rites de passage* hingewiesen, die hier nicht detailliert dargestellt werden können. Es handelt sich dabei um heute noch praktizierte feste Protokolle für einzelne Feste, die die wichtigsten Etappen des Lebens markieren (Taufe, Hochzeit etc.). Wenn man den diesbezüglichen Regeln nicht folgt, so kann das den Ausschluss aus einer Gemeinschaft bedeuten. Für den Einzelnen haben die Riten die Funktion, ihn in eine Gemeinschaft aufzunehmen, seinen Status und seine Rolle dort zu bestimmen sowie ihn mit seinen Aufgaben vertraut zu machen. Es handelt sich insofern um Initiationsriten.

Bizutage

Zu den heute in der französischen Gesellschaft verbreiteten spezifischen Initiationsriten gehört das *bizutage*, ein oft praktizierter Ritus zur Aufnahme an renommierten Eliteschulen. *El bisoño* (span.) bedeutet „Neuling". Alljährlich durchlaufen die Erstsemester an vielen der *Grandes Ecoles* oder der besonders renommierten Fakultäten ein grausames, mit Sexualität und Gewalt gepaartes Aufnahmeritual, das die Älteren für die Neuen, mit stiller Zustimmung der Professoren, inszenieren. Die einzelnen Verlaufsformen sind unterschiedlich; es zählt das gemeinsam erlittene Leid, durch das sich besonders starke Bindungen herausbilden sollen.

Beispiele

Mit Schlagstöcken wurden beispielsweise die Neuen durch Gänge getrieben und anschließend mit Essig übergossen; Schlafen war nur unter den Betten erlaubt, gegessen wurde mit den Händen. Besonders verbreitet ist der Zwang zum Essen ekelerregender „Speisen": zwei Suppenwürfel, die dann mit einer halben Flasche Öl „nachgespült" werden oder die *soupe de stan*, eine Brühe aus

Exkrementen. Wenn das *bizutage* innerhalb der Schule verboten ist, so vollzieht es sich oftmals außerhalb. So mussten sich die Neuen bis auf die Unterwäsche ausziehen, wurden in einen Zug in Richtung Provinz gesetzt und mussten sehen, wie sie wieder nach Paris kamen. In einem anderen Fall wurden diejenigen, die sich geweigert hatten, an einem Striptease teilzunehmen, eingegipst und als Statuen auf Pariser Straßen und Plätzen abgestellt. Entscheidend ist immer, dass die Zeremonien mit einem extremen psychischen Druck verbunden sind, z.B. wenn alles vorbereitet wird, um dem mit verbundenen Augen Wartenden ein glühendes Eisen auf die Haut zu drücken; erst nach kurz empfundenem Schmerz und Aufschrei wird klar, dass es doch kein Eisen, sondern ein Eiswürfel war.

Mitunter nehmen diese Vorgänge, die als postmoderner Tribalismus (Michel Maffesoli) qualifiziert werden können, ein tragisches Ende: Ein *bizut* erleidet einen Herzschlag, nachdem er gefesselt auf eine Eisenbahnschiene gelegt wurde, ein anderer wird in zwei Matratzen gerollt, aus einem Fenster geworfen und überlebt nicht. Funktion und Ziel sind immer identisch: Es geht um die Eingliederung in ein *corps*, eine spezifische Form von Gemeinschaft, eine Art Innung, die sich nach außen abschirmt und nach innen zusammenhält, was auch komme. Die Initiationsriten sollen nicht nur Mut und Standhaftigkeit fördern, sondern vor allem Vertrauen in die (älteren) Mitglieder der Gemeinschaft. Zugleich lehren sie Autoritäten anzuerkennen. Um das Phänomen zu verstehen, – einschließlich der Tatsache, dass der französische Staat diese Vorgänge verharmlost, billigt bzw. Anklagen wegen Körperverletzung abwehrt, – ist ausschlaggebend, dass die Führungsschichten, die Eliten der französischen Gesellschaft, diese Riten selbst durchlaufen haben und die *sociétés des anciens élèves* eine wichtige Funktion nicht nur für den Erhalt der Riten, sondern auch des Corpsgeistes erfüllen. Der Corpsgeist oder Korporatismus ist außerordentlich wichtig innerhalb der Führungsschichten in Wirtschaft, Politik, Kultur und Wissenschaft. Manche Politiker und Künstler erinnern sich noch heute mit Freude an das *bizutage*. Von dem Bildhauer CÉSAR (ehemaliger Student der *Ecole des Beaux Arts*) wird beispielsweise berichtet, dass er das ständige Ausziehen der Neulinge als Fest empfunden habe und dass ihm seine Freunde ein königliches Erlebnis verschafft hätten, als sie ihn (den Älteren) in eine mit Milch gefüllte Badewanne gelegt und ihm sodann neun nackte Frauen (Neulinge) hinzugepackt hätten.

Korporatismus

3

Interkulturelle Transfer-, Rezeptions- und Interaktionsprozesse

Interdependenzen

Die in Kapitel 2 beschriebenen Prozesse und Ausdrucksformen der Selbstrepräsentationen als Nation bzw. von Alltagskulturen werden nun unter dem Aspekt wechselseitiger Einflüsse, Abhängigkeiten und Austauschprozesse beleuchtet. Es gehört inzwischen zum allgemeinen Wissensstand, dass sich die einzelnen nationalkulturellen Identitäten in solchen Interdependenzen konstituiert haben. In Deutschland ist die Herausbildung des Nationenverständnisses ein Ergebnis der Auseinandersetzung mit der gesamteuropäisch dominierenden französischen Kultur im 18. Jh. (s. Kapitel 1). Dabei ist für Deutschland charakteristisch, dass sich der nationalistische Diskurs – anders als in Frankreich – dezidiert von der Norm universalistischer Humanität löste und, wie Aleida Assman schreibt, sich mit „der Eigenart eines in Sprache, Geschichte und Territorium verwurzelten Volkes" verbündete (1994: 33). Da sich die Genese der Konzeption deutscher nationaler Identität im Kontext der Französischen Revolution und der Befreiungskriege vollzieht, ist es plausibel, dass die Prozesse jener nationalen „Bewusstwerdung" erst durch die Untersuchung ihres interkulturellen Charakters zu verstehen sind. Gleiches gilt für Frankreich, wo im 19. Jh. bei der historischen Relativierung der eigenen kulturellen Normvorstellungen die englische und deutsche Kultur als Gegenbilder zur Wirkung kommen. Besonders im 19. Jh. war die Frage der Kulturbeziehungen sehr stark von einem Konkurrenzmodell geprägt. Wir werden sehen, wie mit dem Konzept des **Kulturtransfers** versucht wird, die Dynamik jener Prozesse zu untersuchen. Dabei sind zwei Richtungen zu berücksichtigen: Zum einen stellt der Transfer einen Öffnungsprozess dar, zum anderen wirkt er oft auch als Faktor, der die eigene Identität stabilisiert und verfestigt (und dadurch auch die fremde).

Kulturtransfer

Bei der Problematisierung des Kulturtransfers treten theoretische Fragen auf, die schon bei den Darstellungen zum Kulturvergleich (Kapitel 2) angesprochen wurden, hier jedoch eine besondere Ausformung annehmen. M. Espagne und M. Werner haben auf folgende Problemstellung aufmerksam gemacht: Beim Transfer haben wir zwei Ebenen zu berücksichtigen. Auf der einen wird der Vorgang der „Übertragung" untersucht, bei dem per definitionem ungleiche Welten, verschiedene Systeme miteinander in Beziehung gesetzt werden. Auf der anderen interessiert die Dynamik der Veränderungen, die bei Transferprozessen auszumachen sind. Die erste und zweite Ebene sind dabei in Beziehung zu setzen.

Anders ausgedrückt heißt das, die interkulturellen und komparatistischen Untersuchungsperspektiven sind in der Transferforschung in einen Zusammenhang zu bringen, da die interkulturelle Ebene als Erklärungsmodus für die Untersuchungsergebnisse des Kulturvergleichs geltend gemacht werden kann. Deshalb muss bei der Kulturtransferforschung prinzipiell das Verhältnis zwischen asymmetrischen Objekt-Konstellationen und den Symmetrie implizierten Analysemodellen reflektiert werden (Espagne, Werner 1988 und 1997).

Transfer-forschung

Aus der theoriegeleiteten Literatur zum Kulturtransfer ist deshalb auch eine kritische Distanz zur ideengeschichtlich vorgehenden Kulturkomparatistik erkennbar. Die Transferforschung vermag in der Tat die Grenzen der Komparatistik aufzuzeigen: Für Espagne ist bei der Profilierung der Transferforschung entscheidend, dass der Kulturvergleich zwar Erkenntnisse bezüglich funktionaler Äquivalenzen erbringt, jedoch von räumlich abgeschlossenen Kulturräumen ausgeht. In der Komparatistik werden deren Spezifika untersucht, wobei die „Geschlossenheit" der Kulturräume dann mit Hilfe abstrakter Kategorien überwunden wird (z. B. Funktionsäquivalenzen nationaler Symbole). Die Transfertheorie sucht hingegen nach Möglichkeiten, „um die nationale Segmentierung zu überwinden und zwar nicht auf der Metaebene des Vergleichs, sondern in den mikrologischen Verflechtungsmechanismen zwischen den Kulturräumen, in den historisch nachgewiesenen Mischformen." (Espagne 1997: 310). Der Begriff des Transfers trägt den Auffassungen über die Grundbedingungen des Kulturaustausches Rechnung, die im Folgenden resümiert werden sollen.

1 Transfer und Akkulturation. Forschungsaufgaben und Methoden

In der Transferforschung wird von der Beobachtung ausgegangen, dass sich Ideen und Praxiszusammenhänge nicht aus eigenem Antrieb verbreiten, sondern durch Vermittlungsinstanzen getragen werden. Michel Espagne hebt in diesem Zusammenhang hervor, dass die Ergebnisse des Rezeptionsvorgangs in diesem Blickwinkel für sich genommen kein primärer Forschungsgegenstand sind. Vielmehr geht es zunächst und vor allem um die Erforschung der Rezeptionsmechanismen, die Ermittlung der sozialen Trägergruppen sowie um die durch den Kulturimport bewirkten Veränderungen des Rezeptionskontextes. Der Begriff Transfer erscheint hier angebracht, um die empirisch fassbare und materielle Kon-

Über-tragungs-prozess

kretheit der Gesamtheit aller Mechanismen, die im „Übertragungsprozess" wirksam werden, zu bezeichnen und das Augenmerk der Untersuchungen auf diese zu lenken. Hält man sich mit Espagne die gesamte Fragenpalette vor Augen, die z.B. mit dem „Übertragungspozess" der *Encyclopédie* und der Schriften VOLTAIRES aus dem französischen in den deutschen Kontext zusammenhängen (von wem, wann, mit welcher Motivation und mit welcher Finanzierung diese Texte übersetzt worden sind, ob und inwieweit die technischen Illustrationen der *Encyclopédie* technische Einrichtungen in deutschen Manufakturen bestimmt haben), dann wird ersichtlich, dass die Transferforschung noch in den Kinderschuhen steckt.

Zusammenhang und Dynamik

Es geht in der Transferforschung darum, den Zusammenhang von Ausgangs- und Rezeptionskultur zu betonen und dabei die Dynamik zu erfassen, die bei den Prozessen der „Übertragung" bzw. des Kulturimports und -exports charakteristisch ist. Transfer wird hier gerade nicht als einfache „Übertragung" verstanden, sondern als ein kreativer, produktiver und dynamischer Prozess, in dessen Verlauf bestimmte Elemente (Wissen, Begriffe, Symbole etc.) aus einem kulturellen System in ein anderes „übertragen" werden und dabei Veränderungen, Adaptionen erfahren. Insofern kann die „Übernahme" eines fremden Kulturelements weder allein nach der ursprünglichen Bedeutung der Alltagskultur noch allein von der Rezeptionsseite her beurteilt werden. Transferforschung hat es also mit zwei semantischen Systemen und mit zwei sozialen Legitimationszusammenhängen zu tun. Kulturtransferstudien müssen stärker als bisher parallel für Frankreich und Deutschland unternommen werden. Erst dadurch kann der Tatsache Rechnung getragen werden, dass es bekanntlich häufiger über die Import-Exportvorgänge hinaus zu Re-Importen und Re-Exportphänomenen gekommen ist, zu einer Art „Spiralbewegung gegenseitiger, jeweils national uminterpretierter Kulturrezeption" (Espagne, Werner 1988: 34). Transfer betont damit den interaktionistischen und Entwicklungscharakter (kulturellen Wandel) von Kulturen. Transfer steht damit einem anderen Begriff und Konzept sehr nahe, dem der Akkulturation.

Acculturation

Dieser Begriff existiert schon seit dem letzten Drittel des 19. Jhs. in der (amerikanischen) Anthropologie. Im Begriff *acculturation* wird mit dem Präfix *a* (vom lateinischen *ad*) eine Bewegung der Annäherung bezeichnet. In diesem Sinn beschreibt erstmals der amerikanische Anthropologe J.W. POWELL die kulturellen Prozesse, die mit der Immigration in Nordamerika vor sich gehen. Die weitere Ausarbeitung des Begriffkonzepts *acculturation* erfolgt dann in den 30er Jahren und mündet in den USA 1936 in ein Memorandum von Anthropologen, in dem es heißt:

Interkulturelle Transfer-, Rezeptions- und Interaktionsprozesse

L'acculturation est l'ensemble des phénomènes qui résultent d'un contact continu et direct entre des groupes d'individus de cultures différentes et qui entraînent des changements dans les modèles (patterns) culturels initiaux de l'un ou des deux groupes. (zit. nach Cuche 1996: 54).

Abgrenzung und Definition

Diese Auffassung von Akkulturation ist in der Kulturkontaktforschung (zum kulturellen Wandel) noch heute wichtig, vor allem in Abgrenzung zu den Prozessen, die als *assimilation* bezeichnet werden, und die im Unterschied zur Akkulturation das völlige Verschwinden der Ursprungskultur einer Gruppe beinhalten. (Mit diesen Begriffen können auch differierende Ziele der Integrationspolitik beschrieben werden.) In der Transferforschung bezeichnet Akkulturation „den aus dem Zusammenprall verschiedener Kultursysteme resultierenden **Entwicklungsprozess**" (Espagne, Werner 1988: 21).

Gemessen an diesen Ausgangsbedingungen weist der Begriff „Transfer" im Unterschied zu anderen verwendeten Begriffen wie etwa „Beziehungen", „Einfluss", „Kulturkontakt" oder *„échange"* Vorzüge auf, weshalb Begriff und Konzept auch in diesem Buch gegenüber anderen favorisiert wird. Er hat zudem pragmatische Vorteile wie seine Neutralität in Bezug auf Normvorstellungen und seine unkomplizierte Übersetzbarkeit im deutsch-französischen Kontext. Aus den neuen Akzenten, die die Transferforschung vor allem gegenüber der ideengeschichtlichen Komparatistik setzt, ergeben sich auch eine Reihe bislang vernachlässigter Untersuchungsgegenstände und Methoden. Das Interesse gilt den verschiedenen sozialen Trägergruppen des Tranfers, also bestimmten Personen(gruppen) und ihren Biografien.

Forschungsfelder und -methoden

Die biografische Forschung zu den Kulturmittlern entwickelt sich zu einem eigenständigen Forschungsfeld, wie auch Untersuchungen zu den verschiedenen (historisch sich verändernden) Medien der Kulturmittlung. Als eine weitere wichtige, relativ neue Methode in der Kulturtransferforschng hat sich das Interesse an empirischen, insbesondere seriellen Untersuchungsmethoden erwiesen. Die Produktivität solcher mit mehr oder weniger großem Aufwand durchgeführten Untersuchungen hat in letzter Zeit eine Forschergruppe unter der Leitung von H.-J. Lüsberink und R. Reichardt bewiesen. Hier wurde eine virtuelle Übersetzungsbibilothek (Datenbank) für den Zeitraum des Epochenumbruchs 1770 bis 1815 erstellt, die das Ergebnis quantitativer, serieller Untersuchungen zu allen deutschen Übersetzungen französischer Veröffentlichungen in dieser Umbruchzeit darstellt. Auf dieser Grundlage lassen sich nun ausgewählte qualitative Untersuchungen zu den Übersetzungen selbst vornehmen. Bei den Paralleltextanalysen werden u. a. Methoden der historischen Semantik oder der kontrastiven Linguistik angewandt.

Forschungs-aufgaben

Die Aufgabe der Transferforschung, **Akkulturationsmechanismen** ausfindig zu machen, führt zu der Frage nach den Selektions-, Legitimations- und Integrationsmechanismen, die beim Kulturimport wirksam werden. Dies führt zur Analyse jener Verhältnisse, die in der Regel mit politischen oder ideologischen Konfigurationen zu tun haben. Espagne und Werner meinen hierzu, dass die Beobachtung jener Akkulturationsmechanismen in eine Erforschung der „historischen Konjunkturen" mündet. Als Beispiele werden historische Situationen belegt, in denen deutsche Literatur und Philosophie in Frankreich eingeführt werden, etwa Kant als Gegenstand einer Auseinandersetzung zwischen Spiritualisten und Jakobinern. Hegel wurde durch VICTOR COUSIN als ideologische Rechtfertigung der konstitutionellen Monarchie in Frankreich erst verbreitet, ohne jedoch dann der junghegelianischen Philosophie eine breite Resonanz zu verschaffen. Bekanntlich hängen auch die vielen Deutschlandreisen von französischen Wissenschaftlern und Militärs nach 1870 und deren Interesse an der dortigen Entwicklung von Wissenschaft und Technik mit der Erfahrung der Niederlage im Preußisch-Französischen Krieg zusammen. Dennoch dient der Kulturimport nicht nur der Legitimation dominanter Strömungen. Er wird oft auch in subversiver Absicht eingesetzt, wie z.B. die Berufung auf SCHELLING als Distanz zu COUSIN (Werner 1988).

Wichtig ist in diesem Zusammenhang, dass im Kontext des Kulturimports eine Instrumentalisierung erfolgen kann. Dieses ist auch eine Form des Abbaus von Distanz. Michel Espagne weist darauf hin, dass es zu den wichtigen Aufgaben der Kulturtransferforschung gehört, die verschiedenen Formen und Ausmaße des Abbaus von Distanz zwischen verschiedenen Kulturen zu untersuchen. In welcher Funktion der Kulturimport auch immer erfolgt, es muss der Kulturtransferforschung darum gehen, die jeweiligen historischen Praxiszusammenhänge zu rekonstruieren bzw. zu reinterpretieren. Als zentrale Frage ergibt sich dabei, „ob es in Hinsicht auf den interkulturellen Transfer eine maßgebende Interpretation der rezipierten fremden Kulturgüter gibt, ob sich ihr Inhalt in ihrer gesellschaftlichen Funktion erschöpft, oder ob man einen unveränderlichen (und nicht uminterpretierbaren) festen Kern von den veränderlichen institutionellen Rahmenbedingungen abtrennen kann." (Espagne, Werner 1988: 23).

Vorhaben

Obgleich die Transferforschung in den letzten 10 Jahren einen beachtlichen Aufschwung erfahren hat, der ganz besonders durch die Pariser Forschergruppe um Espagne und Werner initiiert wurde (siehe auch die im Leipziger Universitätsverlag erscheinende Reihe *Transfer* mit den Bänden Deutsch-Französische Kulturbibliothek), bleibt eine Fülle von unbearbeitetem Quellenmaterial zu analysieren. Viele archivalische Spuren deutsch-französischer Kulturkontakte sind bislang noch unbeachtet. Es gilt die vielfältigen Spuren des „deutschen Kulturgedächtnisses" in Frankreich und des „französischen Kulturgedächtnisses" in Deutschland aufzuzeichnen. Aus diesen verschiedenartigen Aufgabenfeldern der Transferforschung wird ersichtlich: Transferforschung ist zu einem guten Teil Sozialgeschichtsschreibung des Kulturaustausches. Für die folgende detailliertere Darstellung wählen wir einige Fragestellungen aus, die zum einen die innovatorischen Aspekte der Transferforschung unterstreichen und zum anderen in Beziehung zu den in Kapitel 2 aufgeworfenen Problemen von Nation und Alltag stehen.

2 Kulturelle Mittler. Personengruppen und Institutionen

Für die Transferforschung ist die Frage nach den sozialen Trägern der Kulturvermittlung zentral. Die meisten Probleme, die mit der Transferforschung verbunden sind, hängen mit Aktivitäten von Mittlergruppen zusammen. Schließlich sind sie es, die fremde Gedankenkonstellationen ein- und ausführen. Diese sozialen Akteure im Transferprozess, die die „Übertragungsprozesse" bzw. den Kulturimport und -export gestalten, werden als kulturelle Mittler *(intermédiaires culturels)* bezeichnet. Von besonderem Interesse sind zum einen ihre Biografien. In ihnen lassen sich vielfach die konkreten Intentionen sowie die Wahrnehmungs- und Urteilsmuster erkennen, die den Transferprozess prägen. Dabei kann in konkreten Einzelstudien das spannungsreiche Verhältnis von nationalkulturellen, gruppentypologischen und individuell geprägten Deutungs- und Wahrnehmungsmustern untersucht werden. Schließlich lässt sich über ihre Biografien Alltag in seinen „Verwicklungen" mit den außeralltäglichen Dimensionen konkret erfassen. Espagne und Werner betonen einerseits das „Durchschlagen" der nationalkulturellen Dimension auf die gruppentypologische und individuelle Ebene und andererseits die Bedeutung des „individuellen Faktors" sowie der alltagskulturellen Dimension. Nationalkultur als Konstrukt erscheint als Faktor individueller Sozialisation und Identitätsbildung, der Persönlichkeitsstrukturen und Verhaltensnormen prägt. Als solcher lässt sich dieses Konstrukt auch in den Biografien nachweisen, die dann ihrerseits in gruppenspezifischen Merkmalen zusammengefasst werden können. Die Rekonstruktion der Alltagserfahrungen einer bestimmten Gruppe schließt somit auch die Untersuchung der mentalitätsbildenden Vorstellung mit ein, die in ihrer wechselseitigen Interferenz zu analysieren sind.

Biografien

Institutionen	Die Geschichte des interkulturellen Transfers ist andererseits auch in die Spannung von Sozialgeschichte der Insitutionen und Sozialgeschichte des Alltags eingebunden. Durch Zusammenführungen von Einzelstudien können historische Argumentationsreihen kritisch aufgearbeitet werden, die das Handeln der im Transfer tätigen Akteure begründet und legitimiert haben. In moderneren Perioden werden Transfer und interkulturelle Austauschprozesse Gegenstand von **Austauschpolitiken**, die Kulturbeziehungen auf regierungsoffizieller Ebene – von politischen, ökonomischen u. a. Interessen geleitet – kanalisieren, befördern bzw. eingeschränken.
Verschiedene Forschungsbereiche	Hans Manfred Bock fordert, neben den Analysen der offiziellen Kulturbeziehungen, die in ministerielle Ressorts auswärtiger Politik gehören und weitgehend eine Domäne der Politikwissenschaften sind, vor allem jene gesellschaftlichen Organisationen bzw. Initiativen von Gruppen oder Einzelpersonen in den Blick zu nehmen, die dem zivilgesellschaftlichen Raum angehören. Solche Untersuchungen des nichtgouvernementalen Kulturtransfers sind bislang vernachlässigt worden. Konzeptionell sollte zwischen dem offiziellen, dem offiziösen, sowie zivilgesellschaftlichen und privaten Bereich unterschieden werden. Dabei sind die Konstituierungsbedingungen sowie die Interaktionsformen innerhalb dieser Bereiche und zwischen ihnen zu untersuchen. Transnationaler Kulturtransfer ist zuerst und vor allem ein gesellschaftliches Phänomen, das in Beziehung zu den staatlichen Institutionen der Kulturpolitik stehen kann, aber nicht in jedem Fall stehen muss (Bock 1997).
Dt.-frz. Austauschbeziehungen	Die Untersuchung der deutsch-französischen Austauschbeziehungen sind diesbezüglich aufschlussreich. Reinhart Meyer-Kalkus hat die akademische Mobilität zwischen Deutschland und Frankreich (1925–1992), einschließlich der Konstituierungsakte wichtiger Organisationen z.B. der Pariser Außenstelle des **DAAD** (1930), die Einrichtung der **Maison Heinrich Heine** in der *Cité Universitaire* in Paris (1956) sowie des **Deutsch Französischen Jugendwerkes** (1963) untersucht: „Nur in diesem Spannungsfeld von Austauschpolitiken, Hochschulinteressen, Mittlerinstitution und individuellen Mobilitätschancen und -motivationen lässt sich wohl zureichend beschreiben, was sich zwischen deutschen und französischen Hochschulen seit 1925 ereignet hat." (Meyer-Kalkus 1994: 29).
Perspektivenvielfalt	Für die Transferforschung ist es folglich wichtig, dass wir sowohl objektive als auch subjektive Quellen für die Rekonstruktion und Reinterpretation der Transferprozesse und Mittlungsprozesse heranziehen. Zum einen lassen sich Biographien über Verwaltungsakten, Urkunden, Geschäftsbriefe etc. rekonstruieren, aber auch

über die Privatkorrespondenz, Reisenotizen, Reiseberichte. Die Mittler müssen dabei selbst zu Wort kommen, wie andererseits Analysen der ojektiven politischen und sozialen Kräfte- und Interessenkonstellationen notwendig sind. Durch das Transferkonzept kann eine Perspektivenvielfalt in die Kulturgeschichtsschreibung eingebracht werden. Dies trägt dazu bei, die Konzentration auf die nationalkulturelle Ebene zugunsten von regionalen, lokalen und übergreifenden (europäischen u. a.) Bezugspunkten zu überwinden. Sie eröffnen zudem eine neue Sicht auf die historische Alltagsforschung.

1 Gruppentypologie der Mittler

Die biographische Forschung zu Kulturmittlern zwischen Frankreich und Deutschland hat in den letzten Jahren ein zunehmendes Interesse gefunden. Neben Einzelstudien gewinnen die Fragen ihrer systematischen Ordnung inzwischen an Bedeutung. Schließlich können wichtige Aufschlüsse für die Transferforschung – z. B. strukturelle und funktionale Argumentationslinien für die Mittlertätigkeit in einem präzisen Zeitpunkt und kulturellen Raum – erst durch das Erstellen von **Reihenbiografien** ermittelt werden. Aufgrund welcher Kriterien lassen sich jedoch solche Reihen zusammenfassen? Welche Typologie von Kulturmittlung kann für eine bestimmte Zeitspanne und einen spezifischen Raum (eine Stadt, eine Region etc.) sinnvoll sein? Um auf Fragen dieser Art zu antworten, ist es wichtig, die sich historisch wandelnde Beschaffenheit und Ausdifferenzierung der interkulturellen Kommunikationsstrukturen zu berücksichtigen. Neben der schriftlichen und audiovisuellen Information gehört Reisen in bestimmten Formen und mit spezifischen Zielsetzungen zu den wichtigsten Katalysatoren des Kulturaustausches. Im Hinblick auf die systematische analytische wie theoretische Aufarbeitung stehen wir in dieser Hinsicht noch am Anfang. Michel Espagne verweist in seinen Arbeiten auf die Schwierigkeiten, eine angemessene Typologie der sozialen Trägerschichten zu entwerfen, weil sich verschiedene Differenzierungsmöglichkeiten überlagern. Dabei erklärt er zum weiteren Ziel solcher Typologiebildungen (Gattungen), die einzelnen Gruppen des Kulturtransfers auszumachen, um eine Konfrontation „gattungsspezifischer Schicksale von Vermittlern" zu ermöglichen. Auf der Grundlage seiner eigenen Untersuchungen, die die Mittlergruppen des deutsch-französischen Transfers im Epochenumbruch zwischen 1770 bis 1825 betreffen, schlägt er als Einteilungskriterien z.B. a) Berufsspezifika der Mittler und b) die Religionszugehörigkeit vor.

Biografische Forschung

Berufs-spezifika	Schon vor der Revolution lebten viele Deutsche in Frankreich und bildeten deutsche Kolonien in Paris, Versailles, Lyon und in den Ostregionen. Traditionell waren es vor allem Handwerker (Paris), Maler, Musiker, Händler und Kunsthandwerker. Künstler pendeln um 1800 zwischen Frankreich und Deutschland. Auszuloten wäre für das 18. Jh. z.B. welche berufliche Motivation für die Präsenz der deutschen **Freimaurer** in Paris zu belegen ist, eine Gruppe, die bisher wenig untersucht wurde, die jedoch noch vor dem deutschen Jakobinismus „eine deutsche Komponente in der revolutionären Gärung darstellte." (Espagne, Werner 1988: 31). Das Archiv der Logen in der *Bibilothèque nationale* in Paris ermöglicht den Zugang zu einer Vielzahl von biographischen Dokumenten. Wichtig erscheint uns die Tatsache, dass durch diese interkulturellen beruflichen Kontakte auch immer etwas anderes in den Transfer eingebracht wurde, als das, was mit diesem Beruf zu tun hat. Es ist dieser „semantische Zusatz" (Espagne), auf den es in der Transferforschung ankommt. Welche Vorstellung von Deutschland haben beispielsweise deutschsprachige Soldaten in den französischen Truppen des Ancien Régime eingebracht oder französische Offiziere, die als erste die deutsche Sprache erlernten? Einige Berufsgruppen spielen in der Transferforschung eine besondere Rolle, da der Transfer zu ihrem Berufsbild gehört: Für die erwähnte Zeit sind hier besonders die Übersetzer und die Buchhändler von Bedeutung. Einzelstudien führen im Gesamtresultat zu einigen typologischen Merkmalen dieser Mittlergruppe der damaligen Zeit: Michel Espagne verweist z.B. auf Michael Huber, in dessen Biographie jene damals typischen Lebensumstände zu finden sind, die die eigentliche Position des Übersetzers unter den damaligen Umständen kennzeichnen: Huber lebte lange in Paris, hatte sich dort unter den Verlegern einen Namen gemacht, heiratete eine Französin, ging jedoch nach Deutschland zurück, um hier als literarischer Patriot zu wirken und den Franzosen zu zeigen, dass es eine der französischen ebenbürtige deutsche Lyrik gibt. (Zu typologischen Besonderheiten von Mittlern zwischen Frankreich und der DDR siehe Röseberg 2000.)
Religions-zugehörig-keit	Die Religionszugehörigkeit hat in der Zeit des Epochenumbruchs eine wichtige Rolle bei der Erfüllung von Mittlerfunktionen gespielt. Um 1800 spielt die Wanderung deutschsprachiger Juden nach Paris eine wichtige Rolle. Juden sind in Frankreich am Ende des 18. Jhs. in den Ostregionen angesiedelt, wo sie einen intensiven Kontakt mit den jenseits den Rheins lebenden Glaubensgemeinden pflegen. Espagne weist in seinen Arbeiten schlüssig nach, wie die Emanzipationsbestrebungen des europäischen Judentums um 1800 überhaupt als ein deutsch-französischer und zugleich französisch-deutscher Transferprozess verstanden wer-

den können. Er belegt dabei, dass die deutsch-jüdische Niederlassung von Bankhäusern, die gewöhnlich auf die Zeit nach dem Wiener Kongress datiert wird, schon früher begann (James de Rothschild 1811). Die Einwanderung einfacherer Gruppen wie der Kolporteure, Lumpenhändler, Wechsler, begann ebenfalls früher. Diese Einwanderung führte dazu, dass Paris im Verlauf des 19. Jhs. zu einem wichtigen Zentrum des französischen Judentums wurde und zugleich das ästhetische Selbstbild der Pariser Kultur beeinflusste. (Einzelne Belege findet man bei Espagne 1997: 323–325.)

2 Die spezifische Gruppe der Emigranten

Äußerungen von Emigranten sowie Dokumente, die ihr Privat- und Berufsverhalten belegen, gehören zu den aufschlussreichen Materialien für die Transferforschung. Sie belegen eine für den deutsch-französischen Kontext außerordentlich bedeutsame Form des Kulturaustausches. An ihnen lassen sich zudem eine Reihe von Grundproblemen des Transfers in besonders zugespitzter Form ablesen. Ihr Sozialverhalten kann als eine unmittelbare Reaktion auf die Rezeptionsbedingungen der jeweiligen Gesellschaft aufgefasst werden. Emigranten befinden sich oftmals an strategisch bedeutsamen Bruchstellen der Identitätsbildungen. Insbesondere lässt sich das Spannungsverhältnis zwischen nationalen und persönlich-individuell determinierten Lösungen in Entscheidungssituationen studieren. So ist vielfach belegt, dass sich deutsche Emigranten erst im Ausland als Deutsche fühlten. (Dies trifft mitunter auch bei anderen Anlässen längerer Auslandsaufenthalte zu.) Andere Identitätsfolien wie z.B. regionale, berufs- und schichtenspezifische treten häufig in den Hintergrund. Selbstwahrnehmung und Fremdcharakteristik (Wahrnehmung als Deutsche durch französische Umgebung) gehen dabei Hand in Hand. Wichtig ist in diesen Situationen, dass – unabhängig von der individuellen Reaktion auf solche Zuschreibungen oder Selbstwahrnehmungen – eine Auseinandersetzung mit den national-kulturellen Identitätsmustern erfolgt(e).

Bruchstellen der Identitätsbildung

An dieser Stelle kann nur ein grober Überblick über die Bandbreite der Situationen und Gründe für das Exil gegeben werden. Dabei ist zu unterstreichen, dass sich für bestimmte Perioden geschlossene Gruppen von Emigranten ausfindig machen lassen, die durch Einzelstudien näher zu beleuchten sind. Eine solche geschlossene Gruppe bilden bekanntlich die französischen **Hugenotten**, die im Jahre 1685 durch Louis XIV vertrieben und in Preußen, Hessen und in Württemberg aufgenommen werden (siehe die Arbeiten von F. Hartweg). In der Periode der Französi-

Hugenotten

schen Revolution und dem *Premier Empire* kommt es dann zu einem simultanen Migrationsstrom in beide Richtungen. Aus Frankreich fliehen nach 1789 diejenigen, die Angst vor dem Verlust ihrer Privilegien haben. Viele bleiben in Deutschland bis an ihr Lebensende (z.B. Chamisso). In einer der wichtigsten französischen Emigrationszeitungen in Hamburg, die von Januar 1797 bis Ende 1802 erscheint, wird den emigrierten französischen Schriftstellern im Juli 1798 folgende Mittlertätigkeit zur Aufgabe gemacht:

N'étant plus sur leur propre terrain, et n'ayant plus les mêmes moyens de culture, il leur devient plus difficle de créer et de réussir par eux-mêmes. Mais ils vivent dans un pays fertile, et c'est de ses productions qu'ils peuvent enrichir la France. Les écrivains de l'Allemagne y sont trop peu connus; nous nous trouvons au milieu d'eux; apprenons leur langue, étudions leur esprit, discernons ce qu'ils ont de bon, et qui manque à notre littérature ... Traduisons, comparons; apprenons aux Allemands et aux Français quelle est leur valeur réciproque... Considérons-nous comme une colonie savante envoyée par la métropole pour découvrir de nouvelles contrées et lui fournir de nouveaux trésors." (zit. nach Jacques Grandjonc 1983: 58).

Légion germanique

Im September 1792 wurde in Frankreich die *Légion germanique* geboren, die im Geist ihrer Gründer Deserteure der preußischen, österreichischen, hessischen u. a. Armeen aufnahm. Sie bleibt nicht ausschließlich deutsch, sondern nimmt auch Belgier und Holländer, Schweizer, Polen und Italiener auf. Später wurde ein Teil dieser Legion in die republikanische Armee übernommen. Diejenigen unter ihnen, die in Deutschland wegen ihres politischen Engagements verfolgt wurden, kamen insbesondere in der Zeit des *Premier Empire* nach Frankreich und bildeten, vor allem in Paris, die Basis für die deutsche Kolonie im 19. Jh. Einer der berühmtesten deutschen Jakobiner war der Schriftsteller und Gelehrter GEORG FORSTER. Er kommt 1790 nach Paris. Das Haus von CHARLES FRÉDÉRIC CRAMER, Professor in Kiel und danach in Paris Drucker und Buchhändler, wird in Paris zu einem Treffpunkt vieler Deutscher im Empire. Er gibt die Werke von SIÈYES als *Édition à l'usage de l'Allemagne* heraus und sein *Journal d'un Allemand à Paris*. Er übersetzt französische Schriftsteller ins Deutsche, z.B. ROUSSEAU, DIDEROT, Chateaubriand, Mercier, und Schiller ins Französische.

Arbeits-immi-gration

Neben politischen Gründen gibt es in den ersten zwei Dritteln des 19. Jhs. vor allem auch ökonomische Gründe für eine Arbeitsimmigration nach Frankreich. Deutsche Arbeiter und Handwerker, aber auch Journalisten, Ärzte, Wissenschaftler, Schriftsteller, Künstler kommen nach Frankreich, um hier Arbeit bzw. bessere Arbeitsbedingungen zu finden. Z.B. führt die Pressezensur in

Deutschland vor 1848 zu einem Exil deutscher liberaler Journalisten nach Frankreich. Das erste Journal der deutschen Emigration nach der Julirevolution von 1830 war *Das konstitutionelle Deutschland*. Es erschien als wöchentliche Beilage im *Courrier du Bas Rhin*. Hier wurde auch über die Gründe der Flucht zahlreicher deutscher Bauern geschrieben.

HEINRICH HEINE lebt von 1831 bis 1856 in Paris und wirkt hier als ein wichtiger Vermittler zwischen Deutschand und Frankreich. Er blieb dabei ein kritischer Beobachter der Julimonarchie und popularisierte in Frankreich deutsche Philosophie und Literatur. Er kannte fast alle Deutschen in Paris, so auch KARL MARX, der sich seit 1843 dort aufhielt und Kontakte zu französischen Sozialisten wie LOUIS BLANC, ETIENNE CABET und PROUDHON unterhielt. Für das 19. Jh. ergeben sich neben berühmten Namen viele andere, die als relativ geschlossene Gruppen von Mittlern wirkten: deutsche Emigranten, die als Deutschlehrer an französischen Gymnasien, als Journalisten sowie Wissenschaftler tätig waren. Quantitative Untersuchungen sind hier unabdingbar, um zunächst Ausmaß und Reichweite ihrer Aktivitäten zu ermitteln: die Anzahl ihrer Schüler, Veröffentlichungen mit Auflagenhöhe etc. Nicht nur Lehrkräfte, von denen die persönlichen Akten meist erhalten sind, sondern auch Buchhändler und Verleger (Heideloff, Klincksieck etc.) gehören zu diesen den Kulturtransfer mitgestaltenden Gruppen.

Zeitlich begrenztes Exil

Von der Gruppe der zeitlich begrenzten Emigranten sind solche zu unterscheiden, die eine dauerhafte Niederlassung im anderen Land gefunden haben. Zu ihnen gehören z.B. die deutschen hanseatischen Kaufleute in Bordeaux, die Anfang des 18. Jhs. nach Frankreich kamen und erst durch den Ersten Weltkrieg vertrieben wurden. Bordeaux bietet eine günstige Ausgangslage für Langzeitstudien zum deutsch-französischen Kulturtransfer, wobei das Verhältnis von Einzel- und Gruppenverhalten zu studieren ist (Espagne, Werner 1988: 32).

Dauerhafte Emigration

In der Zeit des Dritten Reiches bildet sich ein deutscher Emigrantenstrom der durch die Naziherrschaft Verfolgten und zum Tode Verurteilten. Frankreich ist das erste Land, in das die meisten Flüchtlinge bereits 1933 kommen. Frankreich nimmt zu diesem Zeitpunkt 40 % aller Flüchtlinge auf, mehr als die USA (gefördert durch Regierung, Gewerkschaften, Kirchen). Bald stößt diese politische Emigration auf ökonomische, politische und kulturelle Widerstände. Ab Ende 1933 ändert sich die offizielle Einwanderungspolitik, vor allem in der Folge der Wirtschaftskrise. Viele Emigranten erleben in den Folgejahren (Okkupation und Vichy Régime) ein schwieriges Exil. Hierzu gehört auch die Erfahrung in

Drittes Reich

französischen Internierungslagern (siehe die Arbeiten von M. Gilzmer, R. Thalmann). Einige Emigranten unterhalten Verbindungen zur französischen *Résistance* oder nehmen an ihr teil. Die Erinnerungen an diese Zeit, die in verschiedenen Formen auch schriftlich niederlegt sind, müssen unter dem Gesichtspunkt des Transfers neu gelesen werden.

3 Reisen und Kulturtransfer

1 Geschichte von Reisediskursen

Reise-literatur

Reisen gehört zu den wichtigsten Voraussetzungen und Ebenen kultureller Transferprozesse. Für die Forschung sind dabei die vielfältigen historisch wechselnden Intentionen und institutionellen Formen des Reisens und die damit verbundenen Dokumentationen in ihren Beziehungen zu den Rezeptions- und Interaktionsprozessen interessant. Reiseliteratur, Reisenotizen, Reiseführer etc. sind dabei aufschlussreiche Textsorten, die bislang mit unterschiedlicher Intensität für die Transfer- und Rezeptionsforschung eingesetzt worden sind. Während die Reiseführer erst sehr sporadisch untersucht werden (s. auch Kapitel 4 und 5), hat die Reiseliteratur als dokumentarisch-literarisches Grenzgenre mehr Interesse gefunden (eine ausführliche Bibilographie bei Grosser 1988: 163). Dabei werden jedoch kaum die Aspekte des Transfers berücksichtigt. Die historische Reiseforschung ist erst auf dem Wege, sich zu einem Teilgebiet der Kulturaustauschforschung zu entwickeln. Reisen spielte gerade in Zeiten, in denen die medialen Kommunikationsstrukturen noch weniger entwickelt waren, eine ganz besonders wichtige Rolle.

Forschungs-methode

Thomas Grosser weist dies in einer Studie über deutsche Frankreichreisende von 1650 bis 1850 nach. Sein methodisches Programm verdient besonderes Interesse. Er schreibt, dass es darum geht, „die Interdependenzen und Verwerfungen zwischen der zeitgenössischen apodemischen Reisetheorie (Apodemik: Kunst des Reisens), den ständisch reglementierten Reiseformen, dem literarischen Diskurs der veröffentlichten Reisebeschreibungen und der realen Reisepraxis zu untersuchen" (Grosser 1988: 164).

Grosser geht der Geschichte der Reiseformen nach, die bis in das 18. Jh. relativ strikten ständischen Reglementierungen und Konventionen unterworfen waren (z.B. Kavalierstouren). Erst nach der Revolution und mit der Entwicklung der Eisenbahnverbindungen im 19. Jh. verblassen diese Reglementierungen und folgen allmählich immer mehr den Gesetzen des Massentourismus. Mit der Auswertung von Reisebeschreibungen und -tagebüchern können wir Intentionen und Wahrnehmungsräume eingrenzen, mit dem die Reisenden einer fremden Kultur gegenübertraten und mitbestimmten, was sie von ihr rezipiert und in ihre Ausgangskultur mitgenommen haben. Ein wichtiges Aufgabenfeld liegt in diesem Kontext darin, Ausmaß und Qualität der *intra*kulturellen Wahrnehmungsstrukturen und Wertmaßstäbe der Ausgangskultur ausfindig zu machen. Diese prägen entscheidend die interkulturellen Transferprozesse. Eine Vielzahl von biographischen und sozialgeschichtlichen Einzelstudien ist erforderlich, um die Verarbeitung und Verbreitung jener durch Reisen importierten Informationen, Ideen, Praktiken etc. zu analysieren und dabei die Akkulturationswirkungen des Kulturtransfers durch Reisen herauszufinden.

2 Französische Reisende und die Rezeption des deutschen Schulsystems im 19. Jahrhundert

Interessante Aufschlüsse haben für das ausgehende 19. Jh. auch Arbeiten erbracht, die sich mit den Deutschlandreisen französischer Schulpolitiker, Lehrer und Universitätsangehöriger beschäftigen. In den Jahren nach der Niederlage von 1870, in denen viel über deren Ursachen nachgedacht und diskutiert wird, verbreitet sich. u. a. der Topos vom *„instituteur prussien qui a gagné la guerre."* Für GUSTAVE FLAUBERT hatte Preußen aufgrund der höheren Bildung gesiegt, eine Auffassung, die vor allem von den französischen Republikanern geteilt wird, die seit den 80er Jahren die Regierungspolitik maßgeblich gestalten. Die vielfältigen Deutschlandreisen verfolgen das Ziel, das deutsche Schul- und Universitätssystem aus eigener Anschauung zu erkunden. Dies geschieht in den 1880er Jahren auch mit administrativer, politischer Unterstützung. Der Hintergrund hierfür sind die in der Epoche der Einführung der obligatorischen und kostenlosen Volksschule durch JULES FERRY beabsichtigten Reformen des allgemeinbildenden und beruflichen Schulwesens, die eine Modernisierung herbeiführen sollen. Aus der Vielfalt der nach den Reisen schriftlich niedergelegten Eindrücke ist der 6-bändige *Rapport* anlässlich der großen parlamentarischen *Enquête* von 1899 besonders wichtig. Bernhard Trouillet hat es unternommen, die aus den Deutschlandreisen jener Jahre hervorgegangenen Berichte und Reisezeugnisse, u. a. auch den Bericht der *Enquête*-Kommission, zu untersuchen (Trouillet 1991). Dabei stellt er die Frage nach den Wahrnehmungsräumen und Urteilsstrukturen der Reisenden einerseits und den Folgen für die realen Bildungsreformen andererseits.

Historischer Hintergrund

Die vielfältigen Facetten der naturgemäß nicht immer einheitlichen Beurteilungen des deutschen Schulsystems können hier nicht dargelegt werden. Konzentrieren wir uns deshalb auf einige Hauptprobleme, die den Zusammenhang zwischen den strukturellen und inhaltlichen Differenzen der Schulbildung (Sekundarstufe) in der Ausgangs- und Rezeptionskultur betreffen, deren Wahrnehmungen und Beurteilungen durch die Reisenden und möglichen institutionellen Verankerungen anlässlich der Reformen. Generell ist charakteristisch, dass der Zusammenhang von Bildung und Gesellschaft, Bildung und Nationalbewusstsein sowie Bildung und Macht einen wichtigen Fragenhorizont darstellt. Hierin drückt sich bereits der Wille der republikanischen Schulreformer nach nationaler Konsensbildung und Stärkung der Nation im Gefolge der Niederlage aus. Für sie ist in Anknüpfung an Aufklärung und Revolution Bildung *(instruction, éducation)* ein zentrales Element für die Entwicklung von Republik und Nation (s. auch Kapitel 2). Die *Enquête*-Kommission wird von dem ehemaligen Ministerpräsidenten ALEXANDRE RIGOT geleitet. Zu den Rapporteuren gehören solche Experten wie der Sozialwissenschaftler BLONDEL und der Grammatiker BRÉAL. Die strukturellen Probleme der Sekundarschule in Deutschland nehmen einen wichtigen Platz in den Berichten ein. Die in Frankreich nicht vorhandene Gabelung (Gymnasien, Realgymnasien, Realschulen) findet eine besondere Aufmerksamkeit. Blondel, der im Auftrag des Unterrichtsministeriums mehrfach Deutschland besucht, betont, wie wichtig der „moderne" Unterricht für die Entwicklung der Industrie sei. Der überall diskutierte wirtschaftliche Aufschwung Deutschlands wird hier als Folge der guten (natur)wissenschaftlichen Bildung an den Realgymnasien und Realschulen interpretiert. Weiterhin finden die Zielsetzungen und Inhalte der Unterrichts, insbesondere um den Begriff *éducation,* ein besonderes Interesse. Hierbei wird vielfach kontrovers diskutiert, wobei der Einfluss deutscher Wissenschaft auf Frankreich eine zentrale Rolle spielt. Der ehemalige Erziehungsminister RAYMOND POINCARÉ hebt eine philologisch betonte Gelehrsamkeit, eine *„manie de l'érudition"* hervor, die auch andere als Merkmal der deutschen Wissenschaft kennzeichnen. Diese deutsche Gelehrsamkeit als erzieherische Tugend wird aber nicht immer als nachahmenswert angesehen. Zwar habe auch die Gelehrsamkeit dazu beigetragen Frankreich zu besiegen, doch solle man sich hüten, diese in Frankreich zu übernehmen, so der Erzbischof von Toulouse, MATHIEU. HENRI PASQUIER, der Rektor des *Institut Catholique* von Angers meint, dass die deutsche Gelehrsamkeit zu schwerfällig sei. „Für französische Gehirne sei deutsche Wissensfülle unverdaulich, für empfindliche französische Mägen sei deutsches Sauerkraut nicht geeignet" (zit. nach Trouillet: 114).

Die Angst, dass die vermeintlich besten Eigenschaften französischer Geistesbildung, d. h. Klarheit, Geschmack, leichte Auffassungsgabe, durch die deutsche Gelehrsamkeit verloren gehen könnten, teilen jedoch nicht viele. Solche Einschätzungen, bei denen auch moniert wird, dass der französische Universitätsbereich schon zu stark unter deutschen Einfluss geraten sei, bleiben minoritär. Einen wichtigen Streitpunkt bildet die schon während des gesamten Jahrhunderts debattierte Frage, inwieweit die klassische Bildung das Fundament der französischen Schule sei und bleiben sollte. Befürworter und Gegner der Priorität klassisch humanistischer Bildung, die das Latein an die Spitze der Bildungswertehierarchie setzen, argumentieren mit der Berufung auf Deutschland. Bei den Befürwortern heißt es, dass das utilitaristische Deutschland klassisch humanistische Bildung als die beste Vorbereitung auf die freien Berufe und als Mittel zur Erhaltung des nationalen Geistes ansehe. Von den klassischen Bildungsinhalten wird die Ausbildung solcher Eigenschaften wie Genauigkeit und Geschmacksverfeinerung erwartet. Die klassische Kultur, so die Argumentation, habe offensichtlich das deutsche Handelsgenie nicht geschwächt. Andere sehen in Deutschland eine utilitaristisch dominierte Bildung, die mit den ästhetischen und literarischen Vorzügen der französischen Kultur unvereinbar sei. Dieser Streit vollzieht sich vor dem Hintergrund des Disputs um den Stellenwert des lateinlosen *enseignement moderne* in Frankreich, das nur eine Sektion an den einheitlich strukturierten Gymnasien darstellt. Ihr gesellschaftlicher Status war gegenüber allen anderen Sektionen mit Latein weit geringer.

Klassisch humanistische Bildung

In einen ähnlichen Kontext gehört die konträre Beurteilung des Stellenwerts der Fremdsprachen. Insgesamt sind es also nur wenige, die die deutsche Bildungskonzeption kritisieren. Sogar Vertreter der klassischen Bildung verleihen ihrer Argumentation mehr Gewicht, indem sie sich auf Deutschland berufen. Sogar der deutsche Kaiser wird von einigen als Kronzeuge für die Notwendigkeit der Anpassung des Schulwesens an die Erfordernisse einer modernen Gesellschaft zitiert. „*Faites-nous des Allemands*", so wird der deutsche Kaiser vom ehemaligen französischen Erziehungsminister LÉON BOURGEOIS zitiert (Trouillet: 116).

Fremdsprachen

Aus den Texten der Berichterstatter wird deutlich, dass insgesamt die französischen Probleme und ihre interne Lösung im Vordergrund der Diskussion standen. Man erhofft sich von der Einbeziehung des Blicks nach Deutschland eine Horizonterweiterung in innerfranzösische Debatten. Zugleich ist es sehr schwierig, die realen Konsequenzen jener Reiseerfahrungen für die französischen Reformen einzuschätzen. Drei Jahre nach dem Bericht, im Mai 1902, erhielt das französische Gymnasium eine neue Struktur, die

Realisierte Reformen

für Jahrzehnte fixiert blieb. Wichtig dabei war die volle Eingliederung des modernen Zweigs (ohne Latein) in das Gymnasium. Bei der Schaffung einer Mittelstufe wurde Griechisch fakultatives Fach. Eine eigenständige Einrichtung einer realienbezogenen Gymnasialstufe gab es jedoch nicht. Sieht man die Berichte und die in ihnen vorgetragenen Kritiken an den französischen Sekundarschulen und die positiven Bezüge auf Deutschland in Betracht, so bleiben die realen Reformen in vielen Fragen hinter den Beurteilungen in den Berichten zurück. Hier sind offensichtliche Hindernisse für eine Übernahme deutscher Erfahrungen abzulesen. Dies betrifft vor allem den Stellenwert der klassischen Bildung und damit verbundene Hindernisse für die Aufwertung der realien- und praxisorientierten Bildungswege. Trouillet schreibt dazu: „ein Umsetzen dieser Erkenntnisse [durch die Deutschlandreisen D. R.] ist aber kaum möglich, ein Plagiat ausgeschlossen, dem stehen in Frankreich manche Denk- und Verwaltungsstrukturen zu sehr entgegen." (Trouillet: 139).

Fehlende Praxisorientierung

Die französischen Bildungspolitiker waren im Endeffekt nicht in der Lage, der *section moderne* einen spezifischen Stellenwert in einem differenzierteren System allgemeiner und beruflicher Bildung zuzuweisen. Die Eingliederung in den allgemeinbildenden Zyklus verhinderte, dass sie die bislang ausgeübte Aufgabe einer frühen, eher praxisorientierten Ausbildung voll erfüllen konnte. Schließlich war auch die *section moderne* als Teil des Gymnasiums deren Regeln unterworfen. Der Bildungskanon musste auch in der *section moderne* den gymnasialen Ansprüchen genügen. All dies führte dazu, dass diese Sektion ein hybrides Dasein führte, sie konnte weder dem traditionellen Bildungsideal noch den Erfordernissen der Wirtschaft gerecht werden. Wichtig ist, dass damit zu Beginn des 20. Jhs. ein Problem festgeschrieben wurde, das das französische Bildungssystem und entsprechend auch die Gesellschaft länger prägen sollte: Es wurde keine zeitgemässe Berufsbildung in Frankreich entwickelt. Damit war ein Zurückbleiben der französischen Gesellschaft bezüglich der Berufsbildung und praxisrelevanten Ausbildung für längere Zeit besiegelt.

Ursachen

Nun stellen sich Fragen nach den Gründen, die eine Übernahme des deutschen Modells verhindert haben. Wie so oft, liegen die Ursachen nicht offen zu Tage. Vielmehr muss relativ weit ausgeholt werden, um bestimmte Barrieren zu erklären, die mit Mentalitäten und institutionellen Kräftekonstellationen zu tun haben. Wie die Geschichte der Diskussionen um die Allgemeinbildung im 19. Jh. in Frankreich zeigt, haben Vertreter einer klassisch humanistischen Bildung noch in dieser Zeit eine institutionell relativ unangefochtene Stellung. Dies ist auf einen lange wirksamen Einfluss der Jesuitenbildung zurückzuführen (Röseberg 1995).

Praxisbezogene Realienbildung hat hier – anders als in Deutschland, wo diese durch den Protestantismus (Arbeits- und Berufsethos) früher (räumlich begrenzt) legitimiert worden ist – kaum eine institutionell bedeutsame Geschichte. Zum anderen ist in Frankreich seit der Französischen Revolution der Gegensatz von Befürwortern und Gegnern einer Dominanz der klassischen Bildung in den politischen Gegensatz von Republikanern und Anhängern der Monarchie eingebettet. Diese bildungsinterne Debatte erhält dadurch in Frankreich eine politische und damit öffentliche Dimension. Das gesamte 19. Jh. war von diesem Disput durchzogen. Nach der Niederlage von 1870, einem Zeitpunkt, in dem die Republikaner zwar über die Mehrheit, aber nicht über eine ausreichende Machtbasis verfügen, dominierte der unbedingte Wille zum nationalen Konsens. Wenn also die regierenden Republikaner einer weiteren Aufwertung der real- und praxisbezogenen Bildung nicht zustimmen, was der Traditionslinie von Aufklärung, Revolution und Republik entgegensteht, so ist dies zum einen als ein Zugeständnis an politisch und bildungstheoretisch Konservative zu verstehen. Dieses Zugeständnis erklärt sich politisch durch das Bedürfnis nach Konsens. Soziologisch und institutionell spricht es für den hohen gesellschaftlichen Status jener Vertreter klassisch humanistischer Bildung (insbesondere der Literaturprofessoren). Im Resultat zeigt sich andererseits aber auch, wie sehr sich – trotz mancher Kritik aus den Reihen des Handelsbürgertums – die regierenden bürgerlichen Schichten in Frankreich gern in kultureller Hinsicht als legitime Nachfolger der Aristokratie auffassten. Sie waren alle traditionell ausgebildet und folgten den damit zusammenhängenden sprachlichen und ästhetischen Leitbildern (Röseberg 1992). Für die Übernahme deutscher Erfahrungen im französischen Universitätsbereich verlaufen die Entwicklungen anders (siehe dazu Ch. Charles 1988).

4 Übersetzungen und Transfer

Forschungsstand

Übersetzungen gehören zu den traditionellen Gegenständen romanistischer Forschungen (siehe auch der Band in der Reihe UNI-Wissen). Es stellt sich jedoch die Frage, ob und wieweit Übersetzungen in der Transferforschung mit spezifischen Fragestellungen und Methoden untersucht werden. Aufschlüsse darüber sind einem erst in den letzten Jahren entwickelten Forschungsprojekt unter der Leitung von H.-J. Lüsebrink und R. Reichardt zu entnehmen. Weil das Vorgehen weitgehend neu ist und zu interessanten Ergebnissen geführt hat, die z.T. bislang gängige Auffassungen korrigieren, soll das Projekt im Folgenden näher vorgestellt werden. Wir lehnen uns bei der Darstellung eng an die

Ergebnisdarstellungen von Lüsebrink, Nohr und Reichardt (1997) an.

Forschungs-projekt zur Frz. Revolution

Den Ausgangspunkt des Projektes bildet die alte Frage nach den Wirkungen der Französischen Revolution auf Deutschland. Anders als bisher, wurde die übliche deutsch-französische Perspektive jedoch umgekehrt und nicht mehr an deutschen Reaktionen, sondern am Transfer authentischer französischer Selbstzeugnisse verfolgt, was von der Revolution im deutschen Kulturraum ankam. Das Prinzip des Vergleichens von Vergleichbarem sollte dabei eingehalten werden, was dem Vergleich von französischen Originaltexten mit den deutschen Übersetzungen (etwa der Schriften von SIEYÈS) ein besonderes Gewicht gab. Da sich der Transfer auf die Gesamtheit der Prozesse von Kulturex- und import bezieht, ist es ein Ziel, alle einschlägigen Zeugnisse gleichermaßen zu berücksichtigen. Dies gilt insbesondere für notwendige Vorstudien. Eine Präjudizierung von Ergebnissen durch eine Vorauswahl kann damit verhindert werden. Aus diesen Zielstellungen heraus lässt sich die Bedeutung der quantitativen, seriellen Untersuchungsmethoden verstehen, die bei diesem Forschungsprojekt zu den französisch-deutschen Übersetzungen in der Zeit des Epochenumbruchs angewandt wurden. Dieses Vorgehen ist weitgehend neu und soll deshalb auch von seinen Ergebnissen her näher beleuchtet werden.

Neue Vorgehens-weise

Das Vorgehen besteht darin, zunächst alle durch Druck vervielfältigten Verdeutschungen französischer Vorlagen, welcher Art auch immer, quantifizierend zu erfassen. Dies geschieht unabhängig von der soziokulturellen Ebene oder politischen Richtung. Bei dem erwähnten Projekt konnten z.B. in einem ersten Schritt bei der Durchsicht von einem Dutzend Periodika (1789 bis 1799) etwa tausend Verdeutschungen französischer Revolutionstexte aufgefunden werden, die in Form von Flugschriften, Zeitschriftenaufsätzen oder Büchern vorliegen. Allein dieses Ergebnis bedeutet die Wiederentdeckung einer authentischen Bibliothek. Außerdem konnte bei näherer inhaltlicher Sichtung des Materials festgestellt werden, dass sich das zeitgenössische deutsche Interesse gerade nicht vorzugsweise auf die jakobinische, sondern vielmehr auf die gemäßigte girondistische Seite der Revolution richtete (Lüsebrink, Reichardt 1997: 30). Eine ausführliche Analyse der Verdeutschungen in der Revolutionszeit hat R. Reichardt bereits 1988 vorgelegt. Aus den quantitativen Arbeiten konnten sodann Fragestellungen für neue umfassendere Forschungsprojekte formuliert werden. Aus den Vorarbeiten zur Revolutionszeit ging ein Gemeinschaftsprojekt hervor, das sich nun auf *Begriffs- Symbol- und Wissenstranfer von Frankreich nach Deutschland 1770–1815* konzentrierte.

Aus den Vorstudien wurde die **Revolutionsbibliothek zu einer Übersetzungsbibliothek** erweitert, die neben Monografien auch Zeitschriftenaufsätze einbezieht. Aufgrund der Quellenlage ergab sich zunächst die Notwendigkeit, eine zeitliche Erweiterung der Untersuchungen ins Auge zu fassen. Heuristisch ist hier wichtig, dass empirische, quantitative Quellenrecherchen zur Grundlage für Periodisierungen werden können. In diesem Fall nähern sich diese Periodisierungen zugleich dem theoretischen Konzept von der „**Sattelzeit**" (1750 bis 1850) an, das von R. Kosseleck von der deutschen Geschichte ausgehend eingeführt wurde. Dabei konnte ermittelt werden, dass die Revolutionszeit keine Ausnahme, gleichwohl aber Höhepunkt in einer für die Gesamtzeit charakteristischen französisch-deutschen Übersetzungsaktivität war. Die 1596 ermittelten Verdeutschungen französischer Schriften von 1770 bis 1815 repräsentieren eine Gesamtzahl, die alle bisherigen autorisierten Zahlen zu den Übersetzungen jener Zeit übersteigen. „Das deutsche Frankreichinteresse, so ist zu schließen, war also in der Umbruchphase vom Ancien Régime zur Moderne noch weitaus größer, als bisher ohnehin angenommen." (Lüsebrink, Nohr, Reichardt 1997: 35).

> **Quantitative Auswertung**

Ein Vergleich der Übersetzungsformen bzw. Medien (hier vor allem von Büchern und Zeitschriftenveröffentlichungen) erbringt z.B., dass die Zeitschriften, die viel unmittelbarer auf aktuelle Tages- und Zeitfragen reagieren als Bücher, im Zeitraum von 1789 bis 1799 die Zahl der Veröffentlichungen in Buchform überbieten. „Die gewandelten sozialen Informationsbedürfnisse der Revolutionszeit haben also mit der fortdauernden Aktualisierung der Übersetzungstätigkeit zugleich den Stellenwert der Printmedien verschoben: eine Schwerpunktverlagerung vom Buch zur Zeitschrift." (Lüsebrink, Nohr, Reichardt: 36).

> **Bevorzugtes Medium**

Die Ergebnisse der quantifizierenden Erhebung betreffen keineswegs allein zahlenmäßige Aussagen. Vielmehr werden mit Hilfe der Erarbeitung von **thematischen Serien** auch inhaltliche Indikatoren des zeitgenössischen Interesses an einem französischen Kulturimport rekonstruierbar. Periodisch wechselnde Themenkonjunkturen (die sich graphisch darstellen lassen) verweisen z.B. auf folgende, z.T. überraschende Ergebnisse:

> **Thematische Serien**

Zunächst ist ein wechselnder Zyklus (vor, während und nach der Revolutionsdekade) in den Frequenzhierarchien der einzelnen Themenbereiche zu verzeichnen: In den letzten Jahren des Ancien Régime stehen die Themen Kunst/Kultur, gefolgt von Naturwissenschaften (insbesondere Chemie) sowie philosophisch-religiösen Schriften im Vordergrund der Übersetzungstätigkeit. Im Jahrzehnt der Revolution kehrt sich die Rangfolge der Themenbereiche

> **Umkehrung der Rangfolge**

um: Philosophie/Religion sowie Naturwissenschaften fallen zurück. Vielmehr steigen Übersetzungen politischer Texte um das Zwanzigfache und bilden nun die Spitzenposition bei den Übersetzungen. Nur Kunst/Kultur behält eine gewisse Kontinutität bei. Dies gilt auch für die napoleonische Zeit, in der politische Texte nach wie vor eine Spitzenposition wahren, wenn sich auch die Akzente von der Innen- nun zur Außenpolitik verschieben. Resümierend ist festzuhalten, dass man „von einem Siegeszug des Politischen im weitesten Sinne sprechen muss. Die ersten fünf Jahre der Revolution erweisen sich gleichsam als Initialzündung eines dauerhaften Wandels der Themenstruktur." (Lüsebrink, Nohr, Reichardt: 44). Für weiterführende Arbeiten ist es wichtig, dass offenbar in der frühen Revolutionszeit ein entscheidender quantitativer Sprung in der Übersetzungstätigkeit erfolgt, der vor allem vom Medium der Zeitschrift getragen wird.

Philosophie und Religion

Interessant sind die Erhebungen zum Themenbereich Philosophie/Religion, da sich hier Aufschlüsse zu den Übersetzungen der Aufklärungsphilosophie ergeben. 1785 sind solche Themen stark vertreten, allerdings zu einem großen Teil mit Verdeutschung klassischer älterer Texte. Erbauungs-, Trost- und Lehrschriften für katholische Laien überwiegen dabei. 1790 sinkt ihr Anteil auf weniger als ein Drittel. Die Annahme, dass diesem Niedergang religiöser Schriften ein Aufstieg philosophischer Übersetzungen entsprechen würde, konnte nicht bestätigt werden. Aus den quantitativen, seriellen Recherchen ziehen die Autoren den Schluss, dass Schriften der französischen Aufklärung während des ausgehenden 18. Jhs. in weit geringerem Maße verdeutscht worden sind, als es der geläufigen Annahme entspricht. Am Beispiel von VOLTAIRE lässt sich vielmehr zeigen, dass das deutsche Hauptinteresse den Theaterstücken, der Literatur gilt.

Politik

Der Themenbereich Politik hat 1790 eine „springflutartige Welle" äußerst aktueller Übersetzungen zu verzeichnen, die ganz im Zeichen der Revolution steht. Der Bastillesturm als symbolträchtiges Ereignis des Epochenumbruchs bildet den Gegenstand für 17 Monographien und zahlreiche Aufsätze, so dass die deutschen Leser sowohl Detailschilderungen als auch Deutungen aus französischer Perspektive erfuhren. Das Repertoire der politischen Übersetzungen reicht von radikalen Revolutionsschriften, Parlamentsreden, Dokumenten über die neue Verfassungsdiskussion, grundlegende soziale Reformgesetze, Rechenschaftsberichte, patriotische Aufrufe bis zu Zeugnissen der nationalen Föderationsfeste vom 14. Juli 1790. Die Fülle der Rezeption freiheitlicher französischer Grundpositionen im deutschen Kulturraum belegt eine zunächst bejahende, durchaus positiv gestimmte Wahrnehmung der Revolution in den ersten Jahren dieses historischen

Ereignisses. Dies ist umso wichtiger festzuhalten, als diese positive Grundrezeption von der späteren konservativen Wende weitgehend verdeckt worden ist. (Einzelne Gegenstimmen sind aber bereits 1790 zu belegen.)

Die quantitativen Erhebungen belegen ein – heute weitgehend ignoriertes – erhebliches Interesse an neuesten Ergebnissen der französischen naturwissenschaftlichen Forschung, insbesondere der Medizin und Chemie.

Naturwissenschaften

Schöne Literatur spielt im Themenbereich Kunst/Kultur eine herausragende Rolle, es sind beispielsweise allein 1785 Werkausgaben von MONTESQUIEU, ROUSSEAU und VOLTAIRE zu verzeichnen. Dabei entfällt auf Romane und dramatische Werke der Hauptanteil. Bei der Romanliteratur überwiegen zeitgenössische Autoren, während sich in der dramatischen Literatur eine Schwerpunktverlagerung vom Sprech- auf das Musiktheater abzeichnet. 1785 lassen sich allein 16 Verdeutschungen von BEAUMARCHAIS' *Hochzeit des Figaro* nachweisen. Für das Theater ergibt sich in der Revolutionsdekade ein von Literatur- und Musikwissenschaft zum großen Teil vernachlässigtes Korpus moderner französischer Produktionen, die im deutschen Kulturraum vermittelt worden sind. Da das Theater aufs engste mit einer sich damals beschleunigt entwickelten Form bürgerlicher Geselligkeit und Sozialibilität zu tun hatte, kommt dieser Rezeption besondere Bedeutung zu.

Belletristik

Die Bestseller der Übersetzungsbibliothek: Die statistische Auswertung der übersetzten Autoren erbringt ebenfalls einige überraschende Aufschlüsse. Der (erwartete) Spitzenreiter ist mit weitem Abstand VOLTAIRE (321 Übersetzungen erfasst). Neben MERCIER gehört Voltaire zu den einzigen Autoren, die in der gesamten Zeit unter den zehn meistübersetzten Autoren zu finden sind. Sodann finden sich unter den Spitzenreitern eine Reihe von solchen Autoren, die in den Literaturgeschichten vergessen oder marginalisiert sind. (Im Bereich der Komödie und des Musiktheaters SEDAINE, FAVART, des Romans z.B. RÉTIF DE LA BRETONNE). Manche Ergebnisse vermögen auch die Durchsetzung bestimmter literarischer Strömungen zu stützen, so etwa die überragende Stellung der Übersetzungen von MME DE GENLIS in der Zeit von 1800 bis 1815, die für den Durchbruch der sentimentalen, vorromantischen Literatur steht. So haben manche dieser heute weit weniger bekannten Autorinnen und Autoren bei den Übersetzungen jener Epoche die später kanonisierten Autoren wie CHATEAUBRIAND und MME DE STAËL überflügelt. Es ist weniger erstaunlich, dass zu den Spitzenautoren bei den Übersetzungen NAPOLÉON BONAPARTE gehört. Im Bereich der vielbeachteten Rechtspraxis steht er mit 217 Übersetzungen von Gesetzestexten, Reden und

Bestseller

Verlautbarungen eindeutig an der Spitze. Die Bedeutung der französischen Rechtspraxis (und der Naturwissenschaften) lässt sich nur unter Einbeziehung von Periodika in die Quellenrecherchen erkennen. Der Blick auf die Gesamtübersetzungen und deren Aufschlüsselung nach Artikeln und Monographien macht zwei unterschiedliche, weit komplementäre Transferweisen deutlich. Bei VOLTAIRE erklärt sich in der gesamten Zeit der Erfolg vor allem durch den hohen Anteil an Theaterstücken so wie durch seine öffentliche Verehrung in der Revolutionszeit (Pantheonisierung). Bei MERCIER haben die Übersetzungen mit der textuellen Struktur seines Werkes zu tun, z.B. eignet sich der fragmentarische Charakter des *Tableau de Paris* für die Übersetzung einzelner Auszüge.

Übersetzer

Aufschlussreich sind auch die Recherchen zu den Übersetzern dieser Zeit. Hierbei stehen neben einer relativ begrenzten Zahl von professionellen oder semiprofessionellen Übersetzern viele Amateurübersetzer, die entweder Rechtsanwälte, Lehrer, Verwaltungsbeamte, Priester, Ingenieure und Ärzte waren. Die rege Tätigkeit deutscher Übersetzer und Verleger ist ein Beweis dafür, dass das Interesse an französischen Texten keine Sache von frankophilen Vertretern der politischen und sozialen Eliten war, da diese nicht auf Übersetzungen angewiesen waren. Sie lasen vorzugsweise in französischer Sprache. Vielmehr belegt die quantitative und thematische Breite einen kulturellen Demokratisierungsprozess im deutschen Lesepublikum des 18. Jhs. Vor dem Hintergrund dieser quantitativen, seriellen Rechercheergebnisse gewinnen jene Einzelstudien ihren vollen Sinn, die innerhalb der Transferforschung in Verknüpfung mit jenen quantitativen Ergebnissen bereits unternommen werden. Hingewiesen sei auf die Arbeiten von A. Keilhauer zum Begriffstransfer in französischen Französisch-Deutschen Wörterbüchern (Keilhauer 1997), von R. Reichardt zur historisch-politischen Begriffsbildung in französisch-deutschen Übersetzungen (Reichardt 1997), von Pim den Boer zu semantischen Divergenzen im sematischen Feld *Nation* (den Boer 1997).

Interkulturelle Wahrnehmungsprozesse, Selbst- und Fremdbilder

KAPITEL

1 Begriffe, Methoden, Untersuchungsperspektiven

Untersuchungen interkultureller Wahrnehmungsprozesse beschäftigen sich mit der Perzeption anderer, fremder Kulturen (Länder, soziale Gruppen etc.). Dabei werden Bilder *(images)* bzw. Vorstellungen *(représentations collectives)* dekonstruiert, wie sie empirisch (in Interviews, Umfragen) und in verschiedenen Kommunikationsformen und Medien, insbesondere in Texten jeder Art, aufzufinden sind. In der Frage, wieweit ihre soziohistorischen Entstehungsbedingungen und Funktionen, die außerhalb solcher Texte liegen, in die Untersuchungen einzubeziehen sind, ist ein strittiger Punkt zwischen Vertretern einer traditionell geistesgeschichtlich fundierten kulturwissenschaftlichen Forschung und solchen, die sozialwissenschaftliche Analyseansätze praktizieren.

Untersuchungsgegenstand

Konsensfähig ist hingegen, dass solche Bilder und Vorstellungen von anderen als Konstruktionen aufzufassen sind und dass diese immer im Kontext bestimmter Selbstbilder zu verstehen sind und folglich auf diese verweisen. Es gehört daher zu den Aufgaben solcher Analysen, die Zusammenhänge der (Bilder) Konstruktionen von anderen und den impliziten Selbstbildern zu erhellen, d. h. Fremdbilder als Projektionen auf Selbstbilder zu untersuchen. Ferner ist wichtig, dass die textuellen Objektivationen solcher Vorstellungen bzw. Bilder auf unterschiedlichen Komplexitätsebenen aufzufinden sind. Fremdbilder sind in komplexen narrativen und nichtnarrativen, schriftlich fixierten Formen wie auch in mündlich tradierten Erzählungen, aber auch häufig in reduktionistischen Formen, visuellen wie auch in einfachen Erzählformen zu finden. Insbesondere diese reduktionistischen Wahrnehmungsprozesse spielen sowohl in den Sozialwissenschaften als auch in den literatur- und sprachwissenschaftlich geleiteten textuellen Untersuchungen eine wesentliche Rolle. Wichtige Grundbegriffe sind hierbei Stereotyp und Klischee. Auf einige Untersuchungsansätze soll im Folgenden eingegangen werden. Dabei wird ersichtlich, dass sich eine methodisch vielfältige Stereotypenforschung entwickelt hat, die dem in den heutigen Mediengesellschaften wichtigen Phänomen der Stereotypisierung Aufmerksamkeit widmet.

Analyseaufgaben

1 *Image* und Imagologie

Image	*Image* ist ein Begriff, der auf das lateinische Wort *imago* (Bild) verweist, das wiederum mit *imitari* (nachbilden, nachmachen) verwandt ist. Im Begriff „Bild" wird heute eine deskriptives Konzept gesehen, das die Gesamtheit von Vorstellungen umfasst, die sich ein einzelner oder eine Gruppe von einem anderen (einer Gruppe, einem Land etc.) macht. Bilder sind keine einfachen Abbildungen von Realität, sondern mentale Konstruktionen, die uns in Form von Diskursen und visuellen Repräsentationsformen über die Realität entgegentreten. Der Vorteil des Begriffes liegt darin, dass er wertneutral ist, weil er keine Qualitätsaussage über das Bild enthält. Von diesem Wortverständnis ist ein wissenschaftlicher Zweig zur Untersuchung solcher Bilder abgeleitet, die *imagologie*.
Imagologie	Sie ist ein wichtiger Zweig der komparatistischen Literaturwissenschaft, die sich mit Untersuchungen zu den literarischen Repräsentationen von anderen Kulturen befasst. Dabei standen lange allerdings vorwiegend die „großen Autoren" („Höhenkammliteratur") im Vordergrund. Hierbei sind interessante Aufschlüsse erbracht worden z.B. zu Deutschlandbildern in der französischen Literatur (Berschin, Leiner, Fink, Pageaux). Bilder versteht Pageaux als *„représentation d'une réalité culturelle."* (zit. nach Amossy, Herschberg Pierrot: 70). Die Untersuchung von außerhalb der Texte liegenden soziohistorischen Faktoren der Entstehung solcher Bilder liegt nicht im Zentrum des Interesses der Imagologie. Für Pageaux geht es darum zu untersuchen, *„comment les rapports de Je avec l'Autre se transforment en conscience énonciative."* (Pageaux 1994: 67).

2 Stereotyp und Klischee

Begriffs-geschichte	Beide Begriffe, die sich sehr nahe stehen, kommen aus der Typografie. Stereotyp bezeichnet im 19. Jh. jene neue Drucktechnik mit festen Schriftplatten, die die beweglichen Lettern ersetzen und damit die Möglichkeiten für die Massenproduktion verbessern. Klischee werden die Gussabdrücke genannt, die in einer erstarrten Masse entstehen. Auch in figurativer Bedeutung bezeichnen die Begriffe etwas Starres, Unbewegliches, Formelhaftes, das sich zur Reproduktion eignet. Im „Larousse" wird 1875 ein solcher figurativer Sinn angegeben; Stereotyp bezeichnet eine Sache *„qui ne se modifie point, qui reste toujours de même."* (zit. nach Amossy, Herschberg Pierrot: 25). *Cliché* hat dabei Ende des 19. Jhs. bereits Eingang in die kritische Reflexion französischer Autoren über die Verwendung von sprachlichen Konventionen gefunden und dient

als Merkmal zur Bezeichnung „schlechter Autoren", die sich einer schemenhaften Sprache bedienen.

Während Klischee im 20. Jh. weniger konzeptionelle Bedeutung in den Wissenschaften erhält, avanciert Stereotyp zu einem Schlüsselbegriff in verschiedenen Disziplinen, in den Sozialwissenschaften wie auch in der Sprach- und Literaturwissenschaft. Stereotype werden generell als reduktionistische, starre und sich wiederholende Ideen, Vorstellungen und Aussagen aufgefasst. Auch gilt, was schon im Zusammenhang mit dem Bild gesagt wurde: Stereotype sind Diskurse über Realität. Sie haben hier jedoch eine bestimmte – reduktionistische – Qualität, die zur Konvention wird. In der Imagologie und in anderen Untersuchungsansätzen werden sie deshalb meist pejorativ gewertet. Außerdem ist entscheidend, dass diese konventionellen Vorstellungen als wahrhaftig, also mit der Realität in Übereinstimmung stehend, ausgegeben werden. Das, was (reduktionistische, konventionelle) Vorstellung bzw. der Diskurs darüber ist, also Produkt von Geschichte, wird als natürlich und wahr aufgefasst und mitgeteilt. Stereotype gleichen in dieser Beziehung den *mythologies* von ROLAND BARTHES.

20. Jh.

Der Begriff Stereotyp wird erstmals in sozialwissenschaftlichen Zusammenhängen von dem amerikanischen Publizisten Walter Lippmann im Kontext der öffentlichen Meinung verwendet (1922). Er beschreibt damit die einem Individuum vorausexistierenden Schemen, die aus fest fixierten Vorstellungen bestehen. Wichtig ist dabei die Erkenntnis, die sich in den Sozialwisssenschaften durchsetzen wird, dass solche Schemen die Funktion haben, die komplexe Realität in der Wahrnehmung zu filtern. Sie sind sogar unverzichtbar in diesem Prozess, da mit ihrer Hilfe Orientierung in der komplexen Welt möglich wird. In der Sozialpsychologie wird später nachgewiesen, dass kollektive Bilder von Gruppen auch dominant sind in der Konstruktion von Gruppenidentitäten und in interpersonalen Begegnungen wirksam werden (s. Fremdheitsprofile S. 174 ff.). Stereotype als eine die Komplexität reduzierende Wahrnehmungsform sind im gesellschaftlichen Leben unausweichlich. Ruth Amossy ist zuzustimmen, wenn sie von einer „*bivalence constitutive de la notion de stéréotype*" spricht (Amossy, Herschberg, Pierrot: 117).

Sozialwissenschaftlicher Kontext

Geht es um die vereinfachende, verallgemeinernde, schematische Reduzierung einer Erfahrung, Meinung oder Vorstellung über sich selbst, so spricht man von Auto-Stereotyp, bezieht sie sich auf andere, so handelt es sich um ein Hetero-Stereotyp. Stereotype sind nicht allein statisch aufzufassen. Vielmehr geht es darum, sie in Abhängigkeit von bestimmten Situationen und Funktionen unter

Auto-Stereotyp und Hetero-Stereotyp

dem Aspekt ihrer Wiederaufnahme und Bearbeitung einzelner struktureller Elemente und ihrer Funktionen zu untersuchen. Erst wenn Stereotype auch im Kontext solcher dynamischen Prozesse gesehen werden, ist es naheliegend, Stereotype nicht nur in ihren pejorativen Bedeutungen zu untersuchen. *„À la croisée des sciences sociales et des études littéraires, il [le stéréotype D. R.] se définit comme une représentation sociale, un schème collectif figé qui correspond à un modèle culturel daté."* Als solches ist das Stereotyp konstitutiv für den Text (nicht nur den literarischen), *„qui peut travailler à le déjouer mais non s'en passer."* (Amossy, Herschberg Pierrot: 64). Die Untersuchungen von Pierre Barbéris konzentrieren sich auf die Zusammenhänge von bestimmten Medienformen (die auf Wiederholung, Standardisierung beruhen, wie z.B. Schulbücher) und der Verwendung von Stereotypen (Barbéris 1994).

Sprache und Diskurs

Heute geht es vor allem darum, die unbestrittenen Verbindungen zwischen Sprache, Diskurs und Gesellschaft in ihrer Vielfalt zu untersuchen und somit auch hier sozial- und kulturwissenschaftliche Untersuchungsansätze zu verbinden. Stereotype sind nicht nur Inhalte, sondern sind in sprachliche, diskursive, ästhetische Formen gegossene fixe Schemen. Das Maß ihrer denotativen Funktionen, d. h. ihr Verweis auf Wahrnehmungsmuster, ist sehr differenziert zu sehen. Joseph Jurt hat z.B. darauf verwiesen, dass für die neuere französische Romanliteratur (1970–1990) und den betreffenden Deutschlanddiskurs keine denotative Funktion der Deutschland betreffenden Stereotype auszumachen ist. „Man kann also davon ausgehen, dass der Rückgriff auf Deutschland als Kulisse nicht mehr einer Intention zur authentischen Darstellung von Realität, wie ein Autor sie wahrnimmt, entspringt, sondern als ein literarisches Mittel zum Zweck eingesetzt wird." (Jurt 1996: 73). Für die Interpretation ist hier also der instrumentelle Charakter entscheidend.

Hiervon zu unterscheiden sind Essays oder journalistische Texte in der Presse, die eine stärker denotative Funktion bewahren. Im Folgenden sollen nur einige Ansätze vorgestellt werden, mit denen versucht wird, die Verbindungen zwischen Sprache, Diskurs und Gesellschaft zu untersuchen.

Sociocritique

Stereotype sind in der *sociocritique* eine wichtige Frage. Die *sociocritique* ist ein literaturwissenschaftlicher Ansatz, der in Frankreich von CLAUDE DUCHET entwickelt worden ist und von MARC ANGENOT (Quebec) auf weitere Textformen übertragen wurde. Die *sociocritique* versteht sich als Theorie der *socialité du texte*. Untersucht wird das Soziale im Text bzw. der Text als soziale und ästhetische Praktik (Duchet, Tournier 1994). Klischees und Stereotype sind dabei entscheidende Relais, durch die Texte und Außenwelt verbunden sind; es sind Filter, Spuren von Gesellschaft im Text, die entscheidende Orte der Sinnproduktion im Text darstellen. Marc Angenot geht es in seinen Arbeiten um die Analyse des *discours social global*, also um:

> *tout ce qui se dit et s'écrit dans un état de société; tout ce qui s'imprime, tout ce qui se parle publiquement ou se représente aujourd'hui dans les média électroniques. Tout ce qui narre et argumente, si l'on pose que narrer et argumenter sont les deux grands modes de mise en discours.* (Angenot 1989: 13).

In diesem Konzept gewinnt ein weiterer Begriff Bedeutung, der dem des Stereotyp nahesteht, jedoch nicht mit ihm identisch ist.

Ideologeme werden von Angenot als unterschwellige Maximen bei der argumentativen Entwicklung einer Aussage aufgefasst. Angenot ist damit auch ROLAND BARTHES nahe, der das Begriffskonzept der **Doxa** verwendet. Für BARTHES sind die Stereotype Teil der *doxa*, einer verbreiteten Meinung, der öffentlichen Meinung, sie sind die Stimme des Natürlichen. Bei Barthes sind Stereotype die *forme générique* des Schon-Gesagten und Symbol für jene Kraft bzw. Macht, die einer Behauptung eigen ist, bei der die eigene Meinung als Wahrheit präsentiert wird. Stereotype sind so die emblematischen Formen des Schon-Gesagten, die selbst in die Sprache eingeschrieben sind:

Ideologem/ Doxa

> *les signes dont la langue est faite, les signes n'exitent que pour autant qu'ils sont reconnus, c'est-à-dire pour autant qu'ils se répètent; le signe est suiviste, grégaire; en chaque signe dort ce monstre: un stéréotype: je ne puis jamais parler qu'en ramassant ce qui traîne dans la langue* (Barthes 1978: 15).

Ideologeme manifestieren sich gleichfalls in festen Formeln, die dem Stereotyp sehr nahe sind: „*Ce n'est pas nécessairement une locution unique, mais un complexe de variations phraséologiques, une petite nébuleuse de syntagmes plus ou moins interchangeables.*" (Angenot 1989: 894). Die volle Aussagekraft dieses diskursanalytischen Ansatzes wird erst durch Konfrontation verschiedener Diskurse und Diskursformen und der sie charakterisierenden Ideologeme gewonnen. Dabei konzentriert sich das Interesse auf die diskursiven Transformationen solcher fixer Aussagen in verschiedenen Kontexten:

> *Et dans un état du discours social, l'idéologème n'est pas monosémique ou monovalent; il est malléable, dialogique et polyphonique. Son sens et son acceptabilité résultent de ses migrations à travers les formations discursives et idéologiques qui se différencient et qui s'affrontent, il se réalise dans les innombrables décontextualisations et recontextualisations auxquelles il est soumis.* (Angenot 1989: 894).

Die so verstandene *sociocritique* der sozialen Diskurse zielt letztlich auf die Untersuchung der Interdiskursivität. Für MICHEL FOUCAULT und in seiner Folge andere Diskursanalytiker ist es bekanntlich

Interdiskursivität

essentiell, Diskurse als Machtstrukturen zu verstehen und offenzulegen. Interdiskurse beziehen sich auf Macht legitimierende Diskurse und auf solche, die sich als Gegendiskurse zu diesen verstehen. Es ist hier nicht nur wichtig zu fragen, wie Stereotype in Kommunikationsnetzen verankert sind, sondern auch die verschiedenen Orte ausfindig zu machen, wo sie zirkulieren. Deshalb gewinnen die verschiedenen Kommunikationsformen hier in ihren Bezügen aufeinander Bedeutung. Exemplarisch hat dies Lüsebrink für das stereotype Afrikabild in der Dritten Französischen Republik vorgeführt. Er findet dabei das Stereotyp des *african grand enfant* sowohl in einer Vielzahl von Werbeplakaten (z.B. der Senegalschütze auf dem bekannten Werbeplakat für das Kakaogetränk *Banania* oder für *Chocolat Félix Potin*), auf Buchumschlägen, in Gedichten sowie in der Kolonialliteratur der Zeit des *Entre-Deux-Guerres*, als auch in einer Vielzahl kolonialpolitischer Texte. Trotz unterschiedlicher Ausarbeitungen des Stereotyps kann dabei eine für alle diese Afrikadarstellungen geltende paternalistische Wahrnehmungshaltung nachgewiesen werden, die die französische Kolonialpolitik begleitet. Die Afrikaner werden dabei meist sympathisch, körperlich robust, von natürlicher Fröhlichkeit, jedoch zugleich naiv und als Wilde beschrieben, die erst durch die französische *civilisation* aus dem Zustand des *„sauvage"* herausgeführt werden können. Dieses Bild vom *african grand enfant* hat offensichtlich sehr breite Wirkung gehabt, denn es lässt sich als kollektives Wahrnehmungsmuster des Fremden in einer Vielzahl sehr differenzierter Diskurse bis etwa 1960 nachweisen. Wie diese Fremdwahrnehmungsmuster in den Gegendiskursen, die sich in Texten beispielsweise von LÉOPOLD SÉDAR SENGHOR zeigen, dann in radikaler Weise umgewertet worden sind, führt Lüsebrink als weiteres wichtiges Element dieser Interdiskurse vor. Dabei zeigt sich, wie solche Texte erst durch ihre Interdiskursivität interpretiert werden können (Lüsebrink 1995: 32–36). An diesem Beispiel ist ersichtlich, dass der Begriff des Stereotyps einem anderen sehr nahe steht, dem Vorurteil.

Vorurteil

Im Unterschied zum Stereotyp muss das generalisierende Urteil, das mit diesem Begriff bezeichnet wird, nicht unbedingt reduzierenden Charakter haben. Was das Vorurteil aber auszeichnet, ist seine Gebundenheit an bestimmte ideologische Einstellungen, die dem Vorurteil seinen spezifisch unbeweglichen Charakter verleihen. Neben der Stereotypenkritik hat sich auch eine Vorurteilsforschung entwickelt.

3 Kritik an der Imagologie: das sozialwissenschaftliche Kaskadenmodell

Aus der Sicht von sozialwissenschaftlich orientierten Frankreichforschern wird die imagologische Untersuchungsperspektive als unzulänglich kritisiert. Hans-Manfred Bock meint, dass die in geistesgeschichtlicher Tradition stehenden Bilder-Studien lediglich Aussagen des Nachbarlandes über die eigene Nation zusammentragen, diese nur paraphrasieren, was zwar nützlich und amüsant sei, jedoch für die Perzeptionsforschung die Stufe der Materialsammlung nicht überschreiten würde (Bock 1996). Die Kritik richtet sich also vor allem gegen verengte Untersuchungsperspektiven, die die Fragen der ideologischen und sozialen Kontexte ausschließen. Vor allem kommt es laut Bock darauf an, ein operationalisierbares Ensemble von Fragen bereitzustellen, die solche imagologischen Untersuchungen ermöglichen. Der Hauptkritikpunkt richtet sich gegen eine eindimensionale Untersuchungsperspektive, die nicht die verschiedenen, mitunter sehr differenzierten transnationalen Kommunikationsbereiche und Ebenen berücksichtigt.

Eindimensionalität

Bock geht es vor allem darum, die Ebenen unterhalb der politischen Entscheidungszentren auf den Begriff zu bringen (s. auch Kapitel 3). Er führt als Denkmuster in diesem Zusammenhang das „Kaskaden-Modell" (Karl W. Deutsch) an. Danach lassen sich fünf Stufen bzw. Kommunikationsbereiche zusammenfassen, die über jeweils spezifische Informationsfilter bzw. Perzeptionsmuster verfügen:

„Kaskaden-Modell"

1. die sozioökonomische Elite einer Nation
2. die Politik- und Regierungs-Elite
3. das Massenkommunikationssystem
4. das „Netz örtlicher Leitpersonen"
5. die politisch partizipierenden Teile der Bevölkerung eines Staates.

Dabei wird davon ausgegangen, dass die ersten beiden Stufen elitespezifische und die drei anderen populäre Perzeptionsmuster darstellen. Der Stufe drei, dem Netz der örtlichen Leitpersonen, kommt in diesem gesamten Netzwerk eine besondere, nämlich zwischen der Elite und dem populären Bereich vermittelnde Funktion zu. Außerdem wird davon ausgegangen, dass der Informationsfluss innerhalb der einzelnen Stufen größer ist als zwischen ihnen.

Ob man dieses Modell so akzeptiert oder nicht (das ohnehin historisch zu variieren wäre), eines muss als wichtige methodologische Konsequenz anerkannt werden: Es kann nicht darum gehen, von einer national durchgängig homogenen Wahrnehmungs-weise auszugehen. Immer sind gruppenspezifische und damit soziale und weitere interessengeleitete Funktionen solcher Wahr-nehmungsweisen ausschlaggebend. Viele der bislang unternom-menen Studien zu deutsch-französischen Wahrnehmungsprozes-sen sind diesbezüglich zu überdenken. Bock ist auch Recht zugeben, wenn er fordert, dass nach den Interpretationsmono-polen und Informationsgefällen im Verhältnis dieser Gruppen zueinander zu fragen ist.

Perzeptions-forschung

Um sich von der in geistesgeschichtlicher Tradition stehenden Imagologie abzugrenzen, wird auch deshalb häufiger der Begriff der Perzeption bzw. der Perzeptionsforschung verwendet. Damit wird der Forschungsakzent von den Resultaten der Wahrnehmung (Bilder) auf die Wahrnehmungsmuster und deren soziohistori-sches Entstehungsgefüge verlegt, das als komplexes Faktorensys-tem aufgefasst wird. Ähnlich wie Hans Manfred Bock argumen-tiert auch Michel Grunewald, wenn er z.B. auf vier Faktoren verweist, die die Frankreichbilder in der deutschen Presse (1871–1939) bestimmen: die ideologische Orientierung einer Zeitschrift, die innenpolitische Situation in Deutschland, der Stand der deutsch-französischen Beziehungen, Konstanten in der gegensei-tigen Wahrnehmung (Grunewald 1996).

4 Fremdbilder als Teil der Xenologie

Das Fremde

Alle bislang angesprochenen Gebiete, Voruteilsforschung, Dis-kurse über Fremdes, und Stereotypenkritik, finden auch ihren Fluchtpunkt in der Xenologie, wo sie zusammengeführt werden durch das Interesse an den vielschichtigen Bedeutungen des Frem-den in einer internationalisierten Welt. Wie eingangs beschrieben, resultiert aus dem Phänomen der Alterität von Kulturen, dass das Fremde bzw. Fremdheit keine absolute Größe darstellt, sondern eine Differenzrelation bezeichnet. Das Fremde gilt in der Xeno-logie als das aufgefasste Andere und ist ein Interpretament der Andersartigkeit und Differenz. In der Xenologie, die sich interdis-ziplinär profiliert, erlangen die Analysen von Diskursen über das Fremde, die Fremdkonstruktionen und deren Vorurteilsstrukturen vor allem in zwei Richtungen eine besondere Relevanz: als Herr-schaftskritik (Antisemitismus, kolonialistische und andere ideolo-gische Weltbilder sind hier relevant) und als Exotismuskritik.

Exotik

Wierlacher sieht in Exotik eine ethnozentristische Ausschmü-ckung und weist darauf hin, dass Exotik als Motivation oder Bild-struktur nicht darauf gründet, etwas über den anderen in dessen Ordnungen und über sich selbst zu erfahren. Vielmehr wird durch

Ausschmückung, Exotierung Fremdheit konstitutiert. Exotische Fremde kann in der Nähe und Ferne liegen. In jedem Fall wird die andere Kultur zu einem idealisierenden Projektionsraum von Hoffnungen und Visionen persönlichen Glücks und der Selbstverwirklichung. Da Alltag keine Idylle hat, gehören zu Paradiesvisionen immer schon Vorstellungen vom einfachen Leben. Weite Teile des modernen Urlaubstourismus bzw. Reiseführer sind davon geprägt. Durch eine Sentimentalisierung des Anderen werden Vorurteilsstrukturen über die andere Kultur geschaffen (Wierlacher 1993: 76–77). Dies gilt auch für Frankreichvorstellungen (Provence, Bretagne). Die Untersuchung von Reiseführern bleibt auch diesbezüglich eine wichtige Aufgabe.

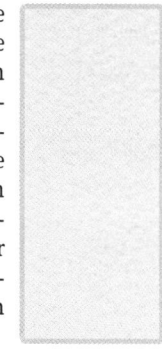

❷ Nationalstereotype

Das Interesse am anderen wird von eigenen Interessen und der Suche nach der eigenen Identität gesteuert. In diesem Prozess historischer Wechselwirkung spiegelt das französische Deutschlandbild daher immer ein Frankreichbild, das deutsche Frankreichbild immer auch die schwierige Auseinandersetzung Deutschlands mit sich selbst. (Picht 1982: 194).

**Wechsel-
wirkung**

Nationalstereotype treten uns als „Dauerfranzosen" bzw. „Dauerdeutsche" entgegen. Häufig ist zu hören, „die Franzosen verstehen es zu leben", „die Deutschen sind diszipliniert und arbeitsam". Nach den Ausführungen zum Charakter von Stereotypen dürfte klar sein, dass es sich hier um Aussagen handelt, die nicht über die Wirklichkeit – Verhaltensweisen von Deutschen oder Franzosen – Auskunft geben, sondern dass diejenigen, die sie verwenden, sich bekannter Diskurse über solche Eigenschaften bedienen. Bei der Beschäftigung mit Nationalstereotypen geht es nicht darum, ihren Wahrheitsgehalt oder ihre Falschheit nachzuweisen. Berschin vergleicht solche Stereotype mit Sprichwörtern, deren Gültigkeit ebensowenig empirisch zu überprüfen ist (Berschin 1992: 59). Unabhängig davon können Nationalstereotype auf Realitätssubstraten beruhen oder auch nicht; entscheidend für den Vorgang der Stereotypisierung ist auch hier, dass reale oder vermeintlich reale Einzelerscheinungen verallgemeinert und gleichzeitig zu fixen Versatzstücken werden, die dann als Realitätsaussagen verwendet werden. Verallgemeinerungen und Globalisierung gehen dabei Hand in Hand, so als ob eine Nation bzw. die Mitglieder der Nation – unabhängig von allen sozialen und historischen Differenzierungen – eine Person seien. Ihr wird ein Charakter, eine ahistorische bestimmte Wesensart bzw. ein bestimmter Geist zugesprochen (So ging auch die kulturmorpho-

**Verallge-
meinerung
und Globali-
sierung**

logische Wesenskunde in den 20er/30er Jahren vor.) Für Joseph Jurt ist es sicher, dass auf Nationalstereotype als Perzeptionsmuster des Eigenen und Fremden dann eher zurückgegriffen wird, wenn die Nation eine zentrale Referenz darstellt (Jurt 1996).

Rolle und Wirkung

Nationalstereotype sind nicht unausweichlich, doch spielt ihre Ausbildung im 18./19. Jh. und auch noch weiter im 20. Jh. eine entscheidende Rolle bei der Konstituierung und Festigung der europäischen Nationalstaaten, die sich, wie wir sahen, in Konkurrenz zueinander ausgebildet haben. Deutschland und Frankreich stehen in diesem Prozess in einem besonders engen wechselseitigen Projektionsverhältnis. Wenn heute – in unterschiedlicher Intensität – ein Verlust der einst starken bindenden Kräfte nationaler Wir-Gemeinschaften zu verzeichnen ist, so sind wir doch mit den Ergebnissen der Geschichte dieser Bilder und Stereotype konfrontiert. Sie verfügen über eine erstaunliche Wirkung und Langlebigkeit und sind offensichtlich äußerst resistent gegenüber realen gesellschaftlichen Veränderungen.

Intra-diskursive Tradition

Nationalstereotype haben sich tief in das kollektive, diskursive Gedächtnis eingeschrieben und stellen eine relativ eigenständige intra-diskursive Tradition dar. Sie bilden einen Fundus an stereotypen Wahrnehmungsmustern und Vorurteilsstrukturen, die die Wahrnehmungen bis heute orientieren können. Mit Berschin müssen wir zu dem Schluss gelangen, dass „die Hoffnung, durch mehr internationale Kommunikation ließen sich Nationalstereotype abbauen, sich nicht erfüllt [hat]" (Berschin 1992: 59). Mehr noch, am Beispiel von zahlreichen Untersuchungen zu verschiedenen öffentlich zirkulierenden Diskursformen hat sich erwiesen, dass der Kern der jeweiligen Fremdbilder seit längerer Zeit unverändert blieb. Zum Kern der in Frankreich öffentlich verbreiteten Deutschlandbilder gehört das stereotype Wahrnehmungsmuster von den *deux Allemagnes*.

1 Deutschlandbilder in Frankreich

Bipolarität

Zum Kern jenes stereotypen Wahrnehmungsmusters gehört die bipolare Grundstruktur von dem einerseits kriegerischen, barbarischen Deutschland, das für Frankreich eine ständige Bedrohung darstellt und andererseits dem romantischen Deutschland, das sich mit hochentwickelter Kultur und geheimnisvoll schönen Landschaften verbindet. Diese bipolare Grundstruktur ist bis heute konstant geblieben und wird entsprechend wechselnder Situationen aktualisiert und neu formuliert, mitunter nicht einmal das.

Nachhaltig wurde das noch heute wirksame Wahrnehmungs- und Deutungschema der *deux Allemagnes* im 19. Jh. geprägt. Gonthier-Louis Fink hat nachwiesen, dass diese Bipolarität bereits seit der Mitte des 18. Jhs. eine Rolle spielt. Längere Zeit war das Deutschlandbild des TACITUS in der französischen, klassisch gebildeten Elite verbreitet, bei dem von der „Barbarei" der Teutonen die Rede war, und schließlich hatte VOLTAIRE dieses Bild reaktiviert, die Grobschlächtigkeit der deutschen Sprache kritisiert und sich über die stupide Naivität und die abstrakte Gelehrsamkeit lustig gemacht. Für andere wurde Naivität hingegen zum Synonym für Natürlichkeit und Jugend und zu positiven Gegenbildern höfischer französischer Kultur.

> **Deux Allemagnes**

Im 18. Jh. zeichnet sich eine Wiederaufwertung deutscher Lebensweise und Kultur ab, wobei das Aufklärungsdenken eines ROUSSEAU – mit der positiven Konnotierung alles Natürlichen – als Kritik an der Künstlichkeit französischer Hofkultur verstanden, den Weg für eine positive Deutschlandrezeption eröffnet (Fink 1994).

Schon im 18. Jh. tritt die geographische Konstellation Nord/Süd auf, die dann bei GERMAINE DE STAËL entscheidend werden soll. Die südlichen deutschen Länder stehen für das friedvolle, naturverbundene Leben; der Rhein oder der Schwarzwald („der deutsche Wald") symbolisieren deutsche Lebensart, die Naturverbundenheit, die sich mit einfachem, friedfertigem Gemüt paart. Der binäre Charakter enthält bereits im 18. Jh. antagonistische Wertungen, die durch interne französische Debatten bedingt sind (Jurt 1996).

> **Geografische Zweiteilung**

In der Folgezeit sind vor allem zwei Ereignisketten maßgeblich an der Fortschreibung des bipolaren Wahrnehmungsschemas beteiligt: zum einen das 1813 im Londoner Exil erschienene Buch *De l'Allemagne* von GERMAINE DE STAËL und dessen Rezeption, zum anderen der Deutsch (Preußisch)-Französische Krieg 1870/71 mit den diesen Konflikt begleitenden beiderseitigen Feindbildkonstruktionen. GERMAINE DE STAËL zeichnet in ihrem Text ein im Wesentlichen positives Deutschlandbild (mit wenigen kritischen Akzenten), das sich nur vor dem Hintergrund ihrer Kritik an der napoleonischen Ära verstehen lässt. Dabei wird das Wahrnehmungschema der *deux Allemagnes* verräumlicht. Sie geht dabei von einer Klimatheorie aus und stellt dem katholischen Süden (gekennzeichnet durch eintöniges Wohlbefinden) den protestantischen Norden gegenüber, in dem die größte Pressefreiheit die Kultur zu voller Blüte bringe. Ihr Preußenbild trägt dabei bereits zwei Dimensionen: eine militärische und eine philosophische.

> **Mme de Staël**

Ihr Deutschland der Dichter und Denker, der freien Entfaltung von Kultur, wird von HEINRICH HEINE, der sich seinerseits etwas später in Paris im Exil befindet, als Karikatur deutscher Verhältnisse interpretiert. Ungeachtet dessen und der realen Grundlagen des gezeigten schönen Bildes eines Deutschland, in dem Philosophie und Dichtkunst freie Entfaltung finden, hat dieses Deutschlandbild im Frankreich des 19. Jhs. vor allem unter den französischen Schriftstellern und Historikern eine breite Resonanz gefunden.

Les deux Allemagnes

Einen entscheidenden Wendepunkt erlebt dieses weitgehend romantische Deutschlandbild französischer Intellektueller mit dem Krieg von 1870/71. Nun wird ein zeitlicher Dualismus charakteristisch, bei dem davon ausgegangen wird, dass 1813/14 einen Wendepunkt darstellt, bei dem sich das ehemals kulturvolle Deutschland in ein nationalistisches Deutschland gewandelt habe. Herausragend ist ein Aufsatz des Philosophen ELME-MARIE DE CARO in der viel beachteten Zeitschrift *Revue des deux monde*, in dem er nun auch die griffige Formel von den *deux Allemagnes* gebrauchte. Schon im Titel findet dieses duale Bild seinen Ausdruck: *„Le Droit et la Force – Kant et Bismarck"*. Fink hat auch nachgewiesen, dass diese Formel schon früher von EDGAR QUINET gebraucht worden war. Dem Deutschland der Dichter und Denker steht nun das Deutschland der deutschen Eindringlinge gegenüber. In den Symboliken, die dieses andere Deutschland repräsentieren, wird deutlich, dass die Vorstellung von der geographischen Zweiteilung beibehalten wird, denn die negativen Vorstellungen beziehen sich vor allem auf das Preußentum, die *monarchie soldatesque*, in der sich all das Hässliche in der Wahrnehmung vereint: furchterregende Bismarckdarstellungen, die Pickelhaube und weit in die deutsche Geschichte zurückreichende Anleihen wie die Wikingerhelme, die das Barbarische der Germanen versinnbildlichen.

Das Negativbild erklärt sich nicht nur aus dem militärischen Konflikt, der mit einer französischen Niederlage endet. Vielmehr lässt es sich erst schlüssig erfassen, wenn die tiefe Identitätskrise der französischen Nation, die sich als führende Weltmacht verstand, in die Überlegungen einbezogen wird. Die Niederlage war aus der Sicht von französischen Politikern und vielen Intellektuellen der Beweis dafür, dass der politische und wirtschaftliche Aufstieg Deutschlands mit einem Niedergang Frankreichs unausweichlich in Verbindung stand. Die Ernennung des Königs WILHELM VON PREUSSEN zum Deutschen Kaiser im Spiegelsaal des Versailler Schlosses war hierfür ein symbolischer Akt, der aus französischer Sicht die tiefe Schmach dieser Niederlage auch in ihren moralischen Dimensionen (Verletzung der nationalen Würde) ausdrückte.

Dieser Krieg mit allen seinen Folgen hat nicht nur Politiker und Militärs beschäftigt. Berschin schätzt die Zahl der literarischen zeitgenössischen Reaktionen auf über 5000 (Berschin 1992: 20). In diesem Kontext vollzieht sich die bis heute entscheidende Metamorphose im Wahrnehmungsschema der *deux Allemagnes*. Nunmehr erhält Deutschland auch in den Wahrnehmungen von Schriftstellern, Publizisten, Politikern ein bedrohliches Gesicht: Rohheit, Barbarei, Unberechenbarkeit verkörpern ein Deutschland, bei dem der Deutsche *(barbare)* schlechthin zum Feind Frankreichs erklärt wird (Jeismann). Neben der inhaltlichen Modizfizierung des Wahrnehmungsschemas ist charakteristisch, dass sich sein Verbreitungsmodus differenziert und ausweitet. Nicht nur Romane und Erzählungen bekannter Autoren, sondern Plakate, Feuilletons, Heftchenromane sind die wichtigen Kommunikationsnetze, in denen diese Deutschlandbilder Verbreitung finden. Auf deutscher Seite findet das seine Entsprechung in der These vom Erbfeind Frankreich.

Metamorphose

Für den weiteren Entwicklungsweg der Deutschlandbilder ist jedoch entscheidend, dass die negative Deutschlandwahrnehmung nicht einfach die positive ersetzt hat, sondern komplementiert. Viele französische Schriftsteller sahen sich angesichts des Krieges in ihren Deutschlandvorstellungen getäuscht. In einem solchen dichotomen Deutschlandbild konnten sie einen Teil ihres Idealbildes retten. Auch das Deutschland der Dichter und Denker, der Wälder und Lieder lebte deshalb fort, vor allem in der französischen Literatur. Es koexistiert seit 1870 in vielen Varianten mit dem Bild vom übermächtigen, unberechenbaren Deutschland des Militärs und der Wirschaftskolosse, ein Deutschland, dem hegemoniales Streben eigen sei. Binäre Deutschlandvorstellungen sind kennzeichnend für einen Germanisten wie CHARLES ANDLER, der einen deutschen Humanismus dem Pangermanismus gegenüberstellt, für den Roman *Siegfried et le Limousin* (1922) von GIRAUDOUX oder für *Le silence de la mer* (1941) von VERCORS (Jurt 1996).

Der Erste, insbesondere aber der Zweite Weltkrieg, die Besetzung Frankreichs und der Holocaust, haben die Auffassung von der *incertitude allemande* verfestigt und jene Erfahrungen reaktiviert, die bereits zuvor die stereotype Wahrnehmung geprägt haben. In zahlreichen Einzeluntersuchungen zu diesem Themenfeld wird auf diese Problematik detailliert eingegangen. Dabei werden auch die frühen Versuche einer realen politischen wie mentalen Aussöhnung zwischen beiden Staaten und Nationen analysiert (Gödde-Baumanns, Nies, Leiner, Kolboom, Rovan).

Erster und Zweiter Weltkrieg

Aber auch in der Zeit nach 1945 existiert dieses duale Schema fort. Es erhält eine neue politische und ideologische Dimension durch den Kalten Krieg und die Existenz von zwei deutschen Staaten. Je

L'autre Allemagne

nach Standpunkt gehören die Sympathien dem einen oder anderen Deutschland. Vor allem in der unmittelbaren Nachkriegsära sieht eine Minderheit, ehemalige Resistancekämpfer und Kommunisten, in *l'autre Allemagne*, der DDR, die Antifaschismus zur Staatsdoktrin erklärt, eine positive gesellschaftliche Alternative. Diese Auffassung, die sie mit deutschen Widerstandskämpfern und Emigranten teilen, die sich hier niederlassen, werden jedoch mehr oder weniger schnell enttäuscht. Berschin stellt fest, dass die deutsche Teilung imagologisch ohne Wirkung bleibt „einmal abgesehen von den Asterixgeschichten, in denen West- und Ostdeutsche auftreten und Friedensstörer spielen." (Berschin 1992: 17). Die Perzeption der *autre Allemagne*, der DDR, ist jedoch bislang wenig untersucht worden (Badia 1999, Mortier 1999).

Bundesrepublik Deutschland

Für die politisch Verbündeten, Frankreich und die Bundesrepublik Deutschland, ist für die Jahrzehnte nach 1945 ein allmählicher Prozess der Aussöhnung und der Entfaltung breiter Kooperationsbeziehungen, vielfältiger Facetten freundschaftlicher Begegnungen und Partnerschaften kennzeichnend. Herausragendes Ereignis ist der 1963 unterzeichnete Elysée-Vertrag, mit dem eine kontinuierliche Zusammenarbeit auf vielen Gebieten eingeleitet wird. Wie die Arbeiten zu den politischen, ökonomischen etc. Beziehungen einerseits und zu den gegenseitigen Wahrnehmungsprozessen andererseits zeigen, folgen beide Ebenen unterschiedlichen Logiken und verlaufen nicht symmetrisch.

Bei der Analyse von Deutschlandbildern müssen jedoch die beiden Ebenen zueinander in Beziehung gesetzt werden, was bislang keineswegs immer gelungen ist. Es müssen sehr komplexe soziohistorische und politische Zusammenhänge berücksichtigt werden. Zugleich müssen die Wiederaufnahme, Bearbeitung bzw. das Auslassen tradierter Schemen untersucht werden. In der imagologisch orientierten Literatur hat sich die Meinung durchgesetzt, das das Bild- und Stereotypenrepertoire erschöpft war und nach dem Krieg trotz einschneidender politischer und sozialer Veränderungen keine neuen Bildelemente hinzukamen (Berschin). Sicher ist, dass das bipolare Wahrnehmungschema fortexistiert. Robert Picht stellt 1974 fest: „Das doppelte Bild des romantischen und des gefährlichen Deutschland spielt weiterhin eine wichtige Rolle in der französischen nationalen Mythologie."

Literatur und Fernsehen nach 1945

Auch die Untersuchungen französischer Romane, die nach 1945 erschienen sind, ergaben, dass die Autoren ihre Deutschlandbilder aus einem Fundus schöpfen, der seine Ursprünge im 19. Jh. findet. Das moderne Deutschland wird literarisch kaum wahrgenommen (Jurt 1996). Der Vergangenheitsbezug spielt auch in französischen Fernsehsendungen über Deutschland eine dominante Rolle. Henri Ménudier hat für die 70er Jahre festgestellt, dass

sich ca. 70% aller Sendungen mit dem Themenbereich Nazismus/ Zweiter Weltkrieg befassen, während das aktuelle Deutschland in jeder Hinsicht vernachlässigt wird (Ménudier 1981). Der Vergangenheitsbezug kann als ein wesentlicher Grundzug der öffentlich verbreiteten Deutschlandbilder (auch) nach 1945 gekennzeichnet werden. Dies trifft ebenso für die neuere französische Literatur zu.

Jurt weist jedoch auf ein wichtiges Problem hin, das die Spezifik des literarischen Diskurses betrifft und die auf traditioneller imagologischer Grundlage getroffenen Aussagen relativiert. Er diagnostiziert für französische Romane, die im Zeitraum von 1970 bis 1990 erschienen sind, Verschiebungen beim Umgang mit den alten Bildern. Auch wenn das Deutschland der Nazis (bei Autoren wie Balguerie, Genevoix, Benoin u. a.) und das romantische Deutschland (Musik, deutscher Wald) dominieren, so ist doch kein naiver diskursiver Gebrauch dieser traditionellen Bilder charakteristisch. Für Jurt zeugen die Romane vom Bewusstsein der Autoren, dass das Reden über Deutschland stark diskursiv formalisiert ist, sich verselbstständigt hat und keine einfache, unmittelbare Rückbindung an die Realität mehr erlaubt. Dies ist eine wichtige Erkenntnis, da die imagologischen Untersuchungen von einer solchen, durch die Autoren intendierten Rückbindung an die Realität implizit ausgehen.

Literatur 1970–90

In diesen neueren Romanen gehen die Autoren jedoch offensichtlich davon aus, dass dann, wenn eine solche Rückbindung erfolgen soll, zusätzliche Authentisierungs-Strategien Anwendung finden müssen, um dem abgenutzten Bildinventar neue Glaubwürdigkeit und den Schein der Aktualität zu verleihen (Jurt 1996: 73). Als solche Strategien weist Jurt z.B. das gegeneinander Ausspielen bekannter diskursiver Versatzstücke und eine damit verbundene scheinbare Problematisierung nach. „Insgesamt zeichnet sich so eine deutliche Tendenz zur Distanzierung von einem naiven Gebrauch des Deutschland-Diskurses, wie ihn eine imagologische Perspektive implizit immer voraussetzt, ab." (Jurt 1996: 73,74). Insofern sind zwei eng miteinander verbundene Schlussfolgerungen zu ziehen: Diese literarischen Texte liefern keine bzw. nur sehr vermittelte Belege dafür, wie französische Intellektuelle heute Deutschland wahrnehmen; literarische Diskurse unterliegen anderen Regeln als referentielles Sprechen.

Authentisierungsstrategien

Fallbeispiel I: Der Fall der Mauer und der deutsch-deutsche Einigungsprozess: die Perzeption in der französischen Presse.

Abundanz der Stereotype	Im Unterschied zum literarischen Diskurs ist in Pressetexten der intendierte referentielle Bezug deutlicher und die Stereotype liegen in weniger vermittelten Formen vor. In der politischen Tages- und Wochenpresse ist der Zusammenhang zwischen aktuellen politischen Ereignissen im In- und Ausland sowie dem Stand der bilateralen Beziehungen und der Perzeption des Nachbarlandes besonders eng. Die Ereignisse des Mauerfalls und der deutschen Einigung markieren zudem über die Tagespolitik hinausreichende tief gehende Veränderungen im status quo der Nachkriegsära. Schließlich gehörte es seit dem Ende des Zweiten Weltkrieges zu den verbreiteten politischen Auffassungen in Frankreich, dass das europäische Gleichgewicht von der Westintegration der Bundesrepublik Deutschland ebenso abhing wie von den besonderen Positionen Frankreichs, nämlich als Siegermacht des Zweiten Weltkrieges und als Schutzmacht in Deutschland. Nur vor diesem Hintergrund realer sicherheitspolitischer Konstellationen und den damit zusammenhängenden Selbstbildern sind die Reaktionen in der französischen Presse verständlich. Wie zu zeigen sein wird, lässt sich an der publizistischen Perzeption dieser Ereignisse einmal mehr belegen, dass Zeiten des Umbruchs auch Zeiten der Stereotype sind. Mit ihnen wird in Zeiten der Unsicherheit und fehlender Orientierung auf Bekanntes zurückgegriffen und damit Sicherheit zurückgewonnen. Zugleich ersetzen sie die Mühen, eine bestimmte Situation in ihrer historischen Spezifik zu erkunden. Der Rückgriff auf bekannte Stereotype mindert also Schockerlebnisse (s. Kapitel 5), die durch den Verlust vertrauter Schemata zugleich emotionale Reaktionen hervorrufen.
Pressestimmen	Anfangs wird auch in der französischen Presse die Freude über den Fall der Mauer ausgedrückt, die einerseits ideologisch begründet ist (Ende des Kommunismus), andererseits auf den Sieg der Freiheit bezogen ist. Der Freiheitswille und die Befreiung der Ostdeutschen 200 Jahre nach der Französischen Revolution gibt der Presse Anlass, im Fall der Mauer eine Bestätigung der Werte von 1789 zu sehen. Dieses Ereignis und die sich bald abzeichnende deutsche Einigung sind von den meisten französischen Journalisten jedoch sehr bald als Schockerlebnis wahrgenommen worden, was in ihrer Berichterstattung explizit thematisiert wird und sich zugleich in stark emotionalisierten Diskursformen zeigt.
Naturmetaphorik und ,Angst'- Begriff	Die im Folgenden verwendeten Pressezitate gründen auf verschiedenen Untersuchungen (Jurt 1996, Kübler 1997): *„L'onde de choc qui secoue l'Europe"* (*Le Point*, 20. 11. 89, Titelbild), *„Le choc de la réunification"* (*Le Point* 9. 7. 90*). Umbruch, Ungewissheit und Ängste werden zum einen durch den Rückgriff auf die Naturme-

taphorik vermittelt: „*tempête sur l'Europe*" (*L'Express* 20. 10. 89). Jean d'Ormesson schreibt im *Figaro* vom 4. 11. 89 von einem *séisme*, schließlich sei die Zukunft Europas nicht vorausschaubar. „*Le torrent allemand*", „*le torrent allemand emporte Yalta.*" (*Valeures Actuelles* 20. 11. 89). Neben der Naturmethaphorik kommt auch der emotionale Grundbegriff der Angst zum Einsatz: *Le Nouvel Observateur* betitelt seine Spezialausgabe „*Le vertige de la liberté*" und stellt dabei die Frage „*Faut-il avoir peur des Allemands?*" (448) auch Cuau von *L'Express* beschäftigt sich mit dem Zwiespalt zwischen Freude und Angst. Im März titelt der *Express* „*Les Français, doivent ils avoir peur de l'Allemagne?*" (16. 3. 90). Die Ängste verbinden sich zunächst vor allem mit sicherheitspolitischen Fragen (mögliche Neutralität Deutschlands unter politischer Einflussnahme der UdSSR). Eine mögliche deutsche Einheit wird in *L'Express* als Katastrophe vermittelt:

Cette réunification serait catastrophique pour les Douze. Superpuissante économiquement, la nouvelle nation allemande, totalisant 80 millions d'habitants, excercerait une hégémonie insupportable pour ses partenaires. Mais plus déstabilisatrices encore seraient les conséquences géostratégiques qu'impliquerait l'inévitable neutralisation de cette Allemagne réunifiée ... (24. 11. 89).

Aus der Sicht der französischen Journalisten gründen die Ängste neben sicherheitspolitischen Fragen also früh auch in Vorstellungen von einem übermächtigen Deutschland mit hegemonialen Bestrebungen und ökonomischer Übermacht. In der *Libération* (Sept. 1990) heißt es: „*Qui a peur de la grande Allemagne?*" Ein riesiger schwarzer Adler mit Mercedes-Kopf wirft hier seine Schatten. Am 16. März 1990 spricht auch Jacques Julliard über Ängste:

J'avais écrit ici-même, il y a quinze jours, que l'Allemagne ne m'inquiétait pas. Qu'avais-je dit là? Si je n'ai pas peur de l'Allemagne, il m'arrive pourtant encore de me troubler. Sinon pourquoi, chaque fois que je regarde un match dans lequel l'Allemagne est engagée, suis-je systématiquement du côté de son adversaire? Affaire de génération ... C'est vrai qu'une partie de mes réflexes conditionnés date de 1940; mon inconscient de 1914 et mon cerveau reptilien de 1871. S'il en allait autrement. Pourquoi m'alarmerais-je? Pourquoi nous alarmerions-nous de la montée en puissance de l'Allemagne, notre amie, notre alliée?

Es lässt sich kaum ein besserer Befund für die Spuren der deutsch-französischen Konflikte, Kriege und die sie begleitenden Bilder im kollektiven Gedächtnis finden. Sie sind auch 40 Jahre nach Kriegsende im Unterbewussten tief eingeschrieben. Dagegen haben die Prozesse der Aussöhnung, Annäherung, Kooperation und Freundschaft noch weniger Spuren im kollektiven Bild von Deutschland hinterlassen.

Auffällig ist – unabhängig von der ideologischen Orientierung der Zeitungen und Zeitschriften – ein durchgängiger Bezug auf das Wilhelminische Kaiserreich und auf BISMARCK. Die Person Bismarcks und die an das Preußentum erinnernde Pickelhaube sind im Jahr 1990 die wichtigsten Referenzen, um die mit dem sich anbahnenden deutschen Einigungsprozess aus französischer Sicht und für Frankreich die z.T diffusen Ängste und Beunruhigungen zu kanalisieren. Georges Valence, Chefredakteur von *L'Express*, veröffentlicht 1990 sein Buch *Le retour de Bismarck*. Die Zeitung *Valeurs Actuelles* kommentiert den Fall der Mauer in der Schlagzeile: *„Bismarck balaie Monnet."* (20. 11. 89). In *Le Point* ist am 4. 12. 89 als Kommentar zum 10 Punkte-Plan von KOHL zu lesen *„Bismarck disait: Qu'on mette l'Allemagne en selle, elle saura bien chevaucher. Elle galope déjà."* In *L'Express* vom 5. 1. 90 steht als Kommentar zur möglichen deutschen Einheit und ihren Folgen für Europa: *„... l'Europe de Bismarck, avec l'Allemagne quelle que part entre l'Atlantique et l'Oural. Prenons garde à ne pas encourager ainsi les passions nationalistes chez nos voisins!" „Le retour au Reich bismarckien unitaire"* (*Valeurs Actuelles* 9. 10. 89).

Die Referenz auf BISMARCK evoziert einen hegemonialen Nationalismus mit den Assoziationsketten Militär, Preußen, deutsche Übermacht, Zurückbleiben, Niederlage für Frankreich, eigene Unterlegenheit und die Unberechenbarkeit wie Überlegenheit des Nachbarn. Da dies im kollektiven Gedächtnis wachgehalten worden ist, kann es als Folie für die empfundenen Ängste instrumentalisiert werden. Aus diffusen Ängsten werden so konkrete Bedrohungsängste beschworen, die mit Versatzstücken aus der Vergangenheit bzw. aus erinnerter Vergangenheit gespeist werden. Die oben beschriebenen virulenten Deutschlandbilder bilden hierfür die geeignete Grundlage. Nur selten wird dabei an reale kriegerisch-militärische Auseinandersetzungen gedacht, wie dies in einem Artikel zu erkennen ist, der am 9. 3. 90 in *L'Express* aus der Feder von Jean-Claude Casanova erscheint: Unter dem Titel *„Les Français et L'Allemagne"* heißt es: *„Cette puissance est-elle belliciste par nature?"* Fern von rationalistischen Argumentationsmustern wird hier auf alte völkerpsychologische Erklärungsschemata zurückgegriffen. Meist werden jedoch die hegemonialen Bestrebungen auf ökonomischem oder politischem Gebiet betont: *„le mark de l'angoisse"*; *„Deutschemark über alles"* (*Nouv. Obs.* 28. 6. 90). Die Pickelhaube avanciert 1990 zu einem wieder aktuellen Symbol, das sich in vielen Karikaturen finden lässt: Kohl mit Pickelhaube im *Canard enchaîné* oder in *Le Monde*, in der Sondernummer des *Figaro littéraire* am 1. 10. 1990, die dem deutschen Bundeskanzler einen Bismarck mit Pickelhaube zur Seite stellt. Die Perzeptionsmuster, die mit der Phase der Gründung des deutschen Nationalstaates 1870/71 zusammenhängen, die die deutsche

Einigung und den politischen wie ökonomischen Aufstieg Deutschlands in der Welt, wie gezeigt, mit einem Niedergang Frankreichs verbinden, werden 1989/90 aktiviert, um aus den diffusen Ängsten fassbare, sehr konkrete Bedrohungsängste zu artikulieren. Die Bedrohung wird durch eine Häufung des Vokabulars aus dem militärischen Bereich deutlich.

Auch hierbei wird gezielt auf virulente Schemata historischer Deutschlandbilder angespielt. Die *réunification* wird als *„Blitzkrieg"* (*Le Point* 5. 3. 90) bezeichnet, die neu entstehende deutsche Wirtschaftsmacht als *„une force de frappe terrifiante"* (*Le Nouvel Observateur* 16. 11. 90). Dabei werden mitunter auch deutsche Begriffe verwendet, die in kriegerischen bzw. konfliktuellen deutsch-französischen Zusammenhängen stehen, die als Teil der Allgemeinbildung in Frankreich vermittelt und in der Publizistik oft verwendet werden: *„Wiedervereinigung"* (*L'Express* 22. 9. 90), *„Blitzkrieg"* (*Le Point* 5. 3. 89), *„l'Anschluss"* (*Le Nouvel Observateur* 1. 2. 90), *„l'Anschluss économique"* (*Le Nouvel Observateur* 22. 2. 90), *„l'Anschluss monétaire"* (Express, 23. 2. 90), *„Le deutsche Mark a gagné la guerre"* (*L'Express*). Der Rekurs auf die Perzeptionsmuster der Geschichte der deutsch-französischen Kriege, der deutschen hegemonialen Politik in jenen Etappen zwischen 1870 und 1945 ist das häufigste eingesetzte Mittel. Das schließt auch – wenn auch weniger – die Nazizeit ein: Das Agieren des vereinten Deutschlands wird als *„revanche des vaincus de 1945"* (*Le Point* 20. 11. 89) in einem Artikel bezeichnet, der den Titel *„Vers un IVe Reich économique"* trägt. In *Le Point* vom 20. 11. 89 verwendet Georges Valences das Ideologem vom Lebensraum: *„Dévorée par sa propre croissance (et l'héritage de Hitler), la petite Allemagne fédérale manque cruellement de terre, de Lebensraum, elle freine au maximum l'immigration."* Kübler weist in ihrer Analyse der Wochenpresse nach, wie sich im Verlauf des Jahres 1990 (nach den Volkskammerwahlen im März 1990) die Deutschlandbilder der selben Autoren allmählich entemotionalisieren und weniger Bedrohung evozieren. *„Le nouvel espoir, c'est celui que suscite la bonne santé de l'économie française qui permet d'aborder le défi allemand avec moins d'angoisse."* (*Le Point* 9. 7. 90). Die Befürchtungen, dass Frankreich politisch und wirtschaftlich von dem „deutschen Riesen" überrollt wird, schwächen sich in Abhängigkeit von der französischen Konjunktur und der Versicherung, dass Deutschland im Bündnis der EU fest integriert ist, allmählich ab. Das französische Selbstbild der Führungsschichten hat sich stabilisiert. Hinzuzufügen bleibt, dass Meinungsumfragen in breiteren Bevölkerungsschichten nicht in gleichem Maße Bedrohungsängste reflektieren (Kolboom 1991). Es handelt sich vielmehr um elitenspezifische Perzeptionsmuster, die auf der Folie eigener politischer und ökonomischer Interessen

Rekurs auf das Dritte Reich

zu lesen sind (siehe auch die soziologische Analyse der Leserkreise der Wochenpresse bei Kübler: 57–89).

10 Jahre später

Das Titelbild des *Express* anlässlich des 10. Jahrestages des Mauerfalls zeigt Claudia Schiffer (eine deutsche *Marianne*, friedfertig und romantisch). Der Titel dazu verrät den impliziten Bezug zu den oben beschriebenen Diskursen: *„Peut-on enfin aimer l'Allemagne?"* Mag hier auch der Wunsch artikuliert sein, endlich das positive Deutschlandbild obsiegen zu lassen, so ist die Referenz auf die bipolare Wahrnehmungsstruktur implizit präsent. Außerdem sind die Zweifel angebracht, dass das negative Deutschlandbild keine Rolle mehr spielt. Es hat auch in den 90er Jahren genügend Anzeichen dafür gegeben, dass die *incertitude allemande* nach wie vor in Frankreich virulent ist. Ende der 90er Jahre entstandene Essais (Bollmann 1998) sprechen für diese These. Eine diskursanalytische Untersuchung der ersten 10 Jahre nach der deutschen Einigung, die wie oben gezeigt, die Interdiskursivität berücksichtigt, ist eine lohnenswerte Untersuchung, die noch zu leisten ist.

2 Frankreichbilder in Deutschland

Forschung

Auch die Frankreichwahrnehmungen und -bilder in Deutschland sind Gegenstand einer Vielzahl von Untersuchungen geworden. Neben der Zeit des Epochenumbruchs 1770–1814 (s. Kapitel 3) liegen Untersuchungsschwerpunkte einmal auf der Zeit von 1870 bis zum Ersten Weltkrieg und auf der Zwischenkriegszeit (Grunewald, Gödde Baumann, Christadler, Bock, Trouillet). Das Interesse gilt dabei diversen Kommunikationsformen, einschließlich der Jugendliteratur (Christadler), die ansonsten meist vernachlässigt wird. Insbesondere bei der Beschäftigung mit so wichtigen Mittlerpersonen wie CURTIUS, SIEBURG, DIESTELBARTH, WECHSLER, KLEMPERER und deren Texten über Frankreich, (z.B. gilt die nachhaltige Wirkung von „Gott schuf Frankreich" von SIEBURG 1922 als unumstritten) wird der Zusammenhang der in Kap. 3 dargestellten Fragen und Untersuchungsmethoden mit den imagologischen Problemstellungen deutlich. Es macht kaum Sinn, Texte über Frankreich jener Mittler ohne biographischen und historisch-politischen Kontext zu untersuchen. Gleiches gilt für die Analyse der Wissenschaftsgeschichte der Romanistik, mit der sich systematisch Frank-Rutger Hausmann (bezogen vor allem auf das Dritte Reich) sowie Michael Nerlich befassen, der insbesondere den Entstehungskontexten und Zielrichtungen der frankreichbezogenen Romanistik in ihrer Gründungszeit im 19. Jh. und deren Fortschreibungen nachgeht (Hausmann, Nerlich).

Bezogen auf die Zeit nach 1945 liegen fast ausschließlich Analysen zu den Beziehungen der politisch Verbündeten, Frankreich und Bundesrepublik Deutschland, vor (Picht, Kolboom Tiemann, Krauskopf, Grosser, Rovan, Ziebebura u. a.), und es dominieren Untersuchungen zu westdeutschen Frankreichbildern. Als exemplarisch für eine komplexe Perzeptionsanalyse, die sich in diesem Fall methodisch an BOURDIEU anlehnt, können die Untersuchungen von Mechthild Rahner zur Rezeption des französischen Existenzialismus nach 1945 in der Bundesrepublik Deutschland gelten (Rahner 1996). Neben ersten, nach 1989 vorgenommenen Untersuchungen zu den wechselseitigen Wahrnehmungen zwischen Frankreich und der DDR (Roudnicky, Fekl, Heymann, Thuret, Wroblewsky, Röseberg 1999) liegen jedoch bis heute kaum Vergleiche vor, die die Frankreichwahrnehmungen und -bilder betreffen würden, die zeitgleich in Deutschland Ost und West in bestimmten Bereichen Verbreitung gefunden haben. Hier liegt ein breites perzeptionsgeschichtliches Aufgabengebiet, das es zu bearbeiten gilt. Aus der Fülle möglicher Untersuchungsfelder soll im Folgenden der Bereich der Schulbücher für den Französischunterricht ausgewählt werden. Dabei ist das erste Jahrzehnt nach der Gründung der beiden deutschen Staaten für den Kontrast deutscher Frankreichbilder in Ost und West besonders aufschlussreich.

Ost- und westdeutsche Perspektive

Fallbeispiel II: *Les deux France* in (ost- und west-) deutschen Schulbüchern der 1950er Jahre

Im Folgenden soll auf der Grundlage quantitativer und qualitativer Struktur- und Inhaltsanalysen *Ici la France*, das erste Französischlehrbuch der DDR, das in den 50er Jahren verbreitet war, mit denen in der Bundesrepublik verglichen werden. Im Hinblick auf den Umfang der Lehrwerke ist ein Ungleichgewicht zu konstatieren, das schon auf den unterschiedlichen, politisch und ideologisch begründeten Status des Französischen als Fremdsprache in beiden Staaten hinweist: Ein zweibändiges – 150 bzw. 195 Seiten umfassendes – Lehrbuch für alle Niveaustufen steht einer Vielzahl verschiedener, didaktisch differenzierter Lehrwerke für die Sekundarstufen 1 und 2 in der Bundesrepublik gegenüber. Grundlage des Vergleichs bilden eine von Jürgen Krauskopf vorgelegte selektive Auswahl der repräsentativsten Lehrwerke der 50er Jahre (für Deutschland West) sowie seine hierzu vorgelegte Analyse (Krauskopf 1985) und eigene Arbeiten zu den DDR Lehrwerken (Röseberg 1999).

Ungleichgewicht

Schon in Bezug auf die Textsorten sind verschiedene Schwerpunktsetzungen erkennbar. *Ici la France* zeichnet sich im Vergleich

Textsorten und Autoren

zu den westdeutschen Lehrwerken, in denen in diesem Jahrzehnt literarische Texte dominant sind, durch einen hohen Anteil an Sachtexten aus (meist adaptierte Texte von Politikern, Historikern, Journalisten, Wissenschaftlern und selbstgefertigte Texte der Lehrbuchautoren). Auch hinsichtlich der Autorenwahl ist eine deutliche Differenz erkennbar. Während in der Bundesrepublik zahlreiche Historiker zitiert werden, die im französischen Schulbuch der Dritten und Vierten Republik bestimmend waren (LAVISSE u. a.), dominieren in *Ici la France* zeitgenössische Autoren; allen voran JOLIOT CURIE. Einziger Autor, der hier in Ost und West erscheint, ist der Historiker MICHELET. Auch bei den für landeskundliche Zwecke präsentierten Schriftstellern sind unterschiedliche Akzente gesetzt: MAUPASSANT, FLAUBERT, ANATOLE FRANCE, DAUDET, MÉRIMÉE kommen im Westen für die Beschreibung französischer Landschaften zu Wort, im Osten repräsentieren ZOLA, ARAGON, ELUARD sozialkritische, kommunistische Stimmen. Selbst dort, wo in westdeutschen Lehrwerken Sozialkritik dokumentiert wird, geschieht dies durch Autoren, die in *Ici la France* nicht auftauchen: GUÉHENNO, ROBERT GARIE.

Themen

Ein Vergleich der Themen (Röseberg 1999: 109 f.) ergibt, dass im Osten die Themen Politik und Geschichte für das Frankreichbild konstitutiv sind, während in der Bundesrepublik diese Funktion vorwiegend von den Themen Literatur und Geschichte übernommen wird. Wir konzentrieren uns im Folgenden auf das für beide Seiten konstitutive Thema Geschichte.

Frz. Geschichte als konstitutive Elemente der Frankreichbilder

In den westdeutschen Lehrwerken werden historische Ereignisse und Personen aus der Zeitspanne Galliens bis zur Blüte des Ancien Régime dargestellt. Einzig die Napoleonära überschreitet diesen Zeitraum. Hingegen lässt sich die französische Geschichte in *Ici la France* fast als Fortsetzung jener Geschichtsdarstellung lesen: Hier „beginnt" die französische Geschichte mit der Französischen Revolution, findet mit der Pariser Kommune einen weiteren Höhepunkt und führt mit dem Zweiten Weltkrieg, der Résistance, Kollaboration und deutschen Okkupation sowie den kolonialen Befreiungskriegen direkt in die Gegenwart. Die Geschichtsdarstellung ist in den bundesdeutschen Lehrwerken jener Jahre noch durch eine stark personifizierte, wesenskundlich fundierte Geschichtsauffassung geprägt. Ein französisches Wesen wurzelt hier in gallischen, lateinischen, christlichen und germanischen Elementen. Entscheidende Persönlichkeiten sind hier VERCINGÉTORIX, CÉSAR, CHARLEMAGNE, JEANNE D'ARC, HENRI IV, LOUIS XIV und NAPOLÉON (siehe die Parallele zur Geschichtsschreibung in französischen Lehrwerken der Dritten Republik). In *Ici la France* wird hingegen viel von dem *peuple*, von *forces progressistes* gesprochen. Besonders wichtig für die Differenz der Frankreichbilder ist jedoch, dass in *Ici la France* auch an deutsch-französische Kriege und Konflikte erinnert wird, während für die westdeutschen Lehrwerke gilt, dass „man keine alten Wunden aufreißen" will. JEANNE D'ARC ist die einzige Person, die in ost- und westdeutschen Lehrwerken gleichermaßen als französische Patriotin zitiert wird. Jedoch steht sie im Westen für einen Patriotismus, der sich in Gott und Katholizismus gründet. Im Osten wird sie als Widerstand leistende Patriotin in den Kontext der Résistance gegen die nazideutsche Okkupation gerückt.

Zusammenfassend lässt sich feststellen, dass *Ici la France* ein Frankreich der Volksrevolutionen und des Widerstands gegen innere und äußere Feinde präsentiert. Neben dem historisch revolutionären Frankreich, das auch als Wiege der Oktoberrevolution verstanden wird, präsentiert man vor allem ein Frankreich großer wissenschaftlicher Leistungen. Es ist das Land von PASTEUR, PIERRE und MARIE CURIE, JOLIOT CURIE und PAUL LANGEVIN. Außerdem werden gemeinsame Traditionen in der deutschen und französischen Arbeiterbewegung betont.

Revolution und Wissenschaft

In der Bundesrepublik werden hingegen andere Akzente gesetzt. So ist es nicht das revolutionäre und republikanische Frankreich, das dort das Frankreichbild konstituiert, sondern ein idyllisches Land, in dem die Menschen weitgehend konfliktlos harmonisch zusammenleben, eine Nation, die ideale Wesenszüge trägt. Frankreich soll möglichst sympathisch erscheinen, was sich in einer Idealisierung im Sinne eines „vorweggenommenen Paradieses" zeigt.
Hervorzuheben ist, dass hier Autoren wirken, für die es selbstverständlich ist, dass dieses Paradies nur christlich-katholisch sein konnte; ihnen war das laizistische Frankreich eher fremd. Dieser christliche Charakter Frankreichs wurde auf gesellschaftlicher Ebene vorwiegend mit seiner Agrarstruktur verbunden und ließ eine Agraridylle entstehen, die einer „jungfräulichen Idylle" glich (Krauskopf: 123). Dass die Autoren bewusst diese christliche Darstellung von Frankreich wählen, um Völkerverständigung zu erreichen, während sie das laizistische Frankreich für völkertrennend hielten, verweist auf jene gesellschaftspolitischen Grundlagen, die in der Bundesrepublik einerseits auch im Grundgesetz festgeschrieben wurden und andererseits das Fundament der Aussöhnungspolitik KONRAD ADENAUERS darstellten. Im Osten hingegen schlossen die weltanschaulichen und ideologischen Anschauungen der Autoren, die mit der offiziellen kommunistischen Doktrin korrespondierten, gerade jene Referenzen aus. Hier war es vielmehr das republikanisch laizistische Frankreich, das als gemeinsame Grundlage einer deutsch-französischen Völkerverständigung fungieren und in der französischen *république rouge* wurzeln sollte.

katholische Idylle vs. laizistische Republik

Zweiter Weltkrieg

In beiden Teilen Deutschlands waren die Französischlehrwerke von der Katastrophe des Zweiten Weltkrieges geprägt. Die Autoren brachten dabei ihre persönlichen politischen Einstellungen und Biographien ein: Im Westen zeugen die Lehrbücher – so Krauskopf – vom „schlechten deutschen Gewissen", Unrecht getan zu haben. Es bildete das Motiv dafür, auf der Basis vorwiegend konservativer Wertstrukturen jenes idealisierte, vergangenheitsbezogene, romantisierte und harmonisierende Frankreichbild zu vermitteln. Dabei war die Katastrophe selbst – der Zweite Weltkrieg – weitgehend ausgespart. Insofern wird nahtlos an Frankreichvorstellungen aus der Zeit der Weimarer Republik angeknüpft. *Ici la France* spiegelt ein solches schlechtes Gewissen nicht wider. Es ist eher ein Versuch, auf der Basis linker politischer Positionen und aus der Sicht von direkt Verfolgten des Naziregimes ein gegenwartsbezogenes Frankreichbild zu zeichnen, das sich nicht nur aus Revolutionen des 18./19. Jhs., sondern vor allem aus dem unmittelbar Erlebten speist.

Beide Darstellungen sind unausgewogen. In beiden Teilen Deutschlands wollten und konnten die Autoren keine ausgewogenen Frankreichdarstellung geben. Die vermittelten Frankreichbilder sind vielmehr jeweils spezifische Arten der unmittelbaren Verarbeitung eines der dunkelsten Kapitel der Geschichte der deutsch-französischen Beziehungen. Die Lehrbücher sind deshalb auch nicht am objektivistischen Kriterium der Ausgewogenheit zu messen, sondern an ihrem jeweils selbst gestellten Anspruch, nämlich zum Frieden und zur Völkerverständigung beizutragen. Wichtig ist, dass die Lehrbücher im Osten Deutschlands jener Jahre, anders als die folgenden, durchaus authentisch die Anliegen der Autoren wiedergeben. Die Texte wurden zwar unter Aufsicht der russischen Militärkommandantur erarbeitet, doch blieben den Autoren Freiräume, die ihren Erfahrungen entsprechenden Bildungs- und Erziehungsanliegen umzusetzen. Insofern liefern die biographischen Hintergründe der jeweiligen Lehrbuchautoren ebenso notwendige Erklärungsansätze wie die staatliche Bildungspolitik jener Jahre.

Mittler-Biografien

Im Unterschied zur Sowjetischen Besatzungszone, wo man sehr bald mit der Neulehrerkampagne eine geistig-politische Erneuerung des Lehrpersonals anstrebte, wirkte in den Westzonen die Kontinuität zur Weimarer Republik nachhaltig. Sie bildete zum Teil auch die Grundlage für eine personelle Kontinuität im Lehrpersonal und Neuphilologenverband. Die Autoren von *Ici la France* hatten keine solchen Erfahrungen. In ihnen vereinte sich vielmehr Sprachkompetenz mit antifaschistischem, kommunistischem Engagement: MADELAINE WINTGEN-BELLAND, ausgebildete Grundschullehrerin in Frankreich und Mitglied des kommunistischen Jugendbandes *Jeunes Filles de France*, durch ihre Familie mit der Résistance verbunden, kam mit ihrem Mann GEORG WINTGEN bei Kriegsende nach Deutschland. Georg Wintgen hatte im Dritten Reich wegen seiner jüdischen Herkunft Verfolgung, Internierung und Ausschluss von Staatsexamen und Lehramt erfahren. Er war Mitlied der Kommunistischen Partei und aktiv in der Antikriegs- und Antiatomwaffenbewegung. Für beide bedeutete die Wahl der Sowjetischen Besatzungszone als Lebensmittelpunkt ein politisches Engagement, das ihnen am Herzen lag, die Suche nach einer gesellschaftlichen Alternative zum Erlebten, eine Suche, die erst später enttäuscht worden ist. Diese Biografien weisen einige Strukturelemente auf, die als charakteristisch für eine Reihe von Mittlern der französischen Sprache und Kultur in der jungen DDR angesehen werden können. Neben objektiven politischen Konstellationen ist es jenen Mittlern (in der Mehrzahl Westemigranten) zuzuschreiben, dass Frankreich im Vergleich zu anderen Staaten des Westblocks weniger zur Zielscheibe regierungsoffizieller (Partei-)Kritik wurde, dass Frankreich dabei auch auf anderen Gebieten einen Sonderstatus innehatte (Kulturzentrum etc.) und dass z.B. eine Fülle literarischer Texte aus Frankreich übersetzt wurde (Roudnicky 1998). Insofern kann man davon sprechen, dass den Mittlern ein bedingter Strukturwechsel im Hinblick auf die offizielle Perzeption gelang, die der Logik des Kalten Krieges und den Gesetzen eines Staates ohne pluralistische Öffentlichkeit folgend vom ideologischen Freund-Feindschema geprägt war.

Fallbeispiel III: *Marianne* in der politischen Karikatur der 1950er Jahre

Für den spezifischen Status der französischen Republik in den Wahnehmungen verschiedener Gruppen innerhalb der noch jungen DDR spricht besonders deren Darstellung in den politischen Karikaturen. Dabei fällt zunächst auf, dass Frankreich in diesem Jahrzehnt des Kalten Krieges durch *Marianne*-Inszenierungen dargestellt wird, die an französische linksrepublikanische Traditionen anknüpfen. Wie weit jenes linksrepublikanische Frankreich im Bewusstsein der 50er Jahre verbreitet war, wurde in der politischen Karikatur des Magazin *Frischer Wind* bzw. *Eulenspiegel* (ein Satiremagazin, damals im Besitz der SED) durch Walther Fekl (1999) nachgewiesen. In diesen Pressekarikaturen, die sich tagespolitischen, zeitgeschichtlichen Themen wie etwa den EWG-Plänen widmen, wird Frankreich durch *Marianne*-Inszenierungen dargestellt. Die harten Gesichtszüge und ihr kräftiger, sportlich gestählter Körper verdeutlichen, dass es eine militant aktive, wehrhafte *Marianne*, also eine hochpolitisierte Frauenfigur ist, die als Sym-

Ostdeutsche Pressekarikaturen

bol für die *vertus républicaines* (soziale Gerechtigkeit und Freiheit) steht. Sie steht damit im Kontrast zu der politisch farblosen, meist leicht frivolen *Marianne* als französischer Nationalallegorie, die zu einem idealen Partner eines entpolitisierten, unbedarften *Deutschen Michel* wurde. Die Karikaturisten der DDR lehnten sich in jenen Jahren also vielmehr an Abbildungen der *République rouge* an, was diesen Bildern eine ideologische Konsistenz verleiht. *Mariannes* Gegenpart ist übrigens oft westdeutscher Natur, es ist der böse Wolf der das *petit chaperon rouge* bedroht. In jedem Fall konnte nachgewiesen werden, dass für die Karikaturisten und das Satire-Publikum Frankreich – genauer die französische Republik – alle Qualitäten und die Funktion einer konkreten Utopie hatte.

5
Praktische Interkulturelle Kommunikation (IKK) und Fremderfahrung

Interkulturelle Austausch- bzw. Begegnungssituationen sind kulturelle Überschneidungssituationen. Es ist die Dynamik des *Inter*agierens in solchen Situationen, die hier interessiert, wobei das *Inter* in seinen beiden Bedeutungen – zwischen und miteinander – verstanden wird und der Akzent auf dem *miteinander* Kommunizieren und Agieren liegt. Im Zentrum der Untersuchungen stehen zwei eng miteinander verbundene Problemkreise: Einmal werden kulturelle Missverständnisse im Hinblick auf ihre Erscheinungsformen, Begründungszusammenhänge und Wirkungen analysiert, zum anderen geht es um die Problemkreise der Fremderfahrungen bis zum Kulturschock, die sich mit solchen kulturellen Überschneidungssituationen verbinden können. Im Vordergrund stehen praxeologische Gesichtspunkte, die auf die Klärung solcher Fragen zielen: Wie lassen sich interkulturelle Kompetenzen definieren, welche Qualifikationsmerkmale sind für internationale Kooperationen erforderlich, wie lassen sich kulturelle Missverständnisse, wenn nicht vermeiden, so doch entdramatisieren, wann sind interkulturelle Kommunikationsprozesse gelungen etc.? Dies sind sehr komplexe Probleme, die interdisziplinär bearbeitet werden müssen. Vor allem erfordern sie die Zusammenarbeit mit Psychologen.

Forschungs-schwer-punkte

Unabhängig von diesen praxisbezogenen Fragehorizonten lässt sich eine theoretische Leitfrage formulieren, die den kulturwissenschaftlichen Kern der aufgeworfenen praxisrelevanten Probleme deutlich macht: Wie stellt sich in kulturellen Überschneidungssituationen der Zusammenhang zwischen Kultur und Kommunikation dar, d. h. in welchen Formen drückt sich die Kulturengebundenheit der Kommunikationspartner aus, wie werden sie praktisch relevant? Damit ist auch die Frage verbunden, welche Relevanz die in Kapitel 2–4 untersuchten Aspekte kulturwissenschaftlicher Forschung bzw. relevante Kenntnisse in realen interkulturellen Begegnungen wirklich haben. Wir werden sehen, dass die Auffassungen diesbezüglich kontrastieren. In jedem Fall spielen an dieser Stelle auch nonverbale Kommunikationsaspekte eine wichtige Rolle.

Theoretische Leitfrage

1 Kultur und Kommunikation: der argumentative Wert von Kultur

Interkulturelle Missverständnisse

Häufig wird die Auffassung vertreten, dass interkulturelle Schwierigkeiten und Missverständnisse, die mit negativen Auswirkungen auf die interpersonalen Beziehungen verbunden sind, auf Unkenntnis bzw. einer falschen oder unzureichenden Interpretation der kulturellen Zeichensysteme beruhen. Im Umkehrschluss wird die These formuliert: eine gelungene interkulturelle Kommunikation kann durch eine gute Beherrschung der Fremdsprache und gute Kulturkenntnisse, die man sich systematisch mehr oder weniger unabhängig von konkreten Situationen aneignen kann, garantiert werden. Diese Annahme lässt sich in ihrer Allgemeingültigkeit aufgrund vieler Belege nicht aufrechterhalten. Diese Auffassung vertritt auch Martine Abdallah-Pretceille, die sich in Frankreich seit vielen Jahren mit den Problemen der IKK befasst.

Beispiel

Aus ihren reichen empirischen Erfahrungen sei ein Beispiel angeführt, das belegt, dass die Unkenntnis bestimmter kultureller Handlungen nicht in jedem Fall Störungen in den interpersonalen Beziehungen herbeiführen muss, sondern dass kulturspezifisches Handeln mitunter schnell aufzuhellen ist. Eine polnische Studentin erzählt ihre Erfahrungen in einer französischen Familie:

Je sonne à la porte, la porte s'ouvre, on échange des salutations et, avant de passer au salon, j'enlève mes chaussures. Mes hôtes ont l'air étonné. J'attends qu'ils me proposent des pantoufles. Ce n'est pas le cas, je passe au salon. Durant la soirée, ils me demandent à plusieurs reprises si je ne veux pas remettre mes chaussures. Je ne comprends pas. A la fin de la soirée, on sent le besoin de s'expliquer. (zit in: Abdallah-Pretceille 1999: 9).

Die Studentin erklärt, dass diese Situation für sie eher lustig als belastend war, da sie spürte, dass die Gastgeber sie nicht anders beurteilten als gewöhnlich. Sie wollten nur den Grund dieser Handlung verstehen. Am Ende erklärte die Polin, dass es in ihrer Kultur üblich ist, beim Betreten einer Wohnung die Schuhe auszuziehen. Damit wird die Arbeit der Hausfrau respektiert und die Hausschuhe, die angeboten werden, haben den Sinn, dem Gast den Eindruck zu vermitteln, er sei zu Hause. Im Gegenzug kann das Ausbleiben dieser Handlungen als Unkorrektheit ausgelegt werden.

Das Beispiel zeigt, wie abhängig das Entstehen oder Nichtentstehen von kulturellen Missverständnissen mit Folgen für die interpersonalen Beziehungen von der Situation und den hier agierenden Kommunikationspartnern ist. Dies bedeutet natürlich

nicht, dass die fremdsprachlichen und Kulturkenntnisse unwichtig sind, wie mitunter aus radikalen Gegenpositionen heraus angenommen wird, sondern lediglich, dass sie allein keine Garantie für einen störungsfreien Ablauf praktisch-situativer interkultureller Kommunikationsprozesse sind. Im Grunde wissen wir nicht genau, wie und welche Kulturkenntnisse in Kommunikationssituationen wichtig sind oder wie sie wirken, um Störungen zu vermeiden.

Das Problem kann nur näher erhellt werden, wenn wir in den Untersuchungen von konkreten Situationen, Beobachtungen und Analysen ausgehen und versuchen auf diesem Wege zu allgemeiner gültigen Aussagen zu gelangen. Empirische Untersuchungsmethoden spielen insofern bei allen Untersuchungen eine grundlegende Rolle. Es wäre an der Zeit, aus dem vielfältigen, meist jedoch disparat vorhandenen Dokumentenmaterial eine Datenbank zu erstellen, in der situative Beispiele kultureller Missverständnisse bzw. Störungen im Verlauf interkultureller Begegnungen und Kommunikationsabläufe zusammengefasst werden.

Empirische Untersuchungsmethoden

Abdallah-Pretceille zieht für die Vorgehensweisen von Untersuchungen zur IKK die Schlussfolgerung, dass die Verbindungen zwischen Kultur und Kommunikation weder durch deterministische Analysen zu begreifen seien, bei denen allgemein aus der Tatsache einer bestimmten Kulturzugehörigkeit auf deren Einfluss in der IKK geschlossen wird. Auch trage die semiotische Analyse, die kulturelle Zeichen als Kode untersucht, der zu dekodieren ist, nur zur Entschlüsselung „künstlicher" Missverständnisse bei, die leicht aufzuhellen sind (siehe das Beispiel). Vielmehr plädiert sie dafür, die Untersuchungen darauf zu lenken *„que les appels, les allusions à la culture dans la communication sont aussi porteurs de sens et d'enjeux qu'il convient de comprendre et d'interpréter."* (Abdallah-Pretceille 1999: 12). Jene Anspielungen und vielfach impliziten kulturellen Interpretationsmuster sind es, die in der Kommunikation sehr viel schwieriger wahrnehmbar, aber ebenso Träger von Bedeutungen sind und kommunikationsrelevant werden. Sie gilt es vor allem zu verstehen und zu interpretieren.

Implizite Interpretationsmuster

Kultur sollte demnach im Hinblick auf ihren argumentativen Wert untersucht werden (Abdallah-Pretceille 1999: 9). In dieser Optik sind die kulturellen Anspielungen nicht als mentale Repräsentationen der kulturellen Welt, zu der ein Gesprächspartner gehört, zu verstehen, sondern als **diskursive Elemente**, die dazu dienen, z.B. Aufmerksamkeit zu erlangen und ein bestimmtes symbolisches Kräfteverhältnis herzustellen. *„Je parle, j'évoque tel ou tel trait culturel, non pas pour le décrire pour le seul plaisir d'en parler, mais pour justifier, obtenir, faire."* (Abdallah-Pretceille 1999: 21). Insofern

Argumentativer Wert

haben die Logiken von Kommunikationssituationen vorrangig mit deren Zielen, Umständen zu tun. *„Le langage n'est pas ni une simple représentation mentale, encore moins un miroir de la culture, il renvoie à des pratiques sociales et c'est à ce niveau que l'on retrouve les exigences de l'analyse, de l'interrogation, de l'énigme."* (Abdallah-Pretceille 1999: 22). Diese argumentativen Intentionen verstärken die Ambiguität der Botschaft, was notwendigerweise die Untersuchungen auf die Unterscheidung zwischen dem Gesagten, dem Beabsichtigten, dem Impliziten etc. konzentriert. Diese Aspekte spielen in den folgenden Beispielen in unterschiedlicher Gewichtung eine Rolle.

1 Nationales in einer deutsch-französischen Austauschsituation (Beispiel)

Nation und Identität

Nation und Identität war das Thema einer deutsch-französischen Begegnung, die JEAN-PIERRE LADMIRAL (bereits 1982) mit Unterstützung des Deutsch-Französischen Jugendwerkes organisiert hatte. Eine Frage sollte die Begegnung leiten: *„Comment faire pour s'entendre alors que nous ne parlons pas tous la même langue? Et ce, d'autant plus que non seulement nos langues nous séparent, mais encore qu'elles marquent en même temps nos appartenances nationales. En ce sens, éviter de parler, c'est éviter la mise en parole de la différence."* (Ladmiral 1982: 283). Die Teilnehmer übten viel Kritik an allen Vorschlägen, die die Begegnung strukturieren sollten. Besonders die deutschen Teilnehmer wollten *„vivre une expérience sans a priori"* und nicht zum Thema der *identité nationale* sprechen. Der Autor formuliert deshalb die Hypothese von einer *occultation groupale de l'identité nationale* (Ladmiral 1982: 284). Auch die deutschen Teilnehmer hatten sehr wohl ein Bewusstsein ihrer nationalen Zugehörigkeit; bei der Vorstellung nahmen sie darauf explizit Bezug. Einige sprachen sehr schnell von ihrer Schwierigkeit mit der nationalen Identität. Die Analyse von Ladmiral bezieht sich nun vor allem auf die *Verteidigungsstrategien* durch die Gruppe, um die Dimension der nationalen Identität immer wieder auszusparen oder zurückzudrängen.

Nationales Tabu

Die Begegnung wurde – so Ladmiral – wie ein freier Raum, eine Art Insel, ein Ort angesehen, wo sich Möglichkeiten bieten konnten, „Ferien vom Nationalen" zu nehmen. Die Wünsche nach direktem Kontakt, nach freier Wahl der Gesprächsteilnehmer war besonders bei deutschen Teilnehmern verbreitet. Viele Deutsche sprachen eher freiwillig französisch, setzten sich öfter neben Franzosen, wobei viele von ihnen zu denen gehörten, die anfangs gesagt hatten, dass sie Probleme mit ihrer nationalen Identität hätten. Aus dieser Tatsache zieht Ladmiral folgende Schlussfolgerung: „*les Allemands ayant en effet souvent tendance à privilégier une sorte de référence romantique à une immédiateté plus ou moins mythique et à marquer de la défiance à l'encontre des médiations intellectuelles comme des faux semblants du langage.*" (Ladmiral 1982: 285). Im konkreten Fall war das Bestreben der deutschen Teilnehmer sehr stark, den anderen a-national aufzufassen, was gleichbedeutend mit einer *relation plus vraie* sei. Bei den Untergruppen konnten die Teilnehmer wählen zwischen zwei Arbeitsgruppen: a) Stereotype oder b) nationale und persönliche Identität. Die Deutschen wählten fast alle die zweite Gruppe mit dem Schwerpunkt ‚persönliche Identität'. Auch in anderen deutsch-französischen Begegnungen wurden diese Ergebnisse bestätigt, so dass der Schluss naheliegt, dass es in der deutsch-französischen Beziehung ein nationales „Tabu" gibt. In den konkreten Alltagsbeziehungen – so Ladmiral – nimmt dieses „Tabu" mehr oder weniger manifeste oder latente Formen an. Auch Forscher sind nicht frei davon.

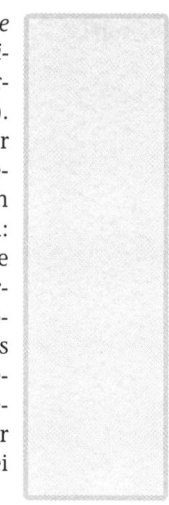

2 *Conversation à la française* und interkulturelle Missverständnisse

Aus Erfahrungsberichten deutscher (auch amerikanischer) Studenten und Wissenschaftler wissen wir, dass die *conversation* zu den oft als schwierig empfundenen Situationen bei Aufenthalten in Frankreich gehört. Dabei ist die *conversation* eine alltägliche Handlung, die für alle klar zu sein scheint, zu der alle unmittelbaren Zugang haben. Mit den folgenden Beispielen soll dabei auftretenden Konflikten sowie deren möglichen Ursachen und Folgen nachgegangen werden.

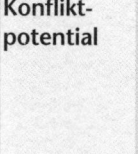

Konflikt-potential

Conversation auf der Straße:
Eine deutsche Studentin, die sich als Fremdsprachenassistentin längere Zeit in Südfrankreich in einer kleineren Stadt aufhielt, berichtet, dass sie zu ihren Kollegen sehr schnell guten Kontakt gefunden hatte. Nach einer gewissen Zeit bemerkte sie jedoch, dass sich die Beziehungen abkühlten, man ihr reservierter gegenübertrat. Sie hatte dafür zunächst keine Erklärung. Die Studentin beschreibt, wie lange sie gebraucht hat, um zu diesen Kollegen wieder eine „unbelastete" Beziehung aufzubauen. Erst in einem Gespräch mit einer Freundin zu einem späteren Zeitpunkt verstand sie, dass sie eine wichtige soziale Regel verletzt hatte, als sie bei einer Reihe von Begegnungen mit ihren Kollegen auf der Straße, während des Einkaufens, mit einem einfachen *Bonjour Madame* oder *Salut* gegrüßt hatte, ohne stehen zu bleiben und mit ihnen einige Sätze zu wechseln, in eine kurze *conversation* einzutreten. Die Studentin ist irritiert und versteht die Gründe für das Verhalten ihrer Kollegen dennoch nicht wirklich.

Beispiel 1

Beispiel 2	Ein Empfang unter Akademikern aus Frankreich und Deutschland:

Professor X (Franzose) geht auf Professor Y (Deutscher) zu, drückt seine Freude aus, ihn zu treffen und fragt ihn nach seinen derzeitigen Arbeiten. Professor Y freut sich über das Interesse an seinen wissenschaftlichen Arbeiten und beginnt in ausführlichen Beschreibungen über seine gegenwärtigen Projekte zu sprechen. Ohne dass Professor Y diese Ausführungen beendet hat, wendet sich Professor X von seinem Gesprächspartner ab, begrüßt einen anderen Kollegen und beginnt mit diesem ein Gespräch. Professor Y fühlt sich brüskiert, ist gekränkt und hält seinen französischen Kollegen für unhöflich bzw. denkt, dass dieser sich nicht für seine Arbeit interessiert. Nach mehrfachen derartigen Erfahrungen zieht Professor Y die Schlussfolgerung: „Franzosen stellen Fragen, ohne eine Antwort abzuwarten. Außerdem unterbrechen sie einen dauernd im Gespräch". Raymonde Carroll belegt in ihren Arbeiten (1987) ähnliche Meinungen über Franzosen von amerikanischen Wissenschaftlern: „Franzosen reden nur um zu reden" lautet dort ein öfter geäußertes Urteil.

Beispiel 3	Abendessen und *conversation*:

Eine Studentin ist kurz nach ihrer Ankunft in Frankreich an einem Abend zu einem Essen bei einer Freundin eingeladen. Als sie eintrifft, sieht sie, dass noch fünf andere Freunde eingeladen sind, die bereits in einem ihr laut erscheinenden Gespräch engagiert sind, das im Verlauf des Abends noch belebter wird. Nur sie selbst kommt kaum zu Wort. Sie weiß nicht – trotz guter Französischkenntnisse – wie sie sich in das Gespräch einbringen soll. Später notiert sie in ihrem Tagebuch:

Obwohl ich manchmal zu dem gerade angeschnittenen Thema etwas zu sagen gehabt hätte, wusste ich nicht, wie. Ein paarmal fing ich an zu sprechen, aber immer hat mich gleich jemand unterbrochen. So wurde ich immer ruhiger und sagte zum Schluss gar nichts mehr. Ich wurde müde und wollte nur noch gehen. Der Abend hat mich total frustriert. Ich fühlte mich ziemlich isoliert und fremd. Als mich meine Freundin zum Schluss noch fragte, ob ich wohl schlechte Laune hätte, war ich sogar richtig sauer.

Ähnliche Erfahrungen sind zahlreich dokumentiert, im übrigen auch in mündlichen Berichten von Universitätsprofessoren, die sich als gute Frankreichkenner bezeichnen.

Unterschiedliche Funktionszuweisung	In allen Beispielen wird deutlich, dass deutsche und französische Teilnehmer den Gesprächen bzw. Gesprächsmomenten unterschiedliche Funktionen zuweisen. In einer französischen *conversation* steht nicht der Informationsaustausch oder das Diskutieren eines Themas im Vordergrund, sondern der Auf- und Ausbau bzw. die Pflege eines sozialen Netzwerkes, also der sozialen Beziehun-

gen der Gesprächsteilnehmer. Erinnern wir uns an die in Kapitel 2 dargelegten Normen für das *savoir-vivre* und die darin eingeschlossene *conversation*.

Die Norm besagt, dass eine *conversation* bestimmte Qualitäten haben muss, sie solle sein: *engagée, soutenue, alimentée,* oder auch *ranimée.* Je mehr sich die Gesprächpartner die Worte wie Bälle zuspielen *(la balle est lancée)* umso gelungener ist eine *conversation.* Das Wechseln der Worte und Sätze zeigt die Intensität der Beziehungen der Gesprächsteilnehmer an. Dabei ist es wichtig, dass sich jeder in die *conversation* einbringt, ohne das Gespräch zu lange zu dominieren.

Frz. Norm

Wichtig sind vor allem jene argumentativen Zeichen, die verdeutlichen, dass einer bereits zu lange das Wort okkupiert und anderen zu wenig Platz lässt. Solche Zeichen zu verstehen, setzt voraus, dass sich die Gesprächspartner in der französischen *conversation* ansehen: Gesichtsausdrücke, abweichende Blicke, sich öffnende Lippen, ein leichter Seufzer, ein abgeschnittenes Wort oder Ausdrücke wie *à propos, justement,* die nichts mit dem Vorhergesagten zu tun haben, all das sind Signale, die anzeigen, dass ein anderer das Wort ergreifen möchte. Stärkere Zeichen für die Willensbekundung nach Präsenz in einem solchen Gespräch sind: mit Entschuldigungen begleitete Unterbrechungen des Gesprächs (Telefonat oder Einbeziehung eines Dritten in das Gespräch). Ein zu langes Okkupieren des Gesprächsfadens oder das nachdrückliche Insistieren auf ein Thema gelten als Impertinenz, Ich-Bezogenheit, sie werden als störend für die *conversation,* als Schnitt empfunden und können ein Unbehagen auslösen. In unserem Beispiel hat Professor Y diese Zeichen sicherlich übersehen bzw. nicht als argumentative Zeichen mit einer Botschaft interpretieren können, da er über ein anderes Funktionsschema „Empfang und Gespräch" verfügt als sein französischer Kollege. Der wiederum hält sein eigenes Verhalten nicht für unhöflich, sondern völlig normal, d. h. der (französischen) Norm entsprechend.

Nonverbale und verbale Signale

In Deutschland wird – inbesondere unter Intellektuellen – die Qualität eines Gesprächs, auch beim Abendessen, meist nach der Fülle oder Tiefe ausgetauschter Informationen beurteilt. Dies ist in der französischen *conversation* kein Gradmesser. Jeder Gesprächsteilnehmer hat die Freiheit, das Thema zu verlassen, das er selbst oder ein anderer aufgeworfen hat. Hierzu gibt es ein Repertoire von Ausdrücken: wie *cela me rappelle, c'est comme l'autre jour, cela me fait penser.* Natürlich kann ein Thema wieder aufgenommen werden, z.B. mit der Formulierung *pour en revenir.* Da das Wort, das an andere gerichtet wird, eine essentiell soziale Funktion erfüllt, wird erklärlich, dass Schweigsamkeit als unhöflich oder schlechte Laune ausgelegt wird, als Distanznahme zu den anderen.

Informationsfülle vs. soziale Funktion

Gesprächs-unterbre-chungen

Unterbrechungen haben in der französischen *conversation* eine Motorfunktion. Es ist gestattet, in bestimmten Momenten zu unterbrechen. Um herauszufinden, welches diese Momente sind, ist es ratsam, sich vorzustellen, dass solche Unterbrechungen wie Interpunktionen funktionieren müssen. Also darf man nicht inmitten eines Wortes oder eines Satzes unterbrechen, sondern muss die Pause erfassen, so kurz sie auch sein mag, um das Wort für eine Replique zu ergreifen. Diese ist eine Zeichen, das das Gesagte Interesse hervorruft, eine kurze Reaktion (auch Lachen), die die *conversation* in ihren sozialen Beziehungsfunktionen vorantreibt und dabei den Rhythmus beschleunigt. *„La balle est lancée pour être justement ratrapée et relancée."* (Carroll 1987: 62). Ohne Unterbrechungen würde die *conversation* verflachen. Beobachtungen von *conversations* in *cafés* belegen diesen Verlauf: Die Unterbrechungen wirken als Katalysator für Spontaneität, Begeisterung, menschliche Wärme, sind Quelle des Unvorhergesehen und wirken als Stimulus und Appell zur Teilnahme. Die Beziehungen werden dadurch näher und intensiver. Der Rhythmus des Austausches, der Ton der Stimmen und die Häufigkeit des Lachens sind Indizien des Vergnügens der Gesprächsteilnehmer. Je mehr sich all dies in einer *conversation* zeigt, umso stärker und angenehmer, ja herzlicher sind die Beziehungen zwischen den Gesprächsteilnehmern. Vertreter von Kulturen, wie der deutschen oder amerikanischen, in denen ein Gespräch – wie angedeutet – anderen Regeln folgt, haben es deshalb schwer, das französische Regelwerk zu durchschauen und selbst zu praktizieren. Gefühle des Fremd-Seins sind die Folge.

Der Zeit-punkt einer Frage

Dieser ist in einer *conversation* (wie z.B. anlässlich des Empfangs) außerordentlich wichtig. Die Frage nach den derzeitigen Arbeitsvorhaben kurz nach der Begrüßung hat die Funktion, die Beziehung herzustellen, zu initiieren. Ähnliches gilt für die Begrüßung: *Comment allez-vous?* Das Fragen-Stellen im Verlauf einer *conversation*, insbesondere am Anfang, bedeutet in erster Linie eine Interessenbekundung für den Gesprächspartner und nicht so sehr für das aufgeworfene Thema oder eine Information. Die Frage hat hier die Funktion, die *conversation* in Gang zu bringen. In ihrem Verlauf gibt es vielerlei Möglichkeiten, Fragen zu reformulieren, immer wieder in anderen Formen neu zu stellen, womit nach und nach auch detailliertere Informationen erfahrbar werden. Aus diesem Regelwerk erklärt sich die Ungeduld, die französische Gesprächspartner ergreift, wenn gleich eine ausführliche, lange Antwort gegeben wird. Dies wird als Monopolisierung des Gesprächs interpretiert. Das Abwenden des französischen Professors von seinem Kollegen ist ein deutliches Zeichen für diese Ungeduld. Wird die Frage nach der Arbeit zu einem späteren Zeitpunkt gestellt, wenn schon eine bestimmte *convivialité* hergestellt ist, so kann man davon ausgehen, dass das Interesse auch der Information gilt. In der deutschen akademischen Kultur ist es durchaus möglich und üblich, sich bei Empfängen über die beruflichen Aktivitäten anderer zu informieren und dabei auch mitunter in einem längeren Zweiergespräch in einem intensiveren Austausch zu verweilen. Ein allzu ausführliches Zweiergespräch gilt im französischen Kontext hingegen als störend für das soziale Netzwerk, das bei einer solchen Gelegenheit alle Gäste umspannen und nicht einzelne privilegieren soll.

Wir können an diesen Beispielen sehen, dass Abdallah-Pretceille zu Recht davon spricht, dass in der praktischen IKK der Bezug auf die eigene Kultur nicht nur als referentieller Bezug interessant ist (als Hinweis auf eine kulturelle Realität), sondern in argumentativer Hinsicht relevant ist. Für die Forschungen zur IKK ist demnach Kultur insbesondere in ihren sozialen und kommunikationsrelevanten Gebrauchsformen von Bedeutung. *„Les énoncés culturels sont des énoncés polysémiques et instables qui varient en fonction du contexte, des relations entre les interlocuteurs, des intentions, des attendus."* (Abdallah-Pretceille 1999: 16). Für Abdallah-Pretceille ist das Hauptproblem also nicht das des Verhältnisses zwischen Kenntnissen und Vorstellungen (Repräsentationen) sondern vielmehr das der Kommunikation, d. h. des Austausches von Worten, Handlungen, Schweigen, Implizitem, Geräuschen etc. Dies alles ist als Zeichen im Zusammenhang spezifischer kommunikativer Ziele zu erhellen.

Referenz und Argument

Abdallah-Pretceille relativiert ihre z.T. sehr radikal formulierte Auffassung allerdings selbst, wenn sie sagt: *„Communiquer, c'est échanger des informations en s'appuyant sur des codes, mais c'est aussi entretenir une relation, située elle-même dans un contexte, dans un temps et dans un lieu."* (Abdallah-Pretceille 1999: 17). Wir werden auch im Zusammenhang mit Problemen der Wirtschaftskommunikation sehen, dass in bestimmten Kommunikationssituationen durchaus Wissen über bestimmte kulturelle Standards notwendig und hilfreich ist, um die Handlungen der Kommunikationspartner zu verstehen (siehe die Kooperation von Ingenieuren). Die Vielfalt der Untersuchungsergebnisse spricht eher dafür, dass Kultur sowohl als Hinweis auf spezifische Denk-, Wahrnehmugs- und Deutungsmuster als auch in argumentativer Hinsicht in der IKK relevant ist. Konsensfähig ist jedoch, dass die Situationsgebundenheit interkultureller Kommunikationsprozesse immer in Rechnung zu stellen ist. Noch weniger untersucht sind Kommunikationstypen, die sich im Hinblick auf bestimmte Diskussions- und Überzeugungsformen unterscheiden bzw. auch hinsichtlich der Art und Weise interpersonale Beziehungen aufzubauen.

Situationsgebundenheit

2 Kultur und Kommunikationstypen in der Wirtschaftskommunikation

Multikulturelle Arbeitsgruppen

Die Wirtschaftskommunikation ist in den letzten Jahren in das Zentrum von Untersuchungen zur IKK gerückt. Hintergrund hierfür ist die Tatsache, dass es heute immer mehr multinationale Betriebe gibt, die durch eine enge Zusammenarbeit von Angehörigen verschiedener Kulturen geprägt sind. Ein solches Firmenmodell ersetzt immer häufiger die bislang üblichen transnationalen Kooperationen und solche, bei denen Mutter- und Tochtergesellschaften noch weitgehend autonom waren. Forscher haben solche multikulturellen Arbeitsgruppen begleitet und die Wirtschaftskommunikation zu einem eigenständigen Feld der Untersuchungen zur IKK profiliert. Ein Ergebnis besteht darin, dass manifeste Schwierigkeiten in der Wirtschaftskooperation zwischen deutschen und französischen Partnern festzustellen sind. Das Interesse der Forschung gilt der Analyse von Störungen in Kommunikations- und Arbeitsabläufen wie deren Erklärung, die auf unterschiedlichen Ebenen verfolgt wird. Wir stellen im Folgenden einige Ergebnisse langjähriger Untersuchungen vor, die auf der Grundlage empirischer Methoden (teilnehmende Beobachtung, Gesprächs- und Interviewführung, Fragebögen) auf einer sehr breiten quantitativen Basis ermittelt wurden. Bei ihrer Systematisierung und qualitativen Interpretation werden jedoch unterschiedliche Ansätze favorisiert.

1 Verhandlungskulturen. Deutsch-französische Differenzen

Verbale und nonverbale Aspekte

Edward T. Hall hat in seinen Arbeiten sehr früh darauf verwiesen, dass in Verhandlungen neben den Worten auch andere (nonverbale) Aspekte eine wichtige Rolle spielen und darüber entscheiden können, ob eine Verhandlung gelingt oder nicht. Zu diesen Aspekten gehören: materielle Objekte (zu lesen als Indikatoren von Macht und sozialem Status), die Haltung (Habitus) der Verhandlungsteilnehmer (informiert über Gefühle, die Stellung und beinhaltet Techniken, um Konfrontationen zu vermeiden), die Situationen (sie sind der Rahmen der Kommunikation, sie bestimmen die Form der Handlung).

Zeitsystem

Hall meint, dass einige Phänomene generell entscheidend sind. Zu den wichtigsten gehören das Zeitsystem (Wie wird mit Zeit umgegangen?) und ein Raumsystem (Wie wird mit Raum umgegangen?). Zugleich sind einige Grundfragen bei der Kommunikation zu beachten, die diese selbst betreffen z. B.: Verläuft sie mit oder ohne Referenz auf den Kontext? Welcher Typ von Botschaft findet Anwendung, (lange oder schnelle Botschaften)? Wie funktionieren die Handlungsübergänge (*chaîne d'action*)? Wie wird Macht wahrgenommen? Wie manifestiert sie sich? Wie wird sie verwendet?

Die meisten Schwierigkeiten, die deutsche und französische Partner in der Wirtschaftskommunikation haben – so Hall – basieren auf den Unterschieden, die aus der Zugehörigkeit zu zwei verschiedenen Kommunikationstypen resultieren. Dabei ist einmal die Differenz zwischen **monochronen** und **polychronen Zeitvorstellungen** entscheidend. In Deutschland überwiegen die monochronen, in Frankreich die polychronen Zeitvorstellungen. Zum anderen ist der Kontrast zwischen Kommunikationsformen mit einem **starken Kontext** (wie in Frankreich) und einem **schwachen Kontext** (wie in Deutschland) maßgebend.

2 Monochrone und polychrone Zeitsysteme

In Deutschland, in Skandinavien und in den USA sind monochrone Kommunikationsformen dominant. Dies gilt besonders für die Geschäftswelt. Die Zeit wird hier linear vorgestellt, ist programmiert, in einzelne Teile zerlegbar. Das erlaubt, sich auf eine einzelne Sache zu konzentrieren. Individuen können sich hier nur mit einer Sache zu einem bestimmten Zeitpunkt beschäftigen. Pläne sind deshalb wichtig und fast unantastbar. Die Individuen tolerieren nicht, bei ihrer Beschäftigung gestört zu werden.

Monochronismus

Dieser Typ, der u. a. auch in der französischen Gesellschaft charakterisch ist, stellt in fast allen Aspekten eine Antithese zum Monochronismus dar. Zeit ist hier eher ein Punkt als eine Linie oder Gerade. Die Zeit ist charakterisiert durch die Vielfalt der gleichzeitig ausgeführten Aktivitäten wie auch durch das Interesse für andere Personen. Das Interesse an den interpersonellen Beziehungen (siehe auch die *conversation*) ist wichtiger als das an einem Programm. Angehörige der romanischen Kulturen haben mehr Interesse, ihre Gespräche zu Ende zu führen, als pünktlich an einem verabredeten Ort zu sein. In manchen polychronen Kulturen haben Büros große Empfangshallen, wo man wartet, wo das Warten normaler Teil von Verhandlungen ist. In solchen Betrieben können hohe Beamte oder Direktoren sehr gut ihre Verhandlungen führen, indem sie von einer Besuchergruppe zur anderen gehen. Hier sind die Verabredungen wenig zwingend. Sie können verschoben werden, auch in letzter Minute. Man macht hier auch keine sehr großen Unterschiede zwischen persönlichen und beruflichen Verpflichtungen und Beziehungen. Zu den Kunden werden persönliche, freundschaftliche Beziehungen unterhalten, bei de-

Polychronismus

nen sich die Partner gegenseitig viel Zeit widmen. Man hat hingegen weniger Zeit und Interesse, ein Programm oder einen Zeitplan aufzustellen.

Verabredungen, Wartezeiten, Programme

In einem monochronen System ist die Exaktheit die Regel. In diesen Ländern wird ein verabredeter Geschäftstermin sehr oft zur vorgesehenen, verabredeten Zeit pünktlich eingehalten. Bei Verspätungen entschuldigt man sich, und die Entschuldigungen verhalten sich in der Ausführlichkeit proportional zur Verspätung. Verspätet sein hat nicht die gleiche Bedeutung in Berlin und Paris (in mediterranen Ländern sind Verspätungen bis zu einer Stunde üblich.) Damit hängt auch zusammen, dass sich französische Geschäftsleute weniger durch Programme oder durch den Kalender gezwungen fühlen, als ihre deutschen Kollegen, die sehr oft genervt sind über die „Unzuverlässigkeit" ihrer französischen Partner. In Deutschland sind Programme und Stundeneinteilungen heilig. Aus deutscher Sicht kann man eine Verhandlung selten zu Ende führen, ohne die einzelnen Schritte und die hierfür notwendige Zeit zu planen und zu programmieren. Auch der Abschlusstermin muss geplant werden. Eine Arbeit in der vorgesehenen Zeit tatsächlich zu schaffen, gilt als eine wichtige Qualität für einen guten Manager. Es macht stolz, es ist eine Tugend in der deutschen Geschäftswelt, eine Sache zu einem vorgeplanten Zeitpunkt – oder früher – abgeschlossen zu haben.

Die Dauer der Verhandlung als Botschaft

In einem monochronen System ist die Dauer einer Aktivität selbst eine Botschaft. Die Dauer ist mit der Bedeutung des Ereignisses verbunden. Je länger diese ist, umso wichtger ist das Ereignis. Eine Stunde mit einem Geschäftsführer eines großen Betriebes verbringen, hat nicht die gleiche Bedeutung wie ein fünfminütiges Treffen. Das gilt für Regierungen wie für Betriebe. Die Angehörigen aus einem polychronen System sind durch Netze von vielerlei interpersonalen Beziehungen verbunden, was ihnen erlaubt, Entscheidungen „im Vorbeigehen" zu treffen. Dass dies nicht immer zutrifft, sehen wir am Beispiel der Ingenieure. In Deutschland hängt die Entscheidung von dem in der Hierarchie Wichtigsten ab; je höher die Position, um so länger dauert der Entscheidungsprozess, mitunter Monate. In Deutschland hat auch die Wartezeit eine Botschaft. Sie vermittelt die Bedeutung des Treffens, des Verhandlungspartners und der zu verhandelnden Sache. In einer relativ homogenen Gesellschaft wie Deutschland – so Hall – wo die Hierarchien nicht so ausgeprägt sind wie in Frankreich, glaubt niemand, einen anderen warten lassen zu dürfen. Auch das ist in polychronen Systemen anders. Warten hat nicht die gleiche Bedeutung in Frankreich wie in Deutschland. Wartezeiten sind Konfliktstoffe zwischen Franzosen und Deutschen.

Das Alter eines Betriebes gilt in Deutschland als Zeichen der Kompetenz. Zeit ist wichtiger als interpersonale Beziehungen – man fordert also auch u. U. einen Aufstieg zu einem höheren Posten, wenn es die Verweildauer in einem Betrieb erlaubt, bzw. anzeigt. Betriebszugehörigkeit ist ein Faktor für den Aufstieg. In Frankreich hingegen ist das ganz anders. Hier ist es die Position in einem Betrieb, in seinem Beruf, inmitten einer soziokulturellen Gruppe, es sind die Beziehungen, die die Autorität eines Mitarbeiters bestimmen. Es reicht nicht intelligent zu sein, effektiv, um an die Spitze der Institutionen in Frankreich zu gelangen. Die Netze der ehemaligen *Normaliens* (Absolventen der renommierten *Grandes Écoles*) bleiben verschlossen für diejenigen, die diese Ausbildungstätten nicht besucht haben. Diese Netze kontrollieren den Zugang zu den Schlüsselposten.

Die Zeit als ein Kriterium für Kompetenz

In Deutschland ist ein Mittagessen nicht der richtige Moment, um ins Geschäft zu kommen, in Frankreich hingegen sehr wohl, da es eine gute Gelegenheit darstellt, die hier so wichtigen interpersonalen Beziehungen *(convivialité* und *complicité)* aufzubauen.

Der richtige Zeitpunkt

Alle europäischen Länder scheinen eine enge Verbindung zwischen diesen Zeitbezügen zu sehen. In Deutschland wird jedoch mehr Wert auf die historische Problemherleitung gelegt, was für französische Geschäftspartner oft irritierend ist, die sich fragen, warum man nicht gleich zum aktuellen Problem kommt. Diese wollen nicht lange „Vorreden von gestern", sondern in der Verhandlung sollte man gleich „zur Sache kommen". In interkulturellen Ratgebern heißt es deshalb auch, dass Franzosen lernen müssten, Geduld zu haben um zuzuhören, weil die Botschaften in Deutschland länger dauern. Sie selbst brauchen andererseits viele aktuelle Informationen zum Verhandlungsgegenstand, um sich einen Überblick zu verschaffen. Exaktheit ist dabei nicht ganz so wichtig, was für Deutsche wiederum merkwürdig ist.

Vergangenheit, Gegenwart, Zukunft

3 Kommunikation und Kontext

Wie die Zeit ist auch der Kontext einer der Hauptfaktoren jedes transkulturellen und interpersonellen Verstehensprozesses. Der Kontext ist die Information, die unabhängig von der Form (symbolisch, materiell, ikonographisch) jedes Ereignis umgibt und unausweichlich mit ihm verbunden ist. Da die Elemente, die einem Ereignis einen Sinn geben, in den einzelnen Kulturen unterschiedlich kombiniert werden, kann man unterschiedliche Kulturtypen voneinander unterscheiden. Hall hat eine Skala entwickelt, die an einem Ende durch den Kommunikationstyp markiert ist, der sich durch eine starke Kontextgebundenheit auszeichnet.

Kulturtypen

An der anderen Seite steht der Kommunikationstyp, der sich durch einen schwachen Kontext auszeichnet. Welche Position jede Kultur auf dieser Skala einnimmt, hängt von dem Verhältnis zwischen der Summe der Informationen, die durch die Botschaft explizit vermittelt werden und den Informationen ab, die entweder interiorisiert durch die Kommunikationspartner oder durch die Situation selbst vermittelt werden.

Starke Kontextgebundenheit

Die in der deutschen und in der französischen Geschäftswelt dominierenden Kommunikationstypen befinden sich auf relativ weit auseinanderliegenden Punkten der Skala. In mediterranen Ländern ist es üblich, dass ein Geschäftsmann eine unglaubliche Fülle von Informationen über bekannte Personen behält, die er im Augenblick eines Treffens aktualisieren kann. Diese Menschen unterhalten ein breites Netz von interpersonalen Beziehungen, was ihnen eine Unmenge an Informationen bereithält. Hall spricht hier von einem *communicateur à contexte fort*. Man braucht hier nicht unbedingt eine Menge an zusätzlichen Informationen in der Verhandlung selbst.

Schwache Kontextgebundenheit

Deutschland gehört (zusammen mit der deutschsprachigen Schweiz, den USA und den skandinavischen Ländern) dagegen zu den Typen, die eine schwache Kontextgebundenheit aufweisen. Zu den Charakteristika der Kommunikationsformen mit einem schwachen Kontext gehört, dass die Informationen einen sehr exakten Charakter haben. Es gibt Filter, die dazu beitragen, dass der Kommunikation ein schwaches *niveau de bruit*, also wenig Störungen, eigen sind. Programme, detaillierte Zeitplanung, um Störungen und Überschneidungen zu vermeiden, ein auf Minuten genauer Kalender, dicke Wände, Doppeltüren begrenzen und bremsen den interpersonalen Kontakt und damit den Informationsfluss. All dies trägt dazu bei, dass von aussen der Eindruck entsteht, dass deutsche Geschäftspartner rigide und schwer erreichbar sind. *„Une bonne connaissance des niveaux de contexte utilisés dans un système culturel donné est l'un des éléments essentiels de toute communication interculturelle."* (Hall 1984: 42).

Mise en contexte

Wenn man dem Gesprächspartner mehr Informationen gibt, als es das Kommunikationsniveau bzw. der Typ erfordert, wird er denken, man hält ihn für wenig intelligent. Wenn man aber zuwenig Informationen mitteilt, wird er denken, man will ihn ausschließen. Das, was einfach und automatisch geht in der eigenen Kultur, nämlich den Typ der Kommunikation richtig einzuschätzen, ist schwierig in der fremden Kultur. In jeder Kultur gibt es natürlich Variationen zwischen Personen, Gruppen, Regionen, Berufen. Dennoch ist es wichtig zu wissen, wo die Mehrheit einer bestimmten Kultur zu situieren ist. Die Schwierigkeit besteht darin, dass die

Regeln der *mise en contexte*, d.h des Fixierens eines bestimmten Kontextniveaus, das durchaus wechseln kann, implizit sind. Sie sind bislang meist als spezifisch in jeder einzelnen Kultur untersucht worden. Wenn Menschen unterschiedlicher Kommunikationstypen nun zusammenkommen, dann wenden sie implizit unterschiedliche Regeln bei der Bestimmung des Kontextniveaus an, und es kommt sofort zu Unverständnis und Missverständnissen, Missstimmungen. Die Modifizierung des Kontextniveaus ist signifikant und unmittelbar wahrnehmbar. Wenn ein Direktor mit seinem Untergebenen unzufrieden ist, wird er ihm dies zu verstehen geben, indem er von dem gewöhnlich stark kontextgebunden Kommunikationstyp zu einer hyperkorrekten Sprache übergeht, wo der Kontext sehr schwach ist. Um jemandem eine Lektion zu erteilen, reicht es oftmals aus, den Kommunikationstyp zu verändern.

Franzosen in Deutschland

Für Franzosen, die in Deutschland arbeiten oder mit Deutschen zusammenarbeiten, ist es erforderlich – so der Rat von Hall – sich so schnell wie möglich an einen Kommunikationstyp zu gewöhnen, der eher einen schwachen Bezug zum Kontext aufweist und dabei nicht unbedingt die Bedeutung von Sanktionen hat. Vielmehr gilt es zu verstehen, dass in Deutschland verbreitet ist, dass sich die Gesprächspartner in der Zussammenkunft selbst die notwendigen Informationen zum Gegenstand vermitteln. Dies ist Voraussetzung, um eine Entscheidung zu treffen. Hall meint, dass dieses Bedürfnis nach detaillierten Informationen das Resultat der Segmentierung des gesellschaftlichen Lebens in Deutschland sei, das sich mit der föderativen Struktur verbindet.

Deutsche in Frankreich

Deutsche Partner hingegen müssen verstehen lernen, dass ein französischer Angestellter im Laufe seines Arbeitstages sehr viele Unterbrechungen, sehr viele Telefonate akzeptiert und der Austausch von Informationen permanent auf allen Niveaus erfolgt. Vor dem Hintergrund des anderen Kommunikationstypes ist es verständlich, dass das französische System in der deutschen Geschäftswelt oft als chaotisch wahrgenommen wird. Der unterschiedliche Informationsfluss wirkt sich auch auf die Erwartungen an Verhandlungen aus. In Frankreich hat ein Verhandlungsgespräch eine zweifache Funktion. Es muss auf zwei Erwartungen antworten: Zum einen muss es jede Person kontextualisieren, um die Informationskanäle zu orientieren und um die Kohärenz der Gruppe zu sichern, die eine Aufgabe erfüllen soll, sowie zum anderen die Chancen ergründen, die für eine Übereinstimmung, das Zustandekommen eines Vertrages, existieren. Dies ist dem deutschen System fremd, in dem ein langsamer Informationsfluss und, wie gezeigt, sehr präzise Informationen, die stark strukturiert sind, auch für Verhandlungen wichtig sind.

4 Französische und deutsche Ingenieure – Ursachen für Kooperationsprobleme

Kulturelle Tradition und nationales Bildungssystem

Etwas anders als Hall verfolgt Pateau einen Erklärungsansatz, bei dem versucht wird, die beobachteten interkulturellen Schwierigkeiten auf tief in der jeweiligen Kultur- und Sozialgeschichte liegende Faktoren zurückzuführen. Besonders relevant sind für Pateau die nationalen Bildungssysteme, die mit unterschiedlichen kulturellen Traditionen verbunden sind. Pateau weist diese Zusammenhänge plausibel für die Ingenieurausbildung in Frankreich und Deutschland nach. Pateau hat gerade für Ingenieure nachgewiesen, dass trotz bester Absicht der Einzelnen eine Unfähigkeit in der Zusammenarbeit zu konstatieren ist, den anderen zu repektieren und seine Kompetenzen anzuerkennen. Dies lässt sich auf zwei grundsätzlich verschiedene Orientierungen bei der Problemlösung zurückführen, die deutsche Ingenieure und französische Ingenieure unterscheiden: Für die französischen ist eine globale, abstrakte, synthetische Sichtweise charakteristisch, die dem Charakter der Ingenieurausbildung in Frankreich entspricht, die an den Elitehochschulen, den *Grandes Écoles*, erfolgt. Für deutsche Ingenieure hingegen ist charakteristisch, dass ein Problem isoliert wird, um es gründlich zu behandeln, bevor man sich mit der Verbindung der Teilprobleme befasst. Deutsche Ingenieure, z.B. Maschinenbauer, werden an Technischen Universitäten oder Fachhochschulen vom ersten Jahr an auf die Ausbildung verschiedener technischer Kompetenzen orientiert. Ihr Berufsprofil geht historisch aus dem Facharbeiter hervor. Französische Ingenieure durchlaufen hingegen zunächst vier Jahre lang eine theorieorientierte Ausbildung, spezifisch technische Fächer werden erst im zweiten Jahr an den *Grandes Écoles* gelehrt.

Unterschiedliche Erwartungshaltungen

Mit der Akzentuierung allgemeiner intellektueller Fähigkeiten folgt dieses Ausbildungsprofil den Traditionen französischer Elitebildung mit der hier charakteristischen Bildungswertehierarchie, bei der praktisch-technische Fähigkeiten einen niederen Status haben. Es ist deshalb plausibel, dass aufgrund dieser unterschiedlichen Ausbildungs- und Berufsprofile deutsche und französische Ingenieure bei Berufseintritt auf ähnlichen Arbeitsstellen sehr unterschiedliche Aufgabenstellungen erwarten. Aus den Untersuchungen von Pateau geht hervor, dass französische Ingenieure in deutsch-französischen Arbeitsgruppen Verärgerung darüber äußern, dass sie sich mit Details beschäftigen sollen, was sie für Zeitverschwendung und überflüssig halten und als „niedere" Tätigkeiten ablehnen. Sie sehen ihre Aufgabe darin, sich schnell einen globalen Überblick über ein Problem zu verschaffen und dessen Lösung zu managen. Deutsche Ingenieure stehen ihren so vorgehenden französischen Kollegen irritiert gegenüber, für sie stellt sich schnell die Frage, wo auf französischer Seite diejenigen sind, die die „wirkliche" Arbeit tun. Oftmals geht es in solchen Betrieben als erstes darum, den tatsächlichen Gesprächspartner auszumachen, d. h. denjenigen, mit dem man eine Arbeitsaufgabe gemeinsam realisiert.

Die Organigramme der Unternehmen in Frankreich und Deutschland, die Auskunft geben über Funktionsbezeichnungen in einer bestimmten hierarchischen Stufenleiter, sind bezüglich der hinter den Bezeichnungen stehenden Verantwortungs- und Aufgabenbereiche nicht immer identisch. Ein Abteilungsleiter entspricht nicht einem *chef de département*, da sie unterschiedliche Methoden, Kompetenzen und Ziele besitzen. Wir haben es hier mit markanten Unterschieden im Status und Profil bestimmter Berufe zu tun: Ein deutscher Ingenieur gewinnt seine Autorität durch seine konkret-praktische technische Problemlösungskompetenz. In seinem klar abgegrenzten Kompetenzbereich hat er weitgehende Entscheidungsbefugnis. Pateau beschreibt den theoretischen französischen Amtskollegen des deutschen Ingenieurs so: Er „macht häufig schneller Karriere, ist jünger, interessiert sich kaum für die technischen Aspekte seiner Aufgabe und wechselt gern den Posten. Ihm geht es oft darum, seine Truppe gut zu managen." (Pateau 1996: 140). Seine Qualitätsausweise sind das schnelle Erfassen eines Problems und das Konzipieren und Leiten der Lösungswege. Dabei sind seine Entscheidungsbefugnisse weniger klar bestimmt, was ihn zwingt, gute Kontakte zu den in der Hierarchie über ihm stehenden Kollegen zu unterhalten. Dies ist auch förderlich für seine Karriere. Der häufige Personalwechsel auf französischer Seite rührt auch daher. Wichtig ist für den französischen Ingenieur, der auf diese Weise verschiedene Abteilungen in kurzer Zeit durchläuft (von der Entwicklung, zur Fertigung und zur Wartung), dass er dabei Erfahrungen sammelt, die wiederum vor allem die globale Problemlösungskompetenz sowie Führungsqualitäten betreffen.

Technische vs. globale Problemlösungskompetenz

Zu den Erfahrungen deutscher Ingenieure gehört, dass sie ihre eigentlichen Ansprechpartner auf unteren Ebenen der französischen Betriebshierarchie finden: Es sind die höheren Techniker, die nach dem Abitur eine zweijährige Ausbildung (BTS) durchlaufen haben und in Frankreich nicht zu den Führungsschichten gehören, wie sie an den *Grandes Écoles* ausgebildet werden. Mit diesen Technikern können die praktischen technischen Probleme besprochen werden. Nicht nur auf dem Weg der Problemlösung, sondern auch in der Phase der Entscheidung muss der deutsche Ingenieur viel Zeit darauf verwenden, um die richtige Stelle für solche Entscheidungen auf französischer Seite herauszufinden; es gilt die

Betriebshierarchien

Entscheidungen abzuwarten, die auf einer viel höheren Ebene getroffen werden. Das hat damit zu tun, dass in Frankreich nicht von einer Äquivalenz zwischen Funktion, Aufgabe und Entscheidungsbefugnis ausgegangen wird. Beim Ingenieur in Deutschland trifft dies hingegen weitestgehend zu. Das Wechseln des französischen Gesprächspartners gehört für den deutschen Ingenieur zu den auffälligsten Merkmalen in der Zusammenarbeit. Für ihn wurde deshalb auch der Begriff „Spagatingenieur" geprägt.

 Fremderfahrung und interkulturelle Kompetenzen

1 Fremdheit und Fremdheitswahrnehmung

Fremd-schema

Aus der Psychologie wissen wir, dass Fremdheitswahrnehmungen (Fremdes als Interpretament des Anderen, s. S. 138) mit dem Fehlen eines adäquaten Handlungsschemas zu tun haben (für die Vertreter der kognitiven Dissonanztheorie ist es z.B. das Fehlen gespeicherter Wissensstrukturen über Personen, Objekte und Handlungen), was Unsicherheit und Orientierungslosigkeit, Ängste und Abwehrreaktionen hervorrufen kann. Wenn kein passendes Skript oder Schema aktiviert werden kann, so steht das Fremdschema zur Verfügung, das jeder ausgebildet hat (durch eigene Erfahrungen, durch Ausbildung und Erziehung). Das einfachste Fremdschema ist das des Ausländers oder das nationale Schema (die Franzosen, die Deutschen sind eben so). Es wird auch dann aktiviert, wenn Personen, Gegenstände oder Ereignisse Merkmale aufweisen, die nicht in ein gewohntes Schema passen (Hautfarbe, Sprache, Kleidung, Verhalten).

Erwartungs-haltung

Die Einordnung in ein solches Fremdschema verschafft wieder Ordnung und Sicherheit. Fremdheit wird schon in der vorbereitenden Orientierung auf die Überschneidungssituationen wirksam. Hier werden bereits Erwartungen bezüglich kultureller Unterschiede (Fremdheit) oder Ähnlichkeit (Vertrautheit) aufgebaut. Der Grad der dann erlebten Fremdheit hängt sehr stark von der Art der bereits ausgebildeten Erwartungen ab. Wird eher Vertrautes erwartet und tatsächlich erlebt, dann werden kulturelle Unterschiede vermehrt übersehen und abgeschwächt. Wird eher Vertrautes erwartet und vermehrt Unterschiede erlebt, so kann es durch Kontrasteffekte zur Verstärkung der Fremdheitseindrücke kommen. Wenn also keine realistischen Vertrautheits- und Fremdheitserwartungen entwickelt werden, so kommt es zu Urteilsverzerrungen.

Urteilsver-zerrungen

Die individuellen Erfahrungen mit Fremdheit und die Fremdheitserwartungen bezüglich der neu auftretenden interkulturellen

Situation sind das Bezugssystem dafür, wie die Anforderungen in den kulturellen Überschneidungssituationen bewältigt werden. Wichtig ist, dass das Andere (Fremde) dabei sowohl als etwas Unstrukturiertes, Unbekanntes und Bedrohliches wahrgenommen werden kann oder aber auch als Strukturiertes, Definierbares, Antizipierbares und Vertrautes. In beiden Fällen wird keine realistische, sachgerechte und flexible Bewertung und Antizipation fremden Verhaltens und kein kompetentes interkulturelles Handeln zu erreichen sein. Nur wenn Fremdheit einerseits ihre Bedrohlichkeit und andererseits ihre stereotypisierte und vorurteilsbehaftete Vertrautheit verliert, kann sie lernwirksam und damit verhaltensändernd wirksam werden (Thomas 1993: 271).

2 Fremderfahrung und Interkulturelle Kompetenzen

Auch wenn wir noch nicht genau wissen, welche einzelnen Elemente interkulturelle Kompetenzen konstituieren, so ist eines sicher: Sie sind auf zwei Ebenen angesiedelt, auf der des Wissens über Kultur, insbesondere über situationsgebundene Kommunikationsregeln, und auf der der sozialen Kompetenzen. Dazu gehört ganz wesentlich das Umgehen mit Unsicherheiten. Fremderfahrung ist dabei vorwiegend einerseits das Heraustreten aus den vertrauten Koordinaten und andererseits das „Einüben in ein Leben unter Unsicherheit" (Wierlacher). Fremderfahrungen dokumentieren keineswegs einfache Unzulänglichkeiten, wie dies Studierende meist annehmen. Fremderfahrungen sind „normale" Vorgänge, die produktiv gemacht werden müssen für die Ausbildung interkultureller Kompetenzen und für wechselseitiges Verstehen des Eigenen und des Fremden. Man kann sogar sagen, dass aus den schwierigsten erlebten Situationen in anderen Kulturen die wichtigsten Erkenntnisse und Zuwächse für die Persönlichkeitsentwicklung gewonnen werden. Sie sind vielleicht die wichtigsten Wege, um interkulturelle Kompetenzen zu erwerben und die eigene Kulturgebundenheit in ihren vielen Facetten zu begreifen.

Umgehen mit Unsicherheit

Interkulturelle Kompetenz hat im Kern mit der Befähigung zum Sichtwechsel zu tun, was die Distanznahme zur eigenen Kultur einschließt und mit Toleranz in enger Verbindung steht. Toleranz definiert Wierlacher als Akt des multiperspektivischen Sehens und Verstehens. Toleranz ist hier keine moralische Größe, die mit Anerkennung oder Mitleid zu tun hätte. Toleranz und der Umgang mit den eigenen Grenzen muss geübt werden. Toleranz schließt – so Wierlacher – auch Leidensfähigkeit, also Dulden und Erdulden von Andersartigkeit ein. Wir sehen, dass mit diesen Begriffen

Sichtwechsel und Toleranz

Hauptprobleme angesprochen sind, die außerordentlich aktuell und gesellschaftspolitisch relevant sind. Sie betreffen die Ambiguität von Fremdem in ihren Auswirkungen: Faszination, als Bereicherung (multikulturelle Gesellschaftsvisionen), aber auch Bedrohung (Ängste), die zum **Rassismus** führt.

Fremd-sprachen-studium und inter-kulturelle Erziehung

Bislang wird den Fremderfahrungen von Studierenden wie dem Problem der kulturellen Fremde im fremdsprachenphilologischen Studium kaum Aufmerksamkeit gewidmet. Studierende erwerben neben der systemorientierten traditionellen Sprachkompetenz mehr oder weniger theoretische und systematische Kulturkenntnisse. „Intellektuell gut ausgestattet" bleiben jedoch ihre Erfahrungen in konkreten interkulturellen Situationen im Studium unberücksichtigt. Diese Fremderfahrungen sind jedoch, wie wir sahen, wichtige Quellen für die Ausbildung interkultureller Kompetenzen, die den bewussten Umgang mit kultureller Alterität einschließen. Wir plädieren dafür, praktische interkulturelle Kommunikation und Fremderfahrung als Teil des kulturwissenschaftlichen Gegenstandskanons zu profilieren, mit Psychologen zu kooperieren und als Bestandteil der fremdsprachlichen Studiengänge fest zu institutionalisieren. Dieser Gegenstandsbereich hat einen starken Bezug zu eigenen Erfahrungen, die eine Art Labor der Forschung und persönlicher Erkenntnisgewinne darstellen. In diesem Zusammenhang ist auch die didaktisch orientierte Literatur aufschlussreich, die sich der Problematik interkultureller Erziehung widmet (Leupold 1999).

3 Fremderfahrung/Kulturschock

Kultur-schock

Der amerikanische Anthropologe Kalvero Oberg prägte 1960 den Begriff Kulturschock, um Krisenerscheinungen bei der Fremderfahrung zu beschreiben, die aus dem Überwältigtwerden durch die neue, fremde Kultur entstehen. In Deutschland wird mit dem Konzept des Kulturschocks auch in den Sozialwissenschaften gearbeitet. Wolf Wagner hat es z.B. für die Analyse deutscher Verhältnisse nach der Herstellung der deutschen Einheit angewandt (Wagner 1998). „Schock" ist für Oberg eine eher illustrative, eine Sammelbezeichnung, die auf die Bedeutung einer Reihe von psychischen Erscheinungen bei Fremderfahrungen hinweist: Stress, der mit der Notwendigkeit von Anpassungsleistungen zusammenhängt, Verwirrung z.B. über eigene Gefühle, Identität, Überraschung, Angst, wenn man das volle Ausmass der kulturellen Unterschiede wahrnimmt, Gefühle der Ohnmacht, weil Handlungen fehlschlagen und man meint, mit der neuen Umgebung nicht zurecht zukommen. Kulturschock ist somit das Ergebnis der Schwierigkeiten, die daraus resultieren, dass man „alle gewohnten Zeichen und Symbole des gesellschaftlichen Umgangs verliert" (Wagner 1998: 13–15).

Man könnte zunächst sagen, dass solche Kulturschockerfahrungen für den deutsch-französischen Kontext kaum gelten, da sich die Kulturen zu ähnlich sind. Häufig wird auf das Gemeinsame, das „Europäische" der beiden Kulturen verwiesen. Aus den bislang vorliegenden Berichten von deutschen Studierenden in Frankreich sowie bei Beobachtungen von Tandemseminaren ziehen wir die Schlussfolgerung, dass in vielen Fällen keine realistischen Fremdheitsvorstellungen ausgeprägt sind und deshalb vor allem erst bei längeren Aufenthalten in der anderen Kultur das Ausmass kultureller Differenzen erlebt wird. Die Beschäftigung mit den Phänomenen, die sich hinter dem zweifellos etwas dramatisch klingenden Wort „Schock" verbergen, halten wir für das Verständnis von Fremderfahrungen für sehr aufschlussreich. Natürlich verliert kaum jemand alle gewohnten Zeichen und Symbole im Nachbarland, wenn man dies auf die Gesamtsituation des Aufenthaltes bezieht.

Dt.-frz. Kontext

Die Berichte von deutschen Studierenden, die sich in verschiedenen Situationen und sehr unterschiedlichen Rahmenbedingungen, Orten und in verschiedenen sozialen Milieus aufhielten (Fremdpsrachenassistenz, Au-pair, Studienaufenthalt, Praktika, Jobs, Tourismus), belegen jedoch eine Vielfalt von Fremderfahrungen, die situationsgebunden sind und mit mehr oder weniger Intensität Vorgänge darstellen, die bestimmten Phasen des Kulturschocks sehr nahe kommen. Manche nicht gelungenen Kommunikationssituationen werden durchaus sehr negativ erlebt und führen zu Gefühlen von Isolation und Frustriertheit (siehe das Beispiel der misslungenen Gesprächsteilnahme, S. 161).

Erlebnisberichte

Wir werden sehen, dass die Beschreibung der verschiedenen Phasen des Kulturschocks Zugänge zu einigen grundsätzlichen Problemen der Fremderfahrung eröffnet. Entscheidend ist, dass Fremderfahrungen ganzheitlich wirken, nicht nur intellektuell. Das Schema der 5 Phasen des Kulturschocks, das 1995 in den USA in dieser Form veröffentlicht worden ist, ist das Resultat einer Vielzahl von empirischen Befunden. Die Verlaufskurve zeigt dabei u.E. nicht nur verschiedene Phasen eines einheitlichen Prozesses an, sondern erlaubt auch Einsichten in verschiedene Modi des Umgangs mit Fremdem. So gesehen können die Phasen auch isoliert voneinander betrachtet werden. In den Interpretationen der Kurve wird ersichtlich, dass in einem engeren Sinn Kulturschock als Sturz aus der 1. Phase (Euphorie) in die 3. Phase (Eskalation mit Schuldzuweisungen an die fremde Kultur) verstanden wird.

Fünf-Phasen-Schema

Nur in einem weiteren Sinn wäre Kulturschock als gesamter Prozess der kulturellen Krise zu verstehen, einschließlich ihrer Überwindung. Verfolgen wir jedoch idealtypisch die einzelnen Phasen des Kulturschocks, die in übereinstimmender Auswertung zahlreicher Befunde jenen U-förmigen Verlauf nehmen, der grafisch darstellbar ist. Die Kurve ist in einem Diagramm zu lesen, auf deren senkrechter Achse das Maß der wahrgenommenen Kulturkompetenz (bezogen auf die eigene und/oder die fremde Kultur) abzulesen ist, auf der horizontalen der zeitliche Verlauf der einzelnen Phasen. Bei der Kommentierung der einzelnen Phasen beziehen wir uns weitgehend auf Wolf Wagner (1998).

Kulturkontakt

Am Anfang steht der (erste) Kulturkontakt, bei dem eine hohe kulturelle Kompetenz in der eigenen Kultur maßgebend ist. Das Beibehalten dieses Zustands schließt einerseits ein, dass gegenüber der fremden Kultur euphorische Einstellungen dominieren und andererseits die eigenkulturellen Prägungen nicht in Frage gestellt werden. Eine solche Art der Fremderfahrung ist typologisch charakteristisch für den organisierten Massentourismus.

Entfremdung

In der zweiten Phase erfolgen Erfahrungen des Verlustes an kultureller Kompetenz. Die „schützende Kapsel" der Heimatkultur wird teilweise verlassen und erfährt allmählich (mehr oder weniger schockartig), wie fremd die andere Kultur ist. Erste Reaktionen sind Selbstzweifel und Selbstbeschuldigungen, weil man die gewohnte kulturelle Kompetenz erwartet und sich deshalb allein die Schuld für das (auch partielle) Misslingen der Kommunikation zuschreibt. Diese Phase ist gekennzeichnet durch Entfremdung.

Eskalation

Die dritte Phase stellt den Tiefpunkt dar, der allerdings bezüglich der Dramatik sehr unterschiedlich ausfällt (und deshalb unterschiedlich tief liegt). Entscheidend ist hier jedoch, ob und inwieweit sich die Selbstbeschuldigung der Entfremdungsphase in eine Schuldzuweisung an die fremde Kultur verwandelt. Diese muss nicht unbedingt vordergründig rationalen Ausdruck finden. Das **Heimweh** ist ein oft feststellbarer, weitgehend emotionaler Ausdruck dieser Phase der Fremderfahrung. Sie wird auch als Eskalation bezeichnet, weil in ihr der entscheidende Punkt gegeben ist, an dem eine Wende erforderlich wird: entweder Rückkehr oder Änderung in der Wahrnehmung der fremden Kultur.

Einsicht

Diese vierte Phase gehört dann auch in die wieder aufsteigende Linie der Kurve: Sie markiert jene entscheidende Veränderung im eigenen Verhältnis zur fremden Kultur: Typologisch grundlegend ist hier die Einsicht, dass die Verständigungsschwierigkeiten weder allein bei den anderen noch bei sich selbst zu suchen sind, sondern in den kulturellen Unterschieden liegen, also „einfach" kulturelle Missverständnisse sind. Erstmals können in dieser Phase

Missverständnisse als **fehlgeschlagene Verständigungsversuche beider Seiten** verstanden werden.

Letzlich gelingt interkulturelle Verständigung. Diese gelungene interkulturelle Kommunikation beruht meist auf den erlernten Normen der fremden Kultur (zumindest ist das in dem Modell so vorgesehen). Das Ideal ist erreicht: In dieser Phase ist eine hohe Kulturkompetenz in beiden Kulturen charakteristisch.

Verständigung

Wir sehen an diesen Beschreibungen, dass hier stets ein Gesprächsteilnehmer anvisiert ist, der idealtypisch mit jemandem zu tun hat, der allein durch seine Kultur geprägt ist. Bernd Müller weist aber zu Recht darauf hin, dass immer häufiger Menschen aufeinander treffen und miteinander kommunizieren, zu deren Erfahrungen bereits interkulturelle Situationen gehören. Er zieht daraus die Schlussfolgerung, dass diese deshalb nicht mehr bzw. immer weniger als Vertreter einer bestimmten Kultur agieren. Müller vertritt deshalb die Auffassung, dass das Forschungsinteresse zur IKK konsequent auf das *Inter* und dessen Dynamik zu fokussieren ist (Müller 1996). Über diesen Typus, der zweifellos immer wichtiger wird, gibt die Kulturschockkurve weniger Auskünfte. Andererseits sind Zweifel angebracht, was das schnelle Verschwinden nationalkultureller Prägungen betrifft. Im deutschfranzösischen Kontext sprechen die Beispiele der Ingenieure, aber auch Alltagserfahrungen (s. S. 161: *conversation*) eher für eine relativ hohe Resistenz solcher Prägungen, die sehr stark über die nationalen Bildungssysteme verfestigt werden. Außerdem sind andere als die nationalen Gruppenzugehörigkeiten in Rechnung zu stellen, die für das *Inter*agieren relevant werden (Geschlecht, Generation etc.). Diesbezüglich liegen noch wenig Erkenntnisse vor.

Neuer Fokus

4 Ethnografische Bedeutungsrecherche

Im Gegensatz zum theoretischen Ansatz des Kulturschocks, verfolgt die Methode der ethnografischen Bedeutungsrecherche das Ziel, Fremderfahrungen in sehr konkreten und individuell erlebten Situationen beschreibbar und damit überhaupt erst als konkreten Gegenstand für die Forschung zugänglich zu machen. Bernd Müller, der diese Methode in Anlehnung an die Ethnomethodologie praktiziert, verfolgt damit vor allem ein didaktisches Ziel, nämlich persönlichkeitsrelevante Aspekte der interkulturellen Kommunikation (Befähigung zum Sichtwechsel, Empathie, Toleranz) bei den Teilnehmern auszubilden. Wir haben diese Methode auch gemeinsam in Seminaren und Exkursionen erprobt und halten sie im Rahmen der Austauschforschung für sehr pro-

Konkreter Situationsbezug

duktiv. Neben den persönlichkeitsrelevanten Aspekten können mit dieser Methode Fremderfahrungen empirisch geortet und Aufschlüsse über tatsächliche Konfliktfelder in deutsch-französischen Begegnungen erbracht werden. Für uns ist dieses Vorgehen noch in anderer Hinsicht relevant: Ethnographisches Schreiben und dessen Resultate, die Berichte und Erzählungen (s. S. 182 f.), sind für sich genommen als spezifische Ausdrucksformen der Fremderfahrungen ein ertragreicher Gegenstand der modernen Kulturwissenschaft, die sich als Fremdkulturwissenschaft profiliert. Generell impliziert der gesamte Ansatz Prämissen, die auch bei Martine Abdallah-Pretceille anklingen.

Ethnomethodologie

Die impliziten Grundannahmen der Bedeutungsrecherche gehen auf die der Ethnomethodologie zurück, die sich in den 60er Jahren zunächst in den USA entwickelt hat. Für sie ist eine kritische Sicht der „objektivistisch" verfahrenden (damaligen) Soziologie kennzeichnend. Hieraus wird ein Forschungsansatz entwickelt, der darauf zielt, ohne Unterscheidung zwischen vermeintlich außergewöhnlichen und trivialen Gegebenheiten die als selbstverständlich empfundenen Methoden aufzudecken, mit denen die Angehörigen einer Kultur in geordneter, rational aufeinander abgestimmter Weise ihre Alltagshandlungen durchführen, besonders, wie sie sich als Interaktionspartner gegenseitig den Sinn, die „Vernünftigkeit" ihrer praktisch-alltäglichen Handlungen bestätigen. Dabei erscheinen Sprache, Gestik und Mimik als grundlegend. Die Untersuchungen konzentrieren sich auf alltägliche Handlungen und Situationen, z. B. Reden, Fragen, Argumentieren, Begrüßen, Abschiednehmen etc. und damit zusammenhängende Alltagsbegriffe. Zentral ist bei dem Vorgehen außerdem, dass die Ergebnisse durch Beobachtung, als Primärerfahrung (in möglichst unstrukturierten Situationen), gewonnen werden. Hieraus ergibt sich zweierlei: Die Forschungen sind aktualitätsbezogen und vollziehen sich zu einem guten Teil als ethnografisches Arbeiten. Damit hängt auch der doppelgleisige, zwiespältige Charakter dieses Vorgehens zusammen.

Doppelte Zielstellung

Einerseits geht es um das Erkennen von interkulturellen Kommunikationsregeln, andererseits hat sich der Beobachter selbst als Teil der interkulturellen Prozesse wahrzunehmen und zu begreifen. Diese doppelte Zielstellung macht, wie die praktische Erfahrung zeigt, die Schwierigkeit dieses Vorgehens aus. Sie treffen jedoch den Nerv jener Probleme, die sich in realen interkulturellen Begegnungen ergeben. Wesentlich ist, dass solche Feldforschung kein „objektives" Ergebnis hat, sondern Ergebnisse über Andere und uns selbst in ihrem Bezug aufeinander. Darin liegt ihr besonderer Wert für die Untersuchungen zur Fremderfahrung, die dabei zugleich in einzelne Abschnitte segmentiert und zugänglich für die kritische Reflektion wird.

5 Die Phasen

Die Einführungsphase ist charakterisiert durch die Auswahl eines Begriffs X, die Bestimmung von möglichen bedeutsamen Situationen/Kontexten von X, die methodische Einführung in Interviewführung und Methoden des ethnografischen Schreibens. Es folgt die Phase der Feldforschung. Hier geht es zunächst darum, bewusste Erfahrungen mit X zu sammeln, X zu erleben, zu dokumentieren und situative Begriffskontexte und relevante Nachbarbegriffe zu erkunden.

Einführung und Feldforschung

Danach erfolgen erste Analysen der Erfahrungsprozesse im fremdkulturellen Kontext. Diese Phase ist bestimmt durch die Hypothesenbildungen zu X. Die Teilnehmer leiten sie aus den Einzelbeobachtungen ab, die jeder Recherchierende in einem Tagebuch notiert und dann in der Gruppe artikuliert. Die Gruppenmitglieder bestätigen, korrigieren, relativieren und/oder komplementieren die Hypothesen des Einzelnen. Hierbei werden unterschiedliche Wahrnehmungen und Bedeutungszuweisungen des gemeinsam Erlebten diskutiert. Solche Prozesse der bewussten Hypothesenbildung aus der Fremdperspektive im Spannungsfeld zwischen identischer Situation (im Feld) und kulturgebundener, von indviduellen und anderen Faktoren beeinflusster Bedeutungsaushandlung sind grundlegend und für die Exkursionsteilnehmer völlig ungewohnt. Hierbei wird jedoch das mehrperspektivische Sehen und Interpretieren „eingeübt". Zu ihrer Dokumentation hat sich das Anlegen eines Gruppentagebuchs bewährt. Ziel dieser Recherchephase ist es weiterhin, über einen längeren Zeitraum die Veränderungen und Ausformungen der Hypothesen über die Bedeutungen der gewählten Begriffe zu beobachten. Dabei werden auch bisherige Erfahrungen mit X rekonstruiert und in neue Zusammenhänge integriert.

Recherchephase

Schließlich folgt die Phase der Vermittlung der fremden Bedeutungen. Die erste Instanz, bei der die recherchierten fremdkulturellen Inhalte vermittelt werden, ist das Plenum. Bei den Erklärungen darüber, was man gesehen und ermittelt hat, kommt es darauf an, die eigene und die mögliche Fremdperspektive der anderen Exkursionsteilnehmer empathisch einzubeziehen und den Erklärungsgegenstand durch seine Bezüge zu anderen Bedeutungen des fremden Systems zu kontextualisieren.

Vermittlung

In der letzten Phase erfolgt der Transfer auf eigenkulturelle Bedeutungen. Hier geht es darum, durch die Bestimmung eines *tertium comparationis* Funktionsäquivalente ausfindig zu machen und Bedeutungskomplexe gegenüberzustellen. Hier stellt sich dann auch in expliziter Form die Frage eines möglichen Kulturenver-

Transfer

gleichs. Solche Fragen lauten z.B.: Entspricht *café/bar* eher dem deutschen Kaffeehaus oder der Kneipe (wegen des Sozialverhaltens)? Entsprechen *donner la main* und *bise* dem deutschen Handschlag?

Meta-sprachliche Fähigkeiten

Bei den Präsentationen der Gruppen erwies sich als besondere Schwierigkeit, über die fremdkulturellen Erfahrungsprozesse und über erworbene Kenntnisse gleichermaßen zu referieren. Die Mehrheit neigte dazu, den Kenntnisaspekt zu betonen und gleichzeitig die Eigenerfahrung zu „verwissenschaftlichen", zu entpersonalisieren. Es wurde zudem deutlich, dass zu den grundlegenden Bedingungen einer erfolgreichen Bedeutungsrecherche metasprachliche Fähigkeiten gehören, die es ermöglichen, Selbsterfahrungprozesse in der fremden Kultur und die eigenkulturellen Prägungen zu artikulieren. Solche Fähigkeiten, die nicht nur die Sprache als formales System, sondern Sprechen-Können über situatives Sprachverhalten einschließen, gehören zu jenen Voraussetzungen, die ein klischeehaftes bzw. klischeebildendes Sprechen (und Denken) über eine fremde Kultur verhindern helfen. Diese Probleme treffen auch auf das Schreiben zu.

6 Ethnografisches Schreiben

Akt der Konstruktion

Ohne Schreiben bliebe das Gesehene konfus und ungeordnet. Die Ethnografie ist genau diese schriftliche Um- und Ausarbeitung der Erfahrung, die Transformation des Gesehenen in Schrift, in Benennung, in Mitteilung durch das Wort. Wichtigste Funktion des Aufschreibens ist der Kampf gegen das Vergessen. Wenn die ethnographische Beobachtung ein Verhältnis zwischen Objekten, Individuen, Situationen und Empfindungen ist, die beim Beobachter ausgelöst werden, so ist die ethnografische Beschreibung die sprachliche Ausarbeitung dieser Erfahrung, ein Akt der Konstruktion. Diese Konstruktion kommt durch das Herstellen einer Reihe von Beziehungen zwischen dem, was betrachtet wurde, und dem Betrachter selbst zustande. Dieser wird beim Schreiben dazu angehalten, aufgeben etwas für natürlich zu halten, was in Wirklichkeit kulturell ist. D.h. der Beobachter muss sich von Klischees, Stereotypen befreien, die ein schnelles, voreiliges Urteilen erleichtern. Gerade die üblichen Benennungen für Erscheinungen sind zu problematisieren. Der Ethnograf muss den Blick und das Schreiben artikulieren, nicht in ihrer Gleichzeitigkeit, sondern eher als Beziehung zwischen Sehen und Schreiben.

Genres

Dabei entstehen Texte, die zwei verschiedenen Genres angehören, dem der Beschreibung und dem der Erzählung. Welches sind die Merkmale der Beschreibung? Hier werden Vokabular und beob-

achtete Dinge aufgezählt, detailliert, registriert. Dabei können Listen, Inventare, Bilanzen erstellt werden. Die Sorge, nichts zu vergessen, treibt dazu, möglichst vollständig alles zu erfassen. Die Beschreibung strebt danach, die Totalität dessen zu erfassen, was man sieht. F. Laplantine sieht das Ziel der Beschreibung im Streben nach *„saturation, rangement et classification"* und ihr Ergebnis als *„découpage du réel"* (Laplantine 1996: 107–108). Die Schwierigkeit des ethnografischen Schreibens besteht darin, dass die Beschreibung immerwährend in Konflikt tritt mit der Erzählung, die die Beschreibung unterbricht bzw. stört. Dynamik, Zeitabläufe, Aktion stehen bei der Erzählung im Vordergrund. Sie aktiviert dabei die Imagination des Erzählers und des Lesers, während die Beschreibung eher auf die Ausbreitung eines Wissens zielt. *Décrire* (lat. de-scribere), bedeutet etymologisch nach einem Modell schreiben, d. h. zu einer Konstruktion schreiten, zu einer *decoupage*, zu einer Analyse, in deren Verlauf man zu einer Ordnung gelangt. Es wäre also illusorisch zu denken, dass wir auf diese Weise von den Dingen ein absolut objektives Bild geben würden. Die Konstruktion ist immer im Spiel (durch Auswahl, Selektion, auch beim Tagebuch). Es existiert eine Differenz zwischen dem, was man sieht und dem, was man beschreibt.

Diese Differenz, die Interpretation, muss ins Bewusstsein gehoben werden. Ethnografische Beschreibung memorisiert das Gesehene und Gesprochene, bewahrt davon Spuren, d. h. sie bewahrt einen *regard éloigné* (Lévi-Strauss). Jeder, der sich in interkulturellen Kontexten bewegt, müsste sich mit ethonografischen Methoden vertraut machen. Für Romanisten – ob Lehrende oder Studierende – ist es jedoch unablässig, sich im ethnografischen Schreiben zu üben und zu qualifizieren. Der selbst gestellte professionelle Anspruch, andere Kulturen zu verstehen und als Mittler zu fungieren, verlangt danach. Kulturelle Alterität ist kein statisches Verhältnis, sondern ein dynamischer Prozess, der Wandlungen unterliegt; Fremderfahrungen begleiten uns deshalb ein Leben lang.

Interpretation

Literatur

ABDALLAH-PRETCEILLE, Martine; PORCHER, Louis (1999) [Eds.]: *Diagonales de la communication interculturelle.* Paris: Anthropos.

ADAMZIK, Kirsten; ANTOS, Gerd; JAKOBS, Eva-Maria (1997) [Hrsg.]: *Domänen- und kulturspezifisches Schreiben.* Bern u. a.: Peter Lang.

AGULHON, Maurice (1979*): Marianne au combat, l'imagerie et la symbolique républicaines de 1789 à 1880.* Paris: Flammarion.

AGULHON, Maurice (1989): *Marianne au pouvoir. L'imagerie et la symbolique républicaines de 1880 à 1914.* Paris: Flammarion.

AGULHON, Pierre; BONTE, Pierre (1992): *Marianne. Les Visages de la République.* Paris: Editions Gallimard.

AGULHON, Maurice (1998): „Le Mythe gaulois". In: *Ethnologie française* H. 3, S. 296–302.

AMOSSY, Ruth (1991): *Les Idées reçues: sémiologie du stéréotype.* Paris: Editions Nathan.

AMOSSY, Ruth; HERSCHBERG PIERROT, Anne (1997): *Stéréotypes et clichés. Langue, discours, société.* Paris: Editions Nathan (= Université. 128. Lettres et sciences sociales).

ANDERSON, Benedict (²1993*): Die Erfindung der Nation. Zur Karriere eines erfolgreichen Konzepts.* Frankfurt/M.: Campus.

ANGENOT, Marc (1982): *La Parole pamphlétaire. Typologie des discours modernes.* Paris. Payot.

ASHOLT, Wolfgang (1996): „‚Das Ungeheuer, das Paris umgibt'. Banlieue und französische Gegenwartsliteratur". In: *Frankreich Jahrbuch 1995.* Opladen: Leske + Budrich, S. 189–201.

ASSMANN, Aleida (1993): *Arbeit am nationalen Gedächtnis. Eine kurze Geschichte der deutschen Bildungsidee.* Frankfurt/M.-New York: Campus (= Edition Pandora. 14).

ASSMANN, Aleida (1999): *Erinnerungsräume. Formen und Wandlungen des kulturellen Gedächtnisses.* München: C. H. Beck.

ASSMANN, Jan (1992): *Das kulturelle Gedächtnis. Schrift, Erinnerung und politische Identität in frühen Hochkulturen.* München: C. H. Beck.

ARIÈS, Philippe (1978): *L'Homme devant la mort.* Paris: Editions du Seuil.

BADIA, Gilbert (1999): „Fachliteratur über die DDR. Eine kommentierte Bibliographie". In: Röseberg, D. (1999) [Hrsg.]: *Frankreich und das andere Deutschland.* Tübingen: Stauffenburg, S. 333–367.

BARBÉRIS, Pierre (1994): „Introduction". In: Goulet, A. (1994) [Ed.]: *Le Stéréotype. Crise et transformations.* Caen: Presses Universitaires de Caen, S. 9–13.

BARTHES, Roland (1957): *Mythologies.* Paris: Editions du Seuil.

BARTHES, Roland (1978): *Leçons.* Paris: Editions du Seuil.

BENDER, Karl-Heinz (1992): „Mitterrand und die Deutschen: Vom Anschluß Österreichs bis zur Wiedervereinigung (1938–1990)". In: Grunewald, M.; Schlobach, J. (1992) [Hrsg.]: *Médiations/Vermittlungen. Aspects des relations franco-allemandes du XVIIe siècle à nos jours.* Bern: Peter Lang, S. 663–679.

BERSCHIN, Helmut (1992): *Deutschland im Spiegel der französischen Literatur.* München: C. H. Beck (= Perspektiven und Orientierungen.13).

BERTHIER, Patrick (1996): *L'Ethnographie de l'Ecole. Eloge critique.* Paris: Edition ECONOMICA.

BIVER, Marie-Louise (1979): *Fêtes révolutionnaires à Paris.* Paris: Presses Universitaires de France.

BOCK, Hans Manfred (1986): „Tradition und Topik des populären Frankreich-Klischees in Deutschland von 1925 bis 1955". In: *Francia. Forschungen zur westeuropäischen Geschichte.* 14, S. 475–508.

BOCK, Hans Manfred (1996): „Wechselseitige Wahrnehmung als Problem deutsch-französischer Beziehungen". In: *Frankreich Jahrbuch 1995.* Opladen: Leske + Budrich, S. 35–56.

BOCK, Hans Manfred (1997): „Vom Beruf des kulturellen Übersetzens zwischen Deutschland und Frankreich, oder: Verzagen die Mittler?". In: *Lendemains* H. 86/87. S. 8–19.

BOLLMANN, Yvonne (1998): *La Tentation allemande.* Paris: Editions Michalon.

DEN BOER, Pim (1998): „Deutsch-französische Divergenzen im semantischen Feld der Nation". In: Lüsebrink, H.-J.; Reichardt, R. (1998) [Hrsg.]: *Kulturtransfer im Epochenumbruch Frankreich und Deutschland 1770 bis 1815.* Leipzig: Leipziger Universitätsverlag (= Deutsch-Französische Kulturbibliothek. 9.1), S. 877–882.

BOHRER, Karl-Heinz (1982): „Die drei Kulturen". In: Habermas, J. (^{4}1982): *Stichworte zur geistigen Situation*. Frankfurt/M.: Suhrkamp (= Politik und Kultur. 2), S. 636–667.

BOLLENBECK, Georg (_1994): *Bildung und Kultur. Glanz und Elend eines deutschen Deutungsmusters*. Frankfurt/M.-Leipzig: Insel.

BOURDIEU, Pierre (1974): *Zur Soziologie der symbolischen Formen*. Frankfurt/M.: Suhrkamp.

BOURDIEU, Pierre (1979): *La Distinction. Critique social du jugement*. Paris: Editions de Minuit.

BOURDIEU, Pierre (1985): *Sozialer Raum und Klassen. Leçon sur la leçon*. Frankfurt/M.: Suhrkamp.

VON BRUCHHAUSEN, Esther-Beatrice Christiane (1999): *Das Zeichen im Kostümball. Marianne und Germania in der politischen Ikonographie*. Halle: Univ., Dissertation.

BUSSE, Dietrich; HERMANNS, Fritz; TEUBERT, Wolfgang (1994) [Hrsg.]: *Begriffsgeschichte und Diskursgeschichte. Methoden und Forschungsergebnisse der historischen Semantik*. Opladen: Westdeutscher Verlag.

CARROLL, Raymonde (1987): *Evidences invisibles. Américains et Français au quotidien*. Paris: Editions du Seuil.

DE CERTEAU, Michel (1990): *L'Invention du quotidien. 1. Arts de faire*. Paris: Editions Gallimard.

DE CERTEAU, Michel; GIARD, Luce; MAYOL, Pierre (1994): *L'Invention du quotidien. 2. Habiter, cuisiner*. Paris: Gallimard.

DE CERTEAU, Michel (1975): *Une politique de la langue. La Révolution française et les patois*. Paris: Editions du Seuil.

CHARLES, Christoph (1988): „L'Elite universitaire française et le système universitaire allemand. (1880–1900)". In: Espagne, M.; Werner, M. (1988) [Eds.]: *Transferts. Les relations interculturelles dans l'espace franco-allemand (XVIIIe–XIXe siècle)*. Paris: Editions Recherche sur les Civilisations, S. 345–359.

CHARTIER Roger (1995): „L'Histoire Culturelle entre ‚Linguistic Turn‘ et Retour au Sujet". In: Ders.; Vierhaus, R. [Hrsg.]: *Wege zu einer neuen Kulturgeschichte*. Göttingen. Wallstein, S. 29–58.

CHARTIER, Roger (1998): *Au Bord de la falaise. L'histoire entre certitudes et inquiétude*. Paris: Editions Albin Michel.

CHRISTADLER, Marie-Luise (1979): *Kriegserziehung im Jugendbuch. Literarische Mobilmachung in Deutschland und Frankreich vor 1914*. Frankfurt/M.: Haag und Herchen.

CHRISTADLER, Marie-Luise (1990): „Die französische Identität – eine Frage und viele Antworten". In: *Frankreich Jahrbuch 1990*. Opladen: Leske + Budrich, S. 33–50.

CHRISTADLER, Marie-Luise (1991) [Hrsg.]: *Deutschland – Frankreich. Alte Klischees – Neue Bilder*. Duisburg: Verlag der Sozialwissenschaftlichen Kooperative (= Sozialwissenschaftliche Schriften. 18).

CITRON, Suzanne (1991): *Le Mythe national. L'Histoire de France en question*. Paris: Les Editions ouvrières (= Etudes et Documentations internationales 1989).

CUCHE, Denys (1996): *La Notion de culture dans les sciences sociales*. Paris: Editions La Découverte.

DUCHET, Claude; TOURNIER, Isabelle (1994): „Sociocritique". In: *Dictionnaire universel des littératures*. Paris: Presses Universitaires de France.

DURKHEIM, Émile (1938): *L'Evolution pédagogique en France*. Paris: Presses Universitaires de France. (= Quadrige 1990).

ECO, Umberto; Trabant, Jürgen (^{7}1991) [Hrsg.]: *Einführung in die Semiotik*. München: Wilhelm Fink.

EGGS, Ekkehard (1992): *Die Inszenierung von Politik*. Rheinfelden: Schäuble.

EGGS, Ekkehard (1994): *Grammaire du discours argumentatif*. Paris: Editions Kimé.

ELIAS, Norbert (1976): *Über den Prozeß der Zivilisation*. 2 Bde. Frankfurt/M.: Suhrkamp (= stw 158).

ESPAGNE, Michel; WERNER, Michael (1990–1996): *Philologiques*. 4 Bde. Paris. Editions de la Maison des Sciences de l'Homme.

ESPAGNE, Michel (1997): „Die Rolle der Mittler im Kulturtransfer". In: Lüsebrink, H.-J.; Reichardt, R. (1998) [Hrsg.]: *Kulturtransfer im Epochenumbruch. Frankreich – Deutschland 1770 bis 1815*. Leipzig: Leipziger Universitätsverlag. (= Deutsch-Französische Kulturbibliothek. 9.1), S. 309–330.

ESPAGNE, Michel (1994): „Sur les limites du comparatisme en histoire culturelle". In: *Genèses. Les objets et les choses* H. 17, S. 112–122.

FEKL, Walther (1999): „Vive la République! Marianne als deutsch-demokratischer Mythos im Satiremagazin Eulenspiegel". In: Röseberg, D. [Hrsg.]: *Frankreich und das andere Deutschland. Analysen und Zeitzeugnisse*. Tübingen: Stauffenburg, S. 71–97.

FINK, Gonthier-Louis (1994): „Les deux Allemagnes dans le miroir des lettres françaises. Du mythe polymorphe à une réalité politique duelle (1750–1990)". In: *Recherches germaniques* H. 24, S. 3–43.

FRANÇOIS, Étienne; SIEGRIST, Hannes; VOGEL, Jakob (1995) [Hrsg.]: *Nation und Emotion. Deutschland und Frankreich im Vergleich. 19. und 20. Jahrhundert.* Göttingen: Vandenhoeck & Ruprecht.

FRANÇOIS, Étienne; SCHULZE, Hagen (1998): „Das emotionale Fundament der Nationen". In: Flacke, M. (1998) [Hrsg.]: *Mythen der Nationen. Ein europäisches Panorama.* Berlin: Deutsches Historisches Museum (= Begleitband zur Ausstellung), S. 17–32.

FRANÇOIS, Etienne u. a. (1998) [Hrsg.]: *Marianne – Germania. Deutsch-französischer Kulturtransfer im europäischen Kontext 1789–1914.* Leipzig: Leipziger Universitätsverlag (= Deutsch-Französische Kulturbibliothek. 10.1, 10.2).

Frauen & Geschichte Baden-Würtemberg (1996) [Hrsg.]: *Frauen und Nation.* Tübingen: Silberburg (= Reihe Frauenstudien Baden-Würtemberg. 10).

FRÜHWALD, Wolfgang u. a. (1991): *Geisteswissenschaften heute. Eine Denkschrift.* Frankfurt/M.: Suhrkamp (= stw 973).

GEERTZ, Clifford (_1991): *Dichte Beschreibung. Beiträge zum Verstehen kultureller Systeme.* Frankfurt/M.: Suhrkamp (= stw 696).

GERMER, Stefan (1998): „Retrovision: Die rückblickende Erfindung der Nationen durch die Kunst". In: Flacke, M. (1998) [Hrsg.]: *Mythen der Nationen. Ein europäisches Panorama.* Berlin: Deutsches Historisches Museum (= Begleitband zur Ausstellung), S. 33–52.

GILZMER, Mechthild (2000): „Deutsche im französischen Exil 1933–1944". In: Bories-Sawala, H. (2000) [Hrsg.]: *Ansichten vom Frankreich der Dreissiger Jahre.* Bremen: Universitätsverlag, S. 169–179.

GILZMER, Mechthild (2000): *Camps de femmes: Rieucros et Brens 1939–1944.* Paris: Editions Autrement.

GOFFMAN, Erving (1973): *La Mise en scène de la vie quotidienne.* Paris: Editions de Minuit.

GÖTZE, Karl Heinz (1993): *Französische Affären. Ansichten von Frankreich.* Frankfurt/M.: S. Fischer.

GRANDJONC, Jacques (1983): *Emigrés français en Allemagne, Emigrés allemands en France.*

1685–1945. Paris: Institut Goethe, Ministère des Relations Extérieures.

GROßE, Ernst Ulrich; SEIBOLD, Ernst (1994) [Eds.]: *Panorama de la presse parisienne. Histoire et actualité, genre et langages.* Frankfurt/M.: Peter Lang.

GROßE, Ernst Ulrich; LÜGER, Heinz-Helmut (⁵1998): *Frankreich verstehen. Eine Einführung mit Vergleichen zur Bundesrepublik.* Darmstadt: Wissenschaftliche Buchgesellschaft.

GROSSER, Thomas (1988): „Reisen und Kulturtransfer. Deutsche Frankreichreisende 1650–1850". In: Espagne, M., Werner, M. [Eds.]: *Transferts. Les relations interculturelles dans l'espace franco-allemand. (XVIIIe–XIXe siècle).* Paris: Editions Recherche sur les Civilisations, S. 345–359.

GRUNEWALD, Michel (1996): „Frankreich in deutschen Kulturzeitschriften 1871–1939. Einige Überlegungen zur Konstitutierung von Wahrnehmungsmustern im bilateralen Kontext". In: *Frankreich Jahrbuch 1995.* Opladen: Leske+ Budrich, S. 97–112.

GUMBRECHT, Hans Ulrich (1985): „Klassik ist Klassik, eine bewundernswerte Sicherheit des Nichts?" In: Nies, F.; Stierle, K. (1985) [Hrsg.]: *Französische Klassik.* München: Wilhelm Fink.

HABERMAS, Jürgen (1990): *Strukturwandel der Öffentlichkeit.* Frankfurt/M.: Suhrkamp (= stw 891).

HALBWACHS, Maurice (1952): *Les cadres sociaux de la mémoire.* Paris: Presses Universitaires de France.

HALL, Edward T. (1971): *La dimension cachée.* Paris: Editions du Seuil.

HALL, Edward T. (1979): *Au-delà de la culture.* Paris: Editions du Seuil.

HALL, Edward T. (1984): *La danse de la vie.* Paris: Editions du Seuil.

HANSEN, Klaus P. (1993) [Hrsg.]: *Kulturbegriff und Methode. Der stille Paradigmenwechsel in den Geisteswissenschaften. Eine Passauer Ringvorlesung.* Tübingen: Gunter Narr.

HANSEN, Klaus P. (1995): *Kultur und Kulturwissenschaft. Eine Einführung.* Tübingen, Basel: Francke (= Uni-Taschenbücher 1846).

HARDTWIG, Wolfgang; WEHLER, Hans-Ulrich (1996) [Hrsg.]: *Kulturgeschichte heute.* Göttingen: Vandenhoeck & Ruprecht (= Geschichte und Gesellschaft. Sonderheft der Zeitschrift für Historische Sozialwissenschaft).

HARTWEG, Frédéric (1998): „De la Nature du protestantisme français, de sa prétendue provenance à l'Allemagne". In: François, E. u. a. [Hrsg.]: *Marianne – Germania. Deutsch-französischer Kulturtransfer im europäischen Kontext 1789–1914*. Leipzig: Leipziger Universitätsverlag (= Deutsch-Französische Kulturbibliothek. 10.1), S. 111–140.

HAUPT, Heinz-Gerhard (1994) [Hrsg.]: *Orte des Alltags. Miniaturen aus der europäischen Kulturgeschichte*. München: C. H. Beck.

HAUSMANN, Frank Rutger (1993): ‚*Briefe aus dem Reich der seelischen Hungersnot'. Briefe und Dokumente zur Fachgeschichte der Romanistik im Dritten Reich*. Würzburg: Königshausen + Neumann.

HEYMANN, Brigitte; MERLE, Robert (1999): „Vom Erfolg eines französischen Autors in der DDR. Eine rezeptionsgeschichtliche Studie". In: Röseberg, D. (1999) [Hrsg.]: *Frankreich und das andere Deutschland. Analysen und Zeitzeugnisse*. Tübingen: Stauffenburg, S. 245–271.

JEISMANN, Michael (1992): *Das Vaterland der Feinde. Studien zum nationalen Feindbegriff und Selbstverständnis in Deutschland und Frankreich 1792–1918*. Stuttgart: Klett-Cotta.

JURT, Joseph (1992): „Erich Köhlers Schichtenmodell und die Theorie des literarischen Feldes". In: *Romanistische Zeitschrift für Literaturgeschichte*. H. 3/4, S. 288–302.

JURT, Joseph (1998): „Die Rolle der Nationalsymbole in Deutschland und Frankreich". In: François, E. u. a. (1998) [Hrsg.]: *Marianne-Germania. Deutsch-französischer Kulturtransfer im europäischen Kontext 1789–1914*. Leipzig: Leipziger Universitätsverlag (= Deutsch-Französische Kulturbibliothek. 10.1), S. 141–156.

KALVERKÄMPER, Hartwig (1995): „Kultureme erkennen, lehren und lernen – Eine kontrastive und interdisziplinäre Herausforderung an die Forschung und Vermittlungspraxis". In: *Fremdsprachen Lehren und Lernen. Zur Theorie und Praxis des Sprachunterrichts an Hochschulen*, S. 138–181.

KASCHUBA, Wolfgang (1999): *Einführung in die europäische Ethnologie*. München: C. H. Beck.

KEILHAUER, Annette (1998): „Begriffstransfer in französisch-deutsch-französischen Wörterbüchern (1770–1815)". In: Lüsebrink, H.-J.; Reichardt, R. (1998) [Hrsg.]: *Kulturtransfer im Epochenumbruch Frankreich und Deutschland 1770 bis 1815*. Leipzig: Leipziger Universitätsverlag (= Deutsch-Französische Kulturbibliothek. 9.1), S. 769–825.

KOLBOOM, Ingo (1991): „Deutschlandbilder der Franzosen: Der Tod des ‚Dauerdeutschen'". In: Trautmann, G. (1991) [Hrsg.]: *Die häßlichen Deutschen? Deutschland im Spiegel der westlichen und östlichen Nachbarn*. Darmstadt: Wissenschaftliche Buchgesellschaft; S. 212–243.

KRAUSKOPF, Jürgen (1985): *Das Deutschland- und Frankreichbild in Schulbüchern*. Tübingen: Gunter Narr.

KÜBLER, Claudia (1997): *Die Darstellung Deutschlands in der französischen Wochenpresse – 1982 bis 1990*. Frankfurt/M. u. a.: Peter Lang (= Europäische Hochschulschriften. Reihe 3: Geschichte und ihre Hilfswissenschaften. 729).

LADMIRAL, Jean-René; LIPIANSKY, Edmond-Marc (1989): *La Communication interculturelle*. Paris: Armand Colin Editeur.

LAPLANTINE, François (1996): *La Déscription ethnographique*. Paris: Editions Nathan (= Université. 128).

LEENHARDT, Jacques; PICHT, Robert (_1997) [Eds.]: *Au jardin des malentendus. Le commerce franco-allemand des idées*. Paris: ACTES SUD.

LEFÈBRE, Henri (1958): *Critique de la vie quotidienne*. 2 Bde. Paris: L'Arche Editeur.

LEINER, Wolfgang (_1991): *Das Deutschlandbild in der französischen Literatur*. Darmstadt: Wissenschaftliche Buchgesellschaft.

LEUPOLD, Eynar (1999): „Le cœur a 9 raisons plus une: Kulturelle Normen als Gegenstand des Französischunterrichts". In: Vogel, K.; Börner, W. (1999) [Hrsg.]: *Lehrwerke im Fremdsprachenunterricht. Lernbezogene, interkulturelle und mediale Aspekte*. Bochum: AKS-Verlag, S. 215–235.

LÉVI-STRAUSS, Claude (1958): *Anthropologie structurale*. Paris: Plon Editions.

LÉVI-STRAUSS, Claude; A. Reif (1980) [Hrsg.]: *Mythos und Bedeutung. Gespräche mit Claude Lévi-Strauss*. Frankfurt/M.: Suhrkamp (= Neue Folge. 27).

LÉVI-STRAUSS, Claude (1968): *L'Origine des manières de table*. Paris: Plon Editions.

LÜSEBRINK, Hans-Jürgen (1993): „Romanische Landeskunde zwischen Literaturwissenschaft und Mentalitätsgeschichte". In: Hansen, K. P. (1993) [Hrsg.]: *Kulturbegriff und Methode*. Tübingen: Gunter Narr, S. 81–94.

LÜSEBRINK, Hans-Jürgen, RÖSEBERG, Dorothee (1995) [Hrsg.]: *Landeskunde und Kulturwissenschaft in der Romanistik. Theorieansätze, Unterrichtsmodelle, Forschungsperspektiven.* Tübingen: Gunter Narr.

LÜSEBRINK, Hans-Jürgen (1994): „Das Fest". In: Haupt, H.-G. (1994) [Hrsg.]: *Orte des Alltags. Miniaturen aus der europäischen Kulturgeschichte.* München: C. H. Beck.

LÜSEBRINK, Hans-Jürgen (1998): „Historische Semantik als Diskurspragmatik: der Begriff Nation in Frankreich und Deutschland". In: Ders.; Reichardt, R. (1998) [Hrsg.]: *Kulturtransfer im Epochenumbruch Frankreich und Deutschland 1770 bis 1815.* Leipzig: Leipziger Universitätsverlag (= Deutsch-Französische Kulturbibliothek. 9.1) S. 851–876.

LÜSEBRINK, Hans-Jürgen, REICHARDT, Rolf (1998) [Hrsg.]: *Kulturtransfer im Epochenumbruch. Frankreich – Deutschland 1770 bis 1815.* Leipzig: Leipziger Universitätsverlag (= Deutsch-Französische Kulturbibliothek. 9.1, 9.2).

MENUDIER, Henri (1981): *Das Deutschlandbild der Franzosen in den 70er Jahren.* Bonn: Europa-Union-Verlag.

MEYER-KALKUS, Reinhart (1994): *Die akademische Mobilität zwischen Deutschland und Frankreich (1925–1992).* Bonn: Deutscher Akademischer Austauschdienst.

MONTANDON, Alain (1991) [Hrsg.]: *Über die deutsche Höflichkeit. Entwicklung der Kommunikationsvorstellungen in den Schriften über Umgangsformen in den deutschsprachigen Ländern.* Bern u. a.: Peter Lang Verlag.

MONTANDON, Alain (1995) [Ed.]: *Dictionnaire raisonné de la politesse et du savoir-vivre.* Paris: Editions du Seuil.

MORTIER, Jean (1999): „Die DDR in Forschung und Lehre in der französischen Germanistik von 1950 bis 1970". In: Röseberg, D. (1999) [Hrsg.]: *Frankreich und das andere Deutschland. Analysen und Zeitzeugnisse.* Tübingen: Stauffenburg, S. 465–476.

MÜLLER, Bernd-Dietrich (1998): „Begriffsrecherche und Fremderfahrung in der Sprachlehrforschung". In: Klinzing, H. G. [Hrsg.]: *Neue Lernverfahren. Zweite Festschrift für Walther Zifreund.* Tübingen: Deutsche Gesellschaft für Verhaltenstherapie, S. 160–194.

NERLICH, Michael (1993): „Aufklärung und Republik. Zum deutsch-französischen Verhältnis, zur Frankreichforschung und zu Werner Krauss". In: *Lendemains* H. 69/70, S. 8–87.

NIES, Fritz (1998): „Im Magnetfeld von Abwehr und Faszination: Wechselwirkungen zwischen Literaturaustausch und National-Stereotypen". In: François, E. u. a. (1998) [Hrsg.]: *Marianne – Germania. Deutsch-französischer Kulturtransfer im europäischen Kontext 1789–1914.* Leipzig: Leipziger Universitätsverlag (= Deutsch-Französische Kulturbibliothek. 10.1) S. 345–360.

NIPPERDEY, Thomas (1986): *Nachdenken über deutsche Geschichte. Essays.* München: C. H. Beck.

NORA, Pierre (1984) [Hrsg.]: *Les lieux de mémoire.* 7 Bde. Paris: Editions Gallimard.

OEXLE, Otto Gerhard (1996): „Geschichte als Historische Kulturwissenschaft". In: Hardtwig, W.; Wehler, H.-U. (1996) [Hrsg.]: *Kulturgeschichte heute.* Göttingen: Vandenhoeck & Ruprecht, S. 14–40.

ORY, Pascal (1992): *Une Nation pour mémoire. 1889, 1939, 1989. Trois jubilés révolutionnaires.* Paris: Presses de la Fondation Nationale des Sciences Politiques.

ORY, Pascal (1998): *Le Discours gastronomique français des origines à nos jours.* Paris: Editions Gallimard/Juillard.

PAGEAUX, Daniel-Henri (1994): *La Littérature générale et comparée.* Paris: Colin.

PATEAU, Jacques (1996): „Die Lösung von technischen und organisatorischen Problemen in deutsch-französischen Unternehmen: ein interkultureller vergleichender Ansatz". In: *Frankreich Jahrbuch 1995.* Opladen: Leske + Budrich, S. 133–152.

PICARD, Dominique (1995): *Les Rituels du savoir-vivre.* Paris: Editions du Seuil.

PICHT, Robert (1974): „La Perception de l'information par l'opinion publique". In: *Bulletin de liaison de l'OFAJ*, Juni 1974.

PICHT, Robert (1996): „Welches Europa soll es sein? Unterschiedliche Wahrnehmungsmuster deutscher und französischer Europapolitik". In: *Frankreich Jahrbuch 1995.* Opladen: Leske + Budrich, S. 175–186.

PINÇON, Michel, PINÇON, Charlotte (1989): *Dans les beaux Quartiers.* Paris: Editions du Seuil.

VON PLESSEN, Marie-Louise (1998): „Marianne

und Germania als Subjekt nationaler Bilder und Projektionen". In: François, E. u. a. (1998) [Hrsg.]: *Marianne – Germania. Deutsch-französischer Kulturtransfer im europäischen Kontext 1789–1914*. Leipzig: Leipziger Universitätsverlag (= Deutsch-Französische Kulturbibliothek.10.1), S. 727–736.

POLETTI, Axel (1989): „Kulturkontrast und Lernbezug als Prinzipien landeskundlichen Unterrichts am Beispiel der Fest- und Feiertage in Deutschland und Frankreich." In: Rüstow, L. (1990) [Hrsg.]: *Nationale und regionale Gedenk-, Fest- und Feiertage in Deutschland und Frankreich. Ein Beitrag zu einer anthropologischen Landeskunde. Dokumentation zu einem Austauschseminar vom 18. bis 22. November 1989, durchgeführt vom Carolus-Magnus-Kreis in Zusammenarbeit mit dem Pädagogischen Austauschdienst.* Bonn: Sekretariat der Ständigen Konferenz der Kultusminister der Länder in der Bundesrepublik Deutschland, S. 30–41.

RAHNER, Mechthild (1996): „Selbst- und Fremdwahrnehmungsmuster in der Rezeption des französischen Existentialismus nach 1945 in Deutschland". In: *Frankreich Jahrbuch 1995*. Opladen: Leske + Budrich, S. 113–132.

REICHARDT, Rolf (1996): „Die Stiftung von Frankreichs nationaler Identität durch die Selbstmystifizierung der Französischen Revolution am Beispiel der ‚Bastille'". In: Berding, H. (1996) [Hrsg.]: *Mythos und Nation. Studien zur Entwicklung des kollektiven Bewusstseins in der Neuzeit.* Bd. 3. Frankfurt/M.: Suhrkamp, S. 133–163.

RENAN, Ernest (1887): „Qu'est-ce-qu'une nation?". In: Ders. (1887): *Discours et conférences*. Paris: Calmann-Lévy .

RICŒUR, Paul (2000): La mémoire, l'histoire, l'oubli. Paris: Editions du Seuil. (L'ordre philosophique)

RIOUX, Jean-Pierre; SIRINELLI, Jean-François (1997) [Eds.]: *Pour une Histoire culturelle*. Paris: Editions du Seuil.

RISTERUCCI-ROUDNICKY, Danielle (1999): *France-RDA. Anatomie d'un transfert littéraire. 1949–1990.* Bern u. a.: Peter Lang.

RÖSEBERG, Dorothee (1992): Literarische Kultur in Frankreich. Literatur als Institution in der Sekundarschule des 19./20. Jahrhunderts. Frankfurt/M. u. a.: Peter Lang Verlag (= Europäische Hochschulschriften. Reihe 8, Bd. 174).

RÖSEBERG, Dorothee (1993): „Lesen als Risiko. Ergebnisse kulturenvergleichender Leseforschung". In: Osols-Wehden, I. (1993) [Hrsg.]: *Sprache und Literatur der Romania. Festschrift für Horst Heintze.* Berlin: Arno Spitz, S. 334–350.

RÖSEBERG, Dorothee (1995): „Kulturwissenschaftliche Institutionsforschung in der Romanistik". In: Lüsebrink, H.-J.; Röseberg, D. (1995) [Hrsg.]: *Landeskunde und Kulturwissenschaft in der Romanistik. Theorieansätze, Unterrichtsmodelle, Forschungsperspektiven.* Tübingen: Gunter Narr, S. 41–55.

RÖSEBERG, Dorothee (2000): „Médiateurs entre la France and ‚l'autre Allemagne'". In: Pfeil, U. (2000) [Ed.]: *La RDA et l'Occident.* Asnières: Presses de l'Institut d'Allemagne.

ROUSSEAU, Jean-Jacques; M. Fuchs (1948) [Ed.]: *Lettre à Mr. D'Alembert sur les spectacles.* Lille: Librairie Giard. (Edition critique).

RÜSTOW, Lutz (1990) [Hrsg.]: *Nationale und regionale Gedenk-, Fest- und Feiertage in Deutschland und Frankreich. Ein Beitrag zu einer anthropologischen Landeskunde. Dokumentation zu einem Austauschseminar vom 18. bis 22. November 1989, durchgeführt vom Carolus-Magnus-Kreis in Zusammenarbeit mit dem Pädagogischen Austauschdienst.* Bonn: Sekretariat der Ständigen Konferenz der Kultusminister der Länder in der Bundesrepublik Deutschland.

SIEYÈS, Emmanuel (1888): *Qu'est-ce que le Tiers Etat?* Paris: Au siège de la société (Edition critique).

SCHLANSTEIN, Beate (1989): „Themen, Symbole und Tabus politischer Gedenkfeiern. Ein Blick auf das Jahr 1989: BR Deutschland und Frankreich". In: RÜSTOW, L. (1990) [Hrsg.]: *Nationale und regionale Gedenk-, Fest- und Feiertage in Deutschland und Frankreich. Ein Beitrag zu einer anthropologischen Landeskunde. Dokumentation zu einem Austauschseminar vom 18. bis 22. November 1989, durchgeführt vom Carolus-Magnus-Kreis in Zusammenarbeit mit dem Pädagogischen Austauschdienst.* Bonn: Sekretariat der Ständigen Konferenz der Kultusminister der Länder in der Bundesrepublik Deutschland, S. 50–53.

SCHMAUSSER-STRAUSS, *Beatrix (1995): Göttin der Schönheit, Frauenrechtlerin und Nationalheldin. Frauen in der Karikatur Frankreichs, von der Kommune bis zum ersten Weltkrieg.* Weimar: VDG Verlag und Datenbank für Geisteswissenschaften.

SCHNAPPER, Dominique (1991): *La France de l'intégration. Sociologie de la nation en 1990.* Paris: Editions Gallimard

SCHNAPPER, Dominique (2000): *Qu'est-ce que la Citoyenneté?* Paris: Editions Gallimard.

SCHÖTTLER, Peter; WERNER, Michael (1994): „Transfers, voyages, transactions". In: *Genèses* H. 14. S. 4–82.

DE STAËL, Germaine (1968): *De l'Allemagne.* Paris: Garnier-Flammarion.

SCHULZE, Hagen (1994): *Staat und Nation in der europäischen Geschichte.* München: C. H. Beck.

THALMANN, Rita (1980): „L'Immigration allemande et l'opinion publique en France de 1933 à 1936". In: Comité international d'histoire de la deuxième guerre mondiale. Colloque franco-allemand (1980): *La France et l'Allemagne 1932–1936. (Actes du congrès)* Paris: Centre National de la Recherche Scientifique.

THALMANN, Rita (1979): „L'Emigration allemande et l'opinion française de 1936 à 1939". In: Hildebrandt, K. (1979) [Hrsg.]: *Deutschland und Frankreich 1936–1939.* Paris: Deutsches Historisches Institut.

THOMA, Heinz (1976): *Aufklärung und nachrevolutionäres Bürgertum in Frankreich. Zur Aufklärungsrezeption in der französischen Literaturgeschichte des 19. Jahrhunderts. (1794–1914).* Heidelberg: Carl Winter Universitätsverlag.

THOMA, Heinz (1977): „Literatur – Didaktik – Politik: Zur Rezeptionsgeschichte der französischen Klassik". In: Kloepfer, R. (1977) [Hrsg.]: *Bildung und Ausbildung in der Romania. Literaturgeschichte und Texttheorie.* (Bd. 1). München: Wilhelm Fink Verlag, S. 165–185.

TIEMANN, Dieter (1981): „Französische und deutsche Schüler über ihre Nachbarn am Rhein". In: Christadler, M. L. (1981) [Hrsg.]: *Deutschland-Frankreich. Alte Klischees-Neue Bilder.* Duisburg: Sozialwissenschaftliche Kooperative, S. 170–185.

TIEMANN, Dieter (1989): *Deutsch-französische Jugendbeziehungen der Zwischenkriegszeit.* Bonn: Bouvier.

THIESSE, Anne-Marie (1999): *La Création des identités nationales. Europe XVIIIe–XXe siècle.* Paris: Editions du Seuil.

THOMAS, Alexander (1993): „Fremdheitskonzepte in der Psychologie als Grundlage der Austauschforschung und der internationalen Managerausbildung". In: Wierlacher, A. (1993) [Hrsg.]: *Kulturthema Fremdheit.* München: Iudicium, S. 257–282.

TROUILLET, Bernhard (1991): „Der Sieg des preußischen Schulmeisters" und seine Folgen für Frankreich 1870–1914. Köln, Wien: Böhlau Verlag. (Studien und Dokumentationen zur vergleichenden Bildungsforschung, Bd. 45).

WAGNER, Wolf (1996): *Kulturschock Deutschland.* Hamburg: Rotbuch.

WEBER, Max (1904): „Die ‚Objektivität' sozialwissenschaftlicher und sozialpolitischer Erkenntnis". In: Sukale, M. (1991) [Hrsg.]: *Max Weber. Schriften zur Wissenschaftslehre.* Stuttgart: Philipp Reclam jun. (= Universal-Bibliothek. 8748).

WEHLER, Hans-Ulrich (1998): *Die Herausforderung der Kulturgeschichte.* München: C. H. Beck (= BsR 1276).

WERNER, Michael (1997): „Dissymmetrien und symmetrische Modellbildungen in der Forschung zum Kulturtransfer". In: Lüsebrink, H.-J.; Reichardt, R. (1998) [Hrsg.]: *Kulturtransfer im Epochenumbruch. Frankreich-Deutschland 1770 bis 1815.* Leipzig: Leipziger Universitätsverlag. (= Deutsch-Französische Kulturbibliothek. 9.1), S. 87–102.

WIERLACHER, Alois (1993): „Kulturwissenschaftliche Xenologie. Ausgangslage, Leitbegriffe und Problemfelder". In: Ders. (1993) [Hrsg.]: *Kulturthema Fremdheit.* München: Iudicium, S. 19–112.

LE WITA, Béatrix (1988): *Ni vue, ni connue. Approche ethnographique de la culture bourgeoise.* Paris: Editions de la Maison des Sciences de l'Homme.

WINOCK, Michel (1982): *Nationalisme, antisémitisme et fascisme en France.* Paris: Editions du Seuil.

ZIEBURA, Gilbert (1970): *Die deutsch-französischen Beziehungen seit 1945: Mythen und Realitäten.* Pfullingen: Neske.

Personen- und Sachregister